超人气网店设计素材展示

大型多媒体教学光盘精彩内容展示

一、丰富超值的教学视频

（一）赠送超值实用的视频教程

1. 5 小时手把手教您装修出品质店铺视频教程
2. 15 个网店宝贝优化必备技能视频教程
3. 6 小时 Photoshop 照片处理视频教程
4. 与书同步的 140 分钟网店大数据分析与营销视频教程

二、超值实用的电子书

（一）新手开店快速促成交易的 10 种技能

- 技能 01：及时回复买家站内信
- 技能 02：通过千牛聊天软件热情地和买家交流
- 技能 03：设置自动回复，不让客户久等
- 技能 04：使用快捷短语，迅速回复客户
- 技能 05：使用移动千牛，随时随地谈生意
- 技能 06：保存聊天记录做好跟踪服务
- 技能 07：巧用千牛表情拉近与买家的距离
- 技能 08：使用电话联系买家及时跟踪交流
- 技能 09：与买家交流时应该注意的禁忌
- 技能 10：不同类型客户的不同交流技巧

（二）不要让差评毁了你的店铺——应对差评的 10 种方案

主题一：中差评产生的原因及对店铺的影响

1. 中差评产生的原因
2. 中差评对店铺的影响

主题二：应对差评的 10 种方案

- 方案一：顾客没有问题——谦卑心态、积极应对
- 方案二：对症下药——根据问题根源来针对处理
- 方案三：拖沓不得——处理中差评要有时效性
- 方案四：适当安抚——对情绪激动的顾客给予适当安抚
- 方案五：客服处理——客服处理中差评的方法流程
- 方案六：主动防御——运营严丝密缝，不留漏洞
- 方案七：留存证据，自我保护——应对恶意中差评
- 方案八：中差评转化推广——通过回评把差评转化为推广机会
- 方案九：产品是商业之本——重视产品品质、描述一致
- 方案十：有诺必践——承诺一定要兑现

主题三：常见中差评问题处理及客服沟通技巧

1. 常见中差评问题处理技巧
2. 中差评处理中，客服常用沟通技巧

（三）你不能不知道的 100 个卖家经验与赢利技巧

1. 新手卖家开店认知与准备技巧

- 技巧 01：网店店主要具备的基本能力
- 技巧 02：个人开淘宝店要充当的角色
- 技巧 03：为店铺做好市场定位准备
- 技巧 04：新手开店产品的选择技巧
- 技巧 05：主打宝贝的市场需求调查
- 技巧 06：网店进货如何让利润最大化
- 技巧 07：新手开店的进货技巧
- 技巧 08：新手代销产品注意事项与技巧
- 技巧 09：掌握网上开店的流程
- 技巧 10：给网店取一个有卖点的名字

2. 网店宝贝图片拍摄与优化相关技巧

- 技巧 11：店铺宝贝图片的标准
- 技巧 12：注意商品细节的拍摄
- 技巧 13：利用自然光的拍摄技巧
- 技巧 14：不同商品拍摄时的用光技巧
- 技巧 15：新手拍照易犯的用光错误
- 技巧 16：用手机拍摄商品的技巧
- 技巧 17：服饰拍摄时的搭配技巧
- 技巧 18：裤子拍摄时的摆放技巧
- 技巧 19：宝贝图片美化的技巧与注意事项

3. 网店装修的相关技巧

- 技巧 20：做好店铺装修的前期准备
- 技巧 21：新手装修店铺的注意事项
- 技巧 22：店铺装修的误区
- 技巧 23：设计一个出色的店招
- 技巧 24：把握好店铺的风格样式
- 技巧 25：添加店铺的收藏功能
- 技巧 26：做好宝贝的分类设计
- 技巧 27：做好店铺的公告栏设计
- 技巧 28：设置好广告模板
- 技巧 29：增加店铺的导航分类
- 技巧 30：做好宝贝推荐
- 技巧 31：设置好宝贝排行榜
- 技巧 32：设置好淘宝客服

4. 宝贝产品的标题优化与定价技巧

- 技巧 33：宝贝标题的完整结构
- 技巧 34：宝贝标题命名原则
- 技巧 35：标题关键词的优化技巧
- 技巧 36：如何在标题中突出卖点
- 技巧 37：寻找更多关键词的方法
- 技巧 38：撰写商品描述的方法
- 技巧 39：写好宝贝描述提升销售转化率
- 技巧 40：认清影响宝贝排名的因素

技巧 41：商品发布的技巧
技巧 42：巧妙安排宝贝的发布时间
技巧 43：商品定价必须考虑的要素
技巧 44：商品定价的基本方法
技巧 45：商品高价定位与低价定位法则
技巧 46：抓住消费心理原则巧用数字定价

5. 网店营销推广的基本技巧

技巧 47：加入免费试用
技巧 48：参加淘金币营销
技巧 49：加入天天特价
技巧 50：加入供销平台
技巧 51：加入限时促销
技巧 52：使用宝贝搭配套餐促销
技巧 53：使用店铺红包促销
技巧 54：使用彩票拉熟方式促销
技巧 55：设置店铺 VIP 进行会员促销
技巧 56：运用信用评价做免费广告
技巧 57：加入网商联盟共享店铺流量
技巧 58：善加利用店铺优惠券
技巧 59：在淘宝论坛中宣传推广店铺
技巧 60：向各大搜索引擎提交店铺网址
技巧 61：让搜索引擎快速收录店铺网址
技巧 62：使用淘帮派推广
技巧 63：利用淘帮派卖疯主打产品
技巧 64：利用 QQ 软件推广店铺
技巧 65：利用微博进行推广
技巧 66：利用微信进行推广
技巧 67：微信朋友圈的营销技巧
技巧 68：利用百度进行免费推广
技巧 69：店铺推广中的八大误区

6. 直通车推广的应用技巧

技巧 70：什么是淘宝直通车推广
技巧 71：直通车推广的功能和优势
技巧 72：直通车广告商品的展示位置
技巧 73：直通车中的淘宝类目推广
技巧 74：直通车中的淘宝搜索推广
技巧 75：直通车定向推广
技巧 76：直通车店铺推广
技巧 77：直通车站外推广
技巧 78：直通车活动推广
技巧 79：直通车无线端推广
技巧 80：让宝贝加入淘宝直通车
技巧 81：新建直通车推广计划
技巧 82：分配直通车推广计划
技巧 83：在直通车中正式推广新宝贝
技巧 84：直通车中管理推广中的宝贝
技巧 85：修改与设置推广计划
技巧 86：提升直通车推广效果的技巧

7. 钻展位推广的应用技巧

技巧 87：钻石展位推广有哪些特点
技巧 88：钻石展位推广的相关规则
技巧 89：钻石展位推广的黄金位置
技巧 90：决定钻展位效果好坏的因素
技巧 91：用少量的钱购买最合适的钻石展位
技巧 92：用钻石展位打造爆款

8. 淘宝客推广的应用技巧

技巧 93：做好淘宝客推广的黄金法则
技巧 94：主动寻找淘宝客帮助自己推广
技巧 95：通过店铺活动推广自己吸引淘客
技巧 96：通过社区活动增加曝光率
技巧 97：挖掘更多新手淘宝客
技巧 98：从 SNS 社会化媒体中寻觅淘宝客
技巧 99：让自己的商品加入导购类站点
技巧 100：通过 QQ 结交更多淘宝客

（四）10 招搞定双十一、双十二

第 1 招：无利不起早——双十一对你的重要意义
第 2 招：知己知彼——透视双十一活动流程
第 3 招：做个纯粹的行动派——报名双十一活动
第 4 招：粮草先行——双十一活动准备工作
第 5 招：打好热身仗——双十一活动活动热身、预售
第 6 招：一战定胜负——双十一活动进行时
第 7 招：善始善终——双十一活动售后服务
第 8 招：乘胜追击——双十二活动备战
第 9 招：出奇制胜——双十一、双十二营销策划与创意
第 10 招：他山之石——双十一成功营销案例透析

三、超人气的网店装修与设计素材库

● 28 款详情页设计与描述模板（PSD 分层文件）
● 46 款搭配销售套餐模板
● 162 款秒杀团购模板
● 200 套首页装修模板
● 396 个关联多图推荐格子模板
● 330 个精美店招模板
● 660 款网店装修设计精品水印图案
● 2000 款漂亮店铺装修素材

四、PPT 课件

本书还提供了较为方便的 PPT 课件，以便教师教学使用。

淘宝、天猫微店

网店大数据分析与营销

从入门到精通

凤凰高新教育 罗奕炎 ◎编著

内容提要

本书从零开始,基于"淘宝、天猫、微店"3个平台,教会读者如何获取网店运营的各类数据,如何整理数据,如何分析数据,以及如何利用数据及时发现店铺的问题,找出解决问题的思路与方法,让网店经营更科学、更有效。

全书以"网店大数据分析必知篇→淘宝和天猫网店数据分析与运营篇→微店数据分析与运营篇"为写作线索,分为3篇,共10章内容。

第1篇为网店大数据分析必知篇(第1~3章),系统地讲解网店大数据的作用、如何通过大数据找到蓝海市场、网店大数据的种类,以及大数据的分析工具与分析方法等内容。第2篇为淘宝和天猫网店数据分析与运营篇(第4~9章),重点介绍淘宝店、天猫店运营中的大数据分析及利用,包括通过大数据定位产品及店铺,利用大数据合理做营销推广、搜索排名与引流转化,使用大数据优化客户管理及库存等内容。第3篇为微店数据分析与运营篇(第10章),从无线端入手,讲解无线端与PC端的不同之处,并说明如何利用这些不同点进行数据化运营,掌握无线端店铺的销售;还补充讲解微店市场的数据运营,帮助那些在微店APP开店的卖家,经营好微店平台的店铺。

本书不仅适合想创业的广大毕业生、在校大学生、初创业者、兼职寻求者、自由职业者,也可供有产品、有门店想扩大销售渠道的商家及个体老板学习参考,还可以作为各类院校或培训机构电子商务相关专业的教材参考用书。

图书在版编目(CIP)数据

淘宝、天猫、微店网店大数据分析与营销从入门到精通/凤凰高新教育,罗奕炎编著.—北京:北京大学出版社,2017.8

ISBN 978-7-301-28374-5

Ⅰ.①淘… Ⅱ.①凤…②罗… Ⅲ.①网络营销 Ⅳ.①F713.365.2

中国版本图书馆CIP数据核字(2017)第128340号

书　　　名	淘宝、天猫、微店网店大数据分析与营销从入门到精通 TAOBAO、TIANMAO、WEIDIAN WANGDIAN DASHUJU FENXI YU YINGXIAO CONG RUMEN DAO JINGTONG
著作责任者	凤凰高新教育　罗奕炎　编著
责任编辑	尹　毅
标准书号	ISBN 978-7-301-28374-5
出版发行	北京大学出版社
地　　　址	北京市海淀区成府路205号　100871
网　　　址	http://www.pup.cn　　新浪微博:@北京大学出版社
电子信箱	pup7@pup.cn
电　　　话	邮购部 62752015　发行部 62750672　编辑部 62580653
印　刷　者	三河市博文印刷有限公司
经　销　者	新华书店
	787毫米×1092毫米　16开本　17.75印张　彩插2　457千字 2017年8月第1版　2017年8月第1次印刷
印　　　数	1—3000册
定　　　价	49.00元

未经许可,不得以任何方式复制或抄袭本书之部分或全部内容。
版权所有,侵权必究
举报电话:010-62752024　电子信箱:fd@pup.pku.edu.cn
图书如有印装质量问题,请与出版部联系。电话:010-62756370

Preface 序言

"电子商务"开创了全球性的商业革命,带动商业步入了数字信息经济时代。近年来我国电子商务发展迅猛,不仅创造了新的消费需求,引发了新的投资热潮,开辟了新的就业增收渠道,为"大众创业、万众创新"提供了新空间,同时加速与制造业融合,推动服务业转型升级,催生新兴业态,成为提供公共产品、公共服务的新力量,成为经济发展新的原动力。

在商务部、中央网信办、发改委三部门联合发布的《电子商务"十三五"发展规划》中,预计到2020年将实现电子商务交易额超过40万亿元,同比"十二五"末翻一番,网络零售额达到10万亿元左右。电子商务正以迅雷不及掩耳之势,进入到百姓生活的方方面面,可以说,电子商务已经成为网络经济中发展最快、最具潜力的新兴产业,而且是一个技术含量高,变化更新快的行业,要做好电子商务产业,应认清行业的发展趋势,快速转变思路,顺应行业的变化。电商行业的发展呈现了以下5个较为鲜明的发展趋势。

移动购物。2016年天猫"双十一"全天交易总额为1207亿元,其中无线端贡献了81.87%的占比,这是阿里巴巴举办"双十一"8年来的最高交易额,比2015年全天交易额的912亿元、无线端贡献的68%,有了大幅度增长。随着智能终端和移动互联网的快速发展,移动购物的便利性越来越突出。在主流电商平台的大力推动下,消费者对于通过移动端购物的接受程度也大大增加,用户移动购物习惯已经养成。无线购物正在迅猛地发展,21世纪不仅仅是PC端网购的时代,更是无线端网购的新时代。

电子商务向三、四、五线城市及农村电商渗透。如果说前10年是电子商务的起步和发展阶段,一、二线城市享受着电子商务带来的产业升级变化和大众的生活便利,那么,后10年会是三、四、五线城市,以及农村电商发展的黄金时期。随着国家政策的大力扶持,以及交通运输、网络物流的改善,电商正在逐渐渗透到三、四、五线城市及农村电商市场。

社交购物。社交购物的模式大家一定不陌生,在我们的社交平台上已经充斥着各种各样的电商广告,同时通过亲人、朋友等向我们推荐,作为我们的购物参考。社交购物可以让大家在社交网络

上更加精准地营销,更个性化地为顾客服务。

　　大数据的应用。大家知道如果以电子商务的盈利模式逐渐作为一个升级,最低级的盈利是靠商品的差价。往上一点的是为供应商商品做营销,做到返点。再往上一点的盈利是靠平台,通过流量、顾客,然后收取平台使用费和佣金提高自己的盈利能力。再往上一点是金融能力,也就是说为我们的供应商、商家提供各种各样的金融服务得到的能力。而在电子商务迅猛发展的今天,我们要通过电子商务顾客大量的行为数据,分析和利用这个大数据所产生的价值,这个能力是当前电子商务盈利的最高层次。

　　精准化营销和个性化服务。这个需求大家都有,都希望网站为我而设,希望所有为我推荐的刚好是我要的,所以以后的营销不再是大众化营销,而是精准化营销。而这个趋势也是基于数据应用来实现的,通过数据的分析为顾客提供个性化的营销和服务。

　　然而,随着我国电子商务的急剧发展,互联网用户正以每年100%的速度递增,电子商务人才严重短缺,预计我国在未来10年大约需要200万名电子商务专业人才,人才缺口相当惊人。行业的快速发展与人才供应不足的矛盾,形成电子商务领域巨大的人才真空。从社会调查实践来看,大量中小企业正在采用传统经济与网络经济相结合的方式生产经营,对电子商务人才的需求日益增加。

　　面对市场对电子商务人才的迫切需求,人才的培养已得到普遍重视,国内很多大学及职业院校都已开设了电子商务专业,力争在第一时间将符合需求的专业人才推向市场。目前市场上关于电子商务的图书很多,但很多图书内容时效性差、技术更新落后、理论多于实际操作。北京大学出版社出版的这套电子商务教程,结合了当前几大主要电商运营平台(淘宝、天猫、微店三大平台),并针对电商运营中重要的岗位(如网店美工、网店运营推广)和热点技术(如手机淘宝、大数据分析、爆款打造)等,进行了全面的剖析和系统的讲解。我相信这套教程是中国电子商务人才培养、产业发展创新的有效补充,能为电商企业、个体创业者、电商从业者带来实实在在的帮助。互联网的发展很快,电商的发展更是如此,相信电商从业者顺应时代发展,加强学习,一定能做出自己更大的成绩。

中国电子商务协会副会长
李一杨

Foreword

◇ 致读者

在大数据诞生之前，很多网店卖家都是依靠自己的行业经验来运营网店，而现在，已经有越来越多的卖家开始意识到数据是网店运营坚实可靠的后盾。信息化、数据化时代的到来，让"大数据运营"成了一个被用烂的词，几乎每一个网店卖家都知道数据运营的重要性。但是数据运营中的"数据"究竟是什么，卖家却只能说出一二，不能将其说得全面和透彻。网店卖家在这个信息化时代进行数据运营，前置条件是确保自己真的懂数据，明白数据运营的意义所在。如此，才能正确地使用数据利器优化和提高自己的网店生意。

可以说，无论是在淘宝、天猫平台开店，还是自己经营微店，如果不懂大数据分析就轻易决定网店的运营策略，那么都将会被市场所淘汰。

或许很多读者会觉得数据分析是一项很专业、需要专门指导和专业工具才能进行的工作，然而事实是，任何网店卖家只要掌握方法和思路，都可以轻松地进行自家店铺的数据分析和数据运营。

网店大数据运营的核心在于"数据"，卖家需要的网店数据有哪些、这些数据又要在哪里找、找到这些数据后又要怎么分析，通过分析结果又如何来参考进行运营与营销，这些都是一环扣一环。

《淘宝、天猫、微店网店大数据分析与营销从入门到精通》一书都会一一解答，教会你如何通过大数据找到市场的蓝海、如何通过大数据定位自己的店铺和产品，如何花最少的钱做最有效的营销推广，如何通过大数据做好店铺管理与库存优化，微店如何有效地利用大数据。

大数据分析与营销，让量化的数据帮卖家总结过去、分析现在、决胜将来！帮助开淘宝店、天猫店、微店的商家学会大数据运营方法！

◆ 本书内容

全书按照"网店大数据分析必知篇→淘宝和天猫网店数据分析与运营篇→微店数据分析与运营篇"为写作线索,分为3篇,共10章内容。

第1篇为网店大数据分析必知篇(第1~3章),系统地讲解网店大数据的作用、如何通过大数据找到蓝海市场、网店大数据的种类,以及大数据的分析工具与分析方法等内容。

第2篇为淘宝和天猫网店数据分析与运营篇(第4~9章),重点介绍淘宝店、天猫店运营中的大数据分析及利用,包括通过大数据定位产品及店铺,利用大数据合理做营销推广、搜索排名与引流转化,使用大数据优化客户管理及库存等内容。

第3篇为微店数据分析与运营篇(第10章),从无线端入手,讲解无线端与PC端的不同之处,并说明如何利用这些不同点进行数据化运营,掌握无线端店铺的销售;还补充讲解微店市场的数据运营,帮助那些在微店APP开店的卖家,经营好微店平台的店铺。

◆ 本书特色

本书充分考虑淘宝、天猫、微店用户的实际情况,通过通俗易懂的语言、翔实生动的实例,系统完整地讲解了"淘宝、天猫、微店"大数据分析与营销的相关知识。本书具有以下特色。

① 真正"学得会,用得上"。全书围绕当前最实用、最流行的三大创业平台——淘宝、天猫、微店来讲述大数据分析与营销的相关知识。即使读者以前完全不懂大数据运营,也能由此入门,学会通过大数据定位产品及店铺,利用大数据合理做营销推广、搜索排名与引流转化,使用大数据优化客户管理及库存。

② 案例丰富,参考性强。全书通过相关案例进行分析讲解,完整地剖析了大数据分析与运营的相关技能。并且总结了14个"大师点拨"的内容,汇总成功卖家的经验心得,吸取成功卖家大数据分析的方法与策略,并将他们之所以成功的宝贵经验加以总结和提炼,帮助卖家提高开网店的成功率。

③ 思维导图,直观易学。所谓字不如图,在信息化时代,人对图的接收效率要远远高于文字。本书穿插了大量的思维导图,帮助卖家快速掌握淘宝、天猫、微店的大数据分析与运营管理的方法与技巧。

◆ 超值光盘

本书配套光盘内容丰富、实用、超值,不仅赠送与书同步的教学视频,还赠送了皇冠卖家运营实战经验、运营技巧的相关电子书。另外,还为新手卖家提供了丰富的网店装修模板。具体内容如下。

1. 实用的开店视频教程

① 5小时手把手教您装修出品质店铺视频教程。

② 15 个网店宝贝优化必备技能视频教程。

③ 6 小时 Photoshop 照片处理视频教程。

④ 与书同步的 140 分钟网店大数据分析与营销视频教程。

2. 超值实用的电子书

① 新手开店快速促成交易的 10 种技能。

② 不要让差评毁了你的店铺——应对差评的 10 种方案。

③ 你不能不知道的 100 个卖家经验与赢利技巧。

④ 10 招搞定双十一、双十二。

3. 超人气的网店装修与设计素材库

① 28 款详情页设计与描述模板

② 46 款搭配销售套餐模板

③ 162 款秒杀团购模板

④ 200 套首页装修模板

⑤ 396 个关联多图推荐格子模板

⑥ 330 个精美店招模板

⑦ 660 款设计精品水印图案

⑧ 2000 款漂亮店铺装修素材

4. PPT 课件

本书还提供了较为方便的 PPT 课件，以便教师教学使用。

◆ 读者群体

本书尤其适合以下类型的读者学习参考。

① 在淘宝、天猫平台开店的店主

② 淘宝、天猫、微店的运营人员

③ 品牌企业的电商部门人员

④ 互联网运营专员

⑤ 电商产品经理

⑥ 各类院校或培训机构电子商务相关从业人员

本书由凤凰高新教育策划并组织编写。本书作者为电商实战派专家，具有多年大数据分析与应用经验，特别擅长商业数据营销与案例分析。本书同时也得到了众多淘宝、天猫、微店卖家及运营高手的支持，他们为本书奉献了自己多年的运营实战经验，在此向他们表示衷心的感谢。同时，由

于互联网技术发展非常迅速,网上开店的相关规则也在不断变化,书中疏漏和不足之处在所难免,敬请广大读者及专家指正。

读者信箱:2751801073@qq.com
投稿信箱:pup7@pup.cn
读者QQ群:218192911

Contents 目录

第1篇 网店大数据分析必知篇

第1章 大数据分析基础知识

1.1 认识大数据 /2
    1.1.1 什么是大数据 /2
    1.1.2 大数据分析的作用 /6
    1.1.3 大数据的5个生活案例 /11
1.2 告别盲目，用大数据找到蓝海市场 /18
    1.2.1 定位有市场的类目 /18
    1.2.2 定位有价值的类目 /26
    1.2.3 定位有竞争优势的类目 /28
本章小结 /33

第2章 大数据分析在网店运营中的应用

2.1 网店大数据分析的六大核心数据 /35
    2.1.1 店铺首页数据 /35
    2.1.2 收藏和加购数据 /38
    2.1.3 客服数据 /40
    2.1.4 行业数据 /43
    2.1.5 商品数据 /46
    2.1.6 店铺整体数据 /49

2.2 网店大数据分析的四大思维 /54
    2.2.1 对比思维 /54
    2.2.2 拆分思维 /59
    2.2.3 维度思维 /60
    2.2.4 假说思维 /61
本章小结 /65

第3章 网店大数据分析工具和方法

3.1 获取数据源的四大主要渠道 /67
    3.1.1 百度指数获取数据源 /67
    3.1.2 阿里指数获取数据源 /73
    3.1.3 店铺工具获取数据源 /79
    3.1.4 小插件获取数据源 /81
3.2 大数据分析的常用工具 /87
    3.2.1 利用Excel建立数据源及进行基础分析 /87
    3.2.2 为Excel添加数据分析工具做深度分析 /92
3.3 大数据分析的3种常用方法 /93
    3.3.1 预测法 /93
    3.3.2 异常检测法 /94
    3.3.3 关系探索法 /95
本章小结 /97

第 2 篇　淘宝和天猫网店数据分析与运营篇

第 4 章　利用大数据分析确定店铺和产品定位

4.1 消费人群数据分析定位店铺和产品 / 99
　　4.1.1 根据目标消费人群定位店铺风格 / 99
　　4.1.2 根据目标消费人群定位产品 / 103
　　4.1.3 根据目标消费人群定位定价 / 106
4.2 利用大数据挖掘店铺的潜力爆款 / 108
　　4.2.1 潜在爆款的基本要素 / 109
　　4.2.2 从市场容量开始分析 / 110
　　4.2.3 分析产品销售趋势 / 113
　　4.2.4 指标综合分析找出店铺爆款 / 116
4.3 利用大数据分析提升店铺页面装修 / 121
　　4.3.1 店铺页面分类 / 121
　　4.3.2 店铺页面需要关注的数据指标 / 123
　　4.3.3 店铺页面跳失率深度解析 / 124
本章小结 / 125

第 5 章　利用大数据分析做好营销优化

5.1 影响产品权重的重要因素 / 127
　　5.1.1 影响产品权重的相关因素 / 127
　　5.1.2 影响店铺权重的相关因素 / 129
5.2 数据化营销活动提升店铺业绩 / 133
　　5.2.1 精准的假日营销策划 / 133
　　5.2.2 巧设竞品参照，捕获消费者 / 136
　　5.2.3 巧用套餐法，提升连带销售 / 137
　　5.2.4 让消费者占尽便宜——"赠送"促销法 / 139
　　5.2.5 如何判断营销数据的健康程度 / 140
本章小结 / 142

第 6 章　电商数据化运营是王道

6.1 数据化运营必知的四大转化率 / 144
　　6.1.1 店铺静默转化率 / 144
　　6.1.2 询单转化率 / 147
　　6.1.3 免费流量的转化率 / 149
　　6.1.4 付费流量的转化率 / 155
6.2 关注支付率和退款率，让店铺良性发展 / 160
　　6.2.1 支付转化率是销售额的核心 / 160
　　6.2.2 控制好退款率，提升店铺"权重" / 161
6.3 通过大数据分析提升付费推广效率 / 163
　　6.3.1 分析直通车的投放 / 163
　　6.3.2 分析钻展的投放 / 167
本章小结 / 168

第 7 章　做好客服管理，提升产品销量

7.1 客服的绩效考核与激励 / 170
　　7.1.1 客服的绩效考核 / 170

7.1.2　激励客服　/174
7.2　打造金牌客服　/175
　　　7.2.1　如何管理客服　/176
　　　7.2.2　如何培训客服　/177
本章小结　/192

第8章　提升流量，做好个性化搜索分析

8.1　揭开个性化搜索的神秘面纱　/194
　　　8.1.1　手机电商的崛起　/194
　　　8.1.2　大量的消费者标签　/195
　　　8.1.3　丰富的产品属性　/198
8.2　万变不离其宗，个性化搜索的基础要素　/199
　　　8.2.1　相关性匹配　/200
　　　8.2.2　反作弊模型　/202
　　　8.2.3　关键词的搜索转化效果　/203
　　　8.2.4　销量递增模型　/204
　　　8.2.5　店铺营销力层级模型　/205
8.3　个性化搜索的影响因素　/206
　　　8.3.1　价格段　/207
　　　8.3.2　地域分布　/207
　　　8.3.3　购物记录　/208
　　　8.3.4　人群标签　/210
8.4　玩转个性化搜索的实操办法　/213
　　　8.4.1　两步做好类目布局　/214
　　　8.4.2　卡好价格段争取买家人群　/216
　　　8.4.3　商品关键词布局　/218
　　　8.4.4　商品地域搜索布局　/219
本章小结　/220

第9章　通过大数据，优化库存与会员营销

9.1　找到商品备货、补货的核心　/222
　　　9.1.1　分析商品的生命周期　/222
　　　9.1.2　淘宝助理采集基础数据　/224
　　　9.1.3　精准计算商品备货、补货量　/225
9.2　补什么样的货买家最喜欢　/227
　　　9.2.1　备货时的商品属性选择　/227
　　　9.2.2　补货时的商品属性选择　/228
9.3　为什么要分析会员数据　/234
　　　9.3.1　会员分析让销售额一翻再翻　/234
　　　9.3.2　在不得罪会员的基础上广告营销　/235
9.4　会员数据的获取与处理　/236
　　　9.4.1　利用CRM软件和后台获取会员数据　/236
　　　9.4.2　会员数据实操处理　/240
9.5　3种方法管理与分析会员　/241
　　　9.5.1　RFM分析法　/241
　　　9.5.2　分组法　/243
　　　9.5.3　等级细分法　/245
本章小结　/248

第3篇 微店数据分析与运营篇

第10章 利用生意参谋分析店铺无线端数据

10.1 无线端店铺引流用这3招 / 250
    10.1.1 抓住每一个流量入口引流 / 250
    10.1.2 无线端精准引流好词 / 255
    10.1.3 同行对比学习 / 259
10.2 有的放矢——无线端店铺访客分析 / 261
    10.2.1 无线端店铺访客时段分析 / 262
    10.2.2 无线端店铺访客地域分析 / 264
    10.2.3 无线端店铺访客分析 / 266
10.3 无线端行业潜力商品分析 / 268
    10.3.1 通过品牌分析选择无线端潜力商品 / 269
    10.3.2 微店潜力爆款商品选择 / 270
本章小结 / 272

附录 电子商务常见专业名词解释（内容见光盘）

第1篇 网店大数据分析必知篇

"网店大数据"分析已不是一个新鲜名词,越来越多的卖家意识到这不再是一个凭经验就能做运营的时代,而是一个利用数据有凭有据做分析运营的时代。但是真正能做好数据分析的卖家少之又少。究其原因,不少卖家根本没有明白什么是数据分析和数据分析的基本思路,以及网店数据分析有什么方向,就开始盲目进行,结果自然不理想。

本篇将从网店数据分析的基础入手,讲解数据分析思路、基本的工具、数据分析的实操步骤,让卖家打好基础,开始真实有效的数据分析之路。

第1章 大数据分析基础知识

本章导读

本章是网店数据运营的基础知识,在讲解了什么是大数据分析以及大数据分析的思路后,趁热打铁,利用数据进行蓝海市场的分析,帮助卖家解决网店运营中最基础的问题——如何找到成交量大、利润高且竞争小的商品市场?

知识要点

通过本章内容的学习,大家能够掌握数据分析的思路,并且根据自身情况找到理想的商品市场。学习完本章后需要掌握的相关技能如下。

- 大数据分析的核心要点是什么
- 大数据分析是如何利用在生活中的
- 大数据分析是如何利用在网店中的
- 从成交量、利润、竞争度3个方面分析市场
- 店铺如何做好全年的运营规划

1.1 认识大数据

随着信息化时代的到来,"大数据运营"成了一个被用烂的词,几乎每一个网店卖家都知道数据运营的重要性。但数据运营中的"数据"究竟是什么,卖家们却只能说出一二,不能将其说得全面和透彻。网店卖家在这个信息化时代进行数据运营,前置条件是确保自己真的懂数据,明白数据运营的意义所在。如此,才能目的明确地使用数据利器优化网店生意。

1.1.1 什么是大数据

麦肯锡全球研究所给的大数据的定义是:一种规模大到在获取、存储、管理、分析方面大大超出了传统数据库软件工具能力范围的数据集合,具有海量的数据规模、快速的数据流转、多样的数据类型和价值密度低四大特征。

1. 需要卖家关注的大数据类型

事实上,所谓的大数据并不单指数字类信息,还应该包括文字类、图形类信息。文字和图形从表面上看与数据没有关系,但是只要经过挖掘和处理,同样可以找到背后的数据意义。卖家运营网店,不应只关心数字类信息,而应将数据信息的收集范围扩大到不同的层面。从数字、文字和图形的信息范畴,进行全面的网店大数据运营。

网店的数据之所以能称为"大数据",是因为网店的数据信息庞大。例如,一个日销量上万的网店,每日收集和需要处理分析的数据量就远远不是一张简单的 Excel 表能囊括完全的。下面先来了解一下网店卖家会遇到的 3 种数据类型。

(1)数字类信息

数字类信息是网店卖家最常见的数据类型,其特点是以数字的形式直接表现网店不同方面的运营状态。图 1-1 所示的是某网店利用生意参谋查看到的网店固定日期下的"商品分析"数据、"售后服务分析"数据、"购买流失"数据。利用这些数据,卖家可以清楚地知道对应商品当天的经营状态。

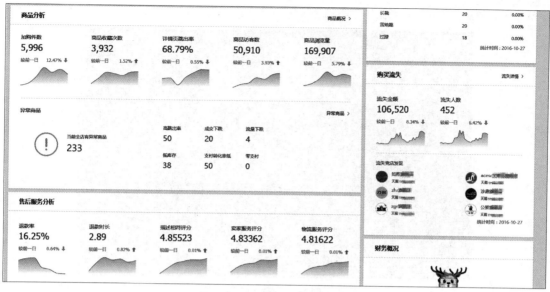

图1-1 生意参谋中的数字信息

（2）文字类信息

文字类信息同样具有数据分析的意义。例如，店铺消费者有哪些标签，是"森女"还是"靓女"，是"运动"还是"慵懒"。又如，店铺消费者的人群主要是"女性"还是"男性"，是"年轻人"还是"中年人"，或者是"老年人"。这些文字类信息看似与数据联系不大，但是对网店运营同样有战略性意义。卖家可以根据文字信息调整运营方法，甚至可以挖掘出文字背后的数据，如网店有多少客户是"女性"，又有多少客户是"男性"。图1-2所示的是某网店利用生意参谋查看到的店铺访客的"营销偏好"和"关键词TOP"的文字类信息。从这些信息中，卖家可以对店铺的营销方式和商品关键词做出调整。

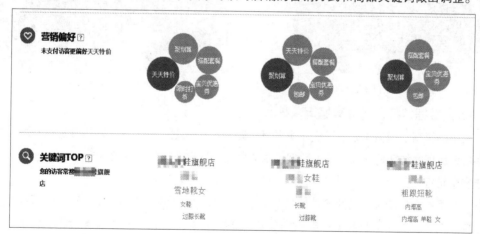

图1-2 生意参谋中的文字信息

（3）图形类信息

网店的图形类信息主要用于帮助卖家的店铺做装修和图片设计。如图1-3所示，卖家可以通过生意参谋的热力图，分析消费者在网页中哪个位置的点击量最大，从而调整店铺的装修元素。

又如，图1-4和图1-5所示的是同一款商品的不同主图设计。卖家需要确定哪一张主图的表现方式能获得更高的点击率。这些都是图形类信息带来的网店运营意义。

图 1-3 点击热力图

图 1-4 模特露脸的主图设计

图 1-5 模特无脸的主图设计

2. 剖析大数据特征，找准数据运营核心

通过前面的讲解，相信卖家们已经了解了什么是网店大数据。为了找准网店数据运营的方向，卖家还需要明白大数据的特征是什么，从大数据的本质出发，是数据运营的基础所在。

（1）容量特征

网店大数据有容量特征，指的是数据量的大小。日销一万件的网店和日销一百件的网店数据容量是不同的；同一网店，取 1 天的数据和取 10 天的数据容量也是不同的。正是因为数据的容量特征，卖家进行数据分析时要选择尽可能多的数据作为分析基数，基数越大，数据分析的准确性也就越高。

例如，某网店卖家想知道店铺的消费人群是男性居多还是女性居多，卖家统计了店铺一天中的访客，有 89 位女性，56 位男性，于是卖家得出"女性消费者居多"的结论。这样的结论准确性较低，因为数据分析的基数太小。卖家应该至少统计店铺半个月内的访客数量，以此来评估店铺的访客性别。

（2）种类特征

网店的数据种类不止一种，从大的方面来看，有流量数据、转化数据、销售数据、客户数据。而流量数据又可以分为展现量数据、点击率数据及不同流量入口的数据。正是因为数据的种类特征，卖家在进行网店数据运营时，不应只局限于分析一个种类下的数据。卖家要具有"多维度数据化分析"的思维。因为店铺的经营波动往往不是由单一因素影响的，只有从多个数据表现进行分析，才能找到经营优化的正确方向。

例如，某网店对A商品调整了运营策略，10天过后他需要分析A商品的销售状态是否越来越好。卖家不能单凭销量或是流量增长来判断商品的经营状态是否越来越好，而需要尽可能多地分析商品多个种类的数据。如图1-6所示，卖家统计了商品在10天内的流量、销量和转化率数据。从表现上看，商品的流量增加，销量也增加了，是乐观的，但是再看转化率，却下跌了近一半，说明卖家引入的流量质量不高。

这时要想判断这样的流量策略是否已经使商品的利润最大化，卖家又需要加入新的数据类型进行分析。例如，加入商品的流量渠道数据，找出转化率最大的流量渠道，然后专门优化这个渠道的流量，看是否能让商品的销量达到更大。如果卖家的流量中有付费流量，还需加入付费流量的费用数据，计算付费成本与商品利润的比例；如果付费成本低于商品利润，那么可以忽视转化率降低这一问题，继续付费引流，增加商品销量。

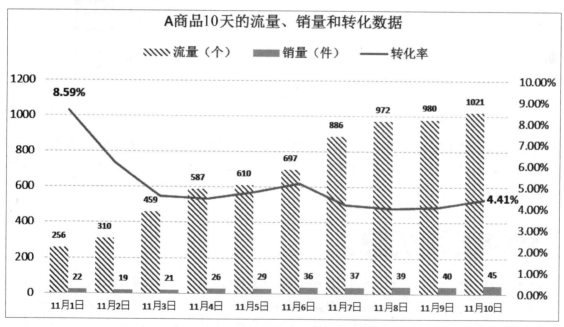

图1-6　商品的流量、销量、转化率数据间的关系

（3）时效特征

数据具有时效性，在进行大数据分析时，要根据分析需求，衡量取数据的时间段。例如，卖家需要研究店铺的访客年龄段，统计店铺三年内的访客数据就是不准确的。这是因为电商行业在变化、计算机和手机的普及性也在变化，卖家不能用三年前的访客情况来衡量当下的访客情况。但是如果卖家需要对网店运营进行预测分析，如预测某款经典服装的销量，就可以取时间稍微久一点的数据。

（4）变量特征

数据的变量特征指的是数据不是一成不变的，影响 A 数据的因素可能有 b、c、d 三种因素，任何一种因素的波动都可能影响 A 数据的表现。从数据的这一特征出发，卖家在进行网店数据分析时，要具有"找变量"的思维，这是解决网店许多问题的重要策略。例如，卖家的商品销量下降，卖家不能凭经验判断是商品的流量不行还是转化率不行，而应顺藤摸瓜，一步一步分解出影响商品销量的下级变量，如图 1-7 所示，分析每一个变量的可优化之处，找到问题的最佳解决方法。

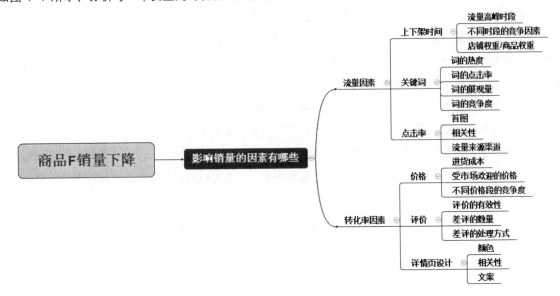

图 1-7　商品销量下降的原因分析

（5）真实性特征

大数据分析，卖家需要考虑到数据的真实性特征。在进行数据分析时，首先要对数据的来源进行核查，确保准确无误。例如，使用官方的数据工具获取到的数据，通常会比非官方的不知名的小工具所获取的数据要准确。

1.1.2　大数据分析的作用

大数据分析之所以如此火热，是因为数据分析的结果对企业有巨大的作用。大数据分析总的来说有三大作用：预警、监控、优化。监控指的是监控企业或其他个体的状态，利用数据分析来判断状态的健康与否；预警指的是提前预见问题并规避问题，以及提前预见可行的策略，以便占领有利地位；优化指的是优化现阶段的运营状态，如企业业绩、利润等因素，以求得最优效果。

在网店运营中，大数据分析的作用也体现在这三方面，如果将这三方面的作用拆分到网店运营中，具体作用表现如下。

1. 预警——货源定位

最高明的卖家不应该是从商品上架后才开始利用数据分析，而应有预见性，从选货阶段就要利用数据进行分析，对货源定位，选择最有优势的商品进行销售。举个简单的例子，判断某一商品好不好卖，不能凭个人的感觉，而应提前查看商品的市场波动数据，以此来预测销量走势。图 1-8 所示的是在阿里指数中查看到的"小西装"商品在 9～12 月的数据表现。"淘宝采购指数"趋势说明，淘宝网中购买小西装的买家越来越少。不少卖家抓住了这个市场趋势，所以进货量也越来越少，"1688 采购指数"即卖家在 1688 进货网中的进货指数。如果卖家没有经过市场分析，不能准确预测商品销量，可能一不小心就选择到销量趋势不好的商品了。

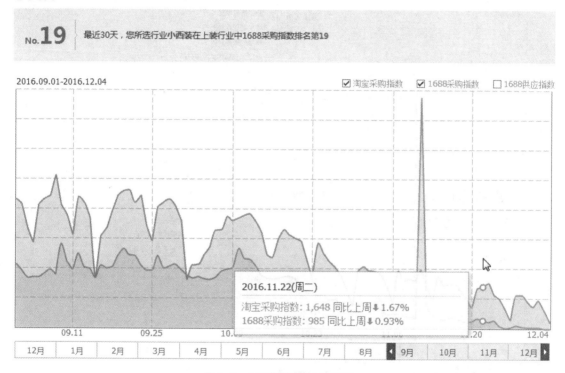

图 1-8　阿里指数中的行业趋势

以上只是一个简单的例子，事实上对于网店的货源定位，卖家需要考虑多方面的数据，网店货源定位的思路如图 1-9 所示。卖家需要从市场、商品、消费者、店铺等因素进行考虑，综合选定市场行情乐观，并且适合自己店铺和店铺消费者的商品进行销售。在这张思路图中，重要的货源预警策略及具体的数据分析方法都将在本书后面的章节中详细讲解。

大数据分析在店铺中的预警作用，不只找货源定位一种，还可以提前发现异常商品、异常流量、客服销售中的问题等，将网店运营的问题扼杀在摇篮中。

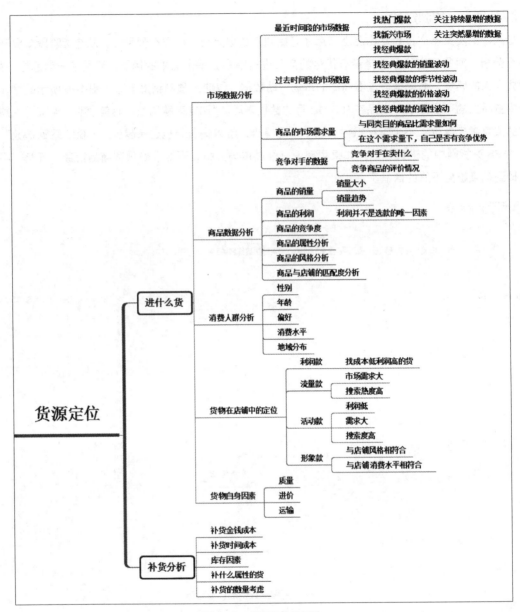

图 1-9 货源定位分析法

2. 监控——保证网店健康运营

数据分析的另一价值便是监控网店的运营状态。如果离开数据分析，卖家仅凭感觉来判断网店的运营状态，就会出现偏差。图 1-10 所示的是网店运营主要监控的数据项目。

店铺数据监控，卖家需要遵循的核心要点是：①店铺各项数据与店铺之前的经营状态比怎么样？②店铺的各项数据与同行的经营状态比怎么样？③店铺的各项数据还有没有可优化的地方？

当卖家对店铺数据进行全方位监控后，就可以及时发现不健康的数据项目，及时优化。并且通过数据监控，调整全店的运营状态，以便网店健康向上地运营。

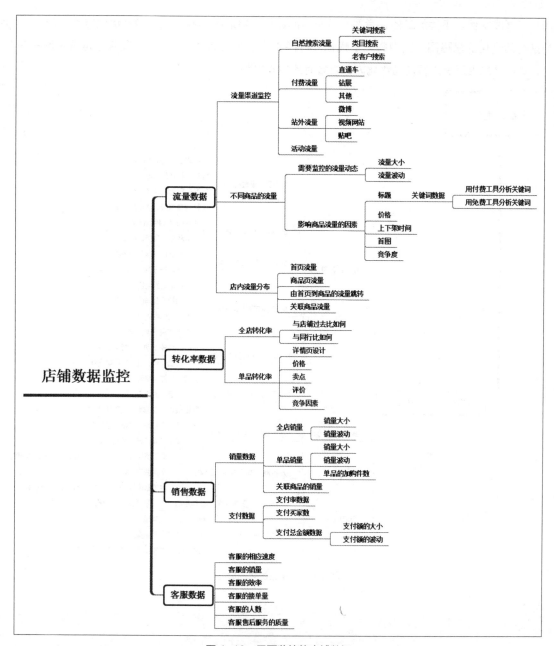

图1-10 需要监控的店铺数据

3. 优化——以最少的成本达到最大的利润

大数据分析最大的作用就是利用有限的成本产生最大的价值，所以优化企业的运营状态是大数据分析的重要责任。对于网店卖家来说，使用大数据分析可以优化店铺各个方面的运营状态，如店铺的流量、销量、利润，甚至是客服效率。如果没有数据分析，卖家凭经验很难判断出店铺在什么地方需要优化，又要如何优化。

以商品优化为例，卖家想要优化网品的经营状态，首先就要确定目标，是想优化商品的方向、销量、利润,还是成交额。不同的目的,需要分析不同的数据,然后根据数据表现确定优化方案。图1-11所示的是商品优化的思路图,图中每一步优化分析都要建立在数据的基础上,方能保证准确性和有效性。同时,这也是本书后面进行商品优化内容讲解时的核心思路。

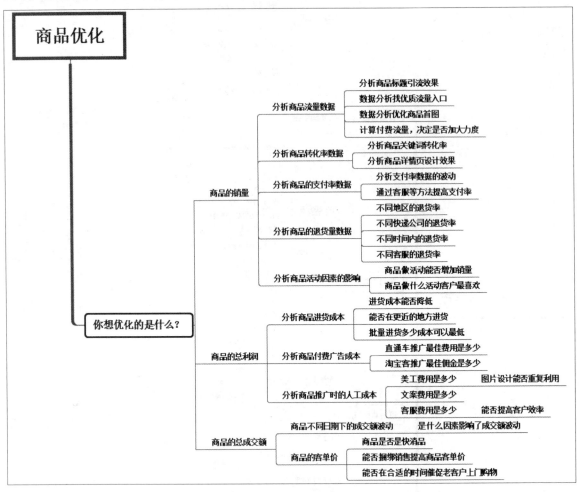

图1-11　商品优化的思路

问:过去很多网店卖家靠经验也能经营好网店,现在是否还能这样?

答:过去有很多优秀的网店卖家并没有太多地依靠数据就经营好了网店,但是如今时代变了,不充分利用大数据的作用,网店很难越开越好。具体原因如下。

(1)电商相比于过去,竞争更激烈了

电商兴起之初,以淘宝为例,卖家们只要将商品放上去,稍微懂得一点图片处理方法和商品描述的方法,就能将生意做下去。5年前,淘宝卖家开始有了竞争意识,卖家们开始利用直通车,只要稍微会一点直通车分析的卖家，也能经营好淘宝店。随着竞争的加剧，许多卖家已经学会了关键词分析、直通车分析、钻展分析，并且订购了生意参谋。在这种情况下，如果卖家不学会大数据分析，只会落后于同行，成为网店运营的牺牲品。

（2）经验在这个变化多端的时代已经靠不住了

过去的消费环境比较单一，经典商品的流行时间比较长，新开的店铺数量也不多。在那个年代，卖家凭自己的经验是可以做好网店的。但是现在受到互联网的影响，新事物变化太大，卖家的经验往往跟不上时代的脚步，如果不用数据，很难判断未来新流行的商品种类是什么。

1.1.3 大数据的 5 个生活案例

大数据分析并不神秘，它与我们每一个人的生活密切相关。为了进一步了解大数据在真实生活中的运用，本小节就用 5 个例子帮助读者理解大数据思维，并将这个思维带到网店学习与运营中。

1. 阿里使用大数据打假

在淘宝市场中，卖家刷单的现象屡见不鲜，为了更好地管理平台，帮助消费者买到放心的商品，阿里平台使用了大数据，调取了卖家的账户交易数据、物流发货信息，以及收、发货地址等信息，来追踪不同卖家的商品交易情况。通过大数据分析，即使卖家们使用不同的 ID 和店铺，阿里系统也可以通过数据分析判定其是否有刷单违规。通过几年的打假，阿里平台已经建立了监测、分析、打击假货体系的大数据打假模型，并愿意用大数据模型与警方合作，共同抵制假货。

由于阿里使用大数据打假的平台机制，卖家们一不留心就会被判刷单作弊。但是如果了解了阿里的刷单大数据分析，就能有效避免作弊行为。图 1-12 所示的是阿里对刷单行为的数据及卖家应该避免出现的错误。

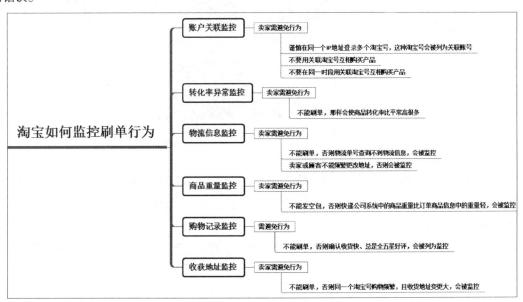

图 1-12 淘宝系统对刷单行为的监控

2. 利用大数据寻找"人生真爱"

在信息不发达的年代，人们寻找真爱多半靠运气，看能不能遇到合适的那个人。现在人们可以通过信息收集与分析，在约会前就先确定这个人是不是自己的菜。这里就有一个真实的案例。

Chris McKinlay 是一名美国加州大学洛杉矶分校的哲学博士，同时也是一名数学家。他在多次相亲失败后，利用了自己的专业知识——使用数据来找另一半。他写了一个程序，并在网站中收集了大量的女性信息，一共找到了 2 万名女性和 6 万个问答。有了这些数据基础后，他再利用数据算法，将这 2 万名女性进行分类处理，最终选出最适合自己的两名女性，然后分别与其进行约会，最后顺利找到了自己的真爱。

这是大数据分析的典型生活案例，通过这个案例也可以带给网店卖家一些启发，那就是利用数据找到最适合自己网店商品的消费者。不知卖家们是否疑惑，为什么有的消费者进店会消费购物，而有的消费者只是看看就走？这与生活中找真爱的例子一样，商品是消费者的"真爱"，消费者就会将其带回家。卖家可以通过数据分析，判断商品的目标消费者，判定商品是哪种消费者的"真爱"，从而对症下药。或者反过来，卖家先选定好消费者，再去研究消费者喜欢哪种商品，从而选款销售。图 1-13 所示的是卖家寻找商品消费者需要分析的因素，其中每一项因素都离不开数据分析。

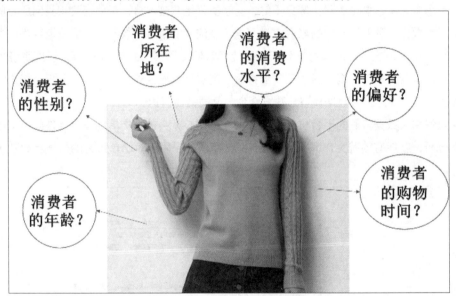

图 1-13　分析商品的目标消费者

3. 利用大数据来管理城市

城市管理一直以来都是一项复杂而艰难的工作。在基于大数据开发的基础上，开发出了一款名为"城管通"的智能软件，这款软件只需要安装在城管工作人员的身上，就能直接与指挥平台相连接，建立起"数据管理城市"的系统。

"城管通"主要是利用数据来处理群众的投诉事件。当群众报警后，消息会立刻传到指挥中心，指挥中心就能快速派出人员处理相关情况。而如何"派单",就依赖于"城管通"系统。这样的数据处理,不仅效率更高,错误率也降低了。

城市可以用数据来管理,同样的道理,网店也可以用数据来管理。卖家可以通过数据工具,快速发现店铺的经营问题。图1-14所示的是某家店铺生意参谋中显示的"异常商品"情况,这些都需要卖家及时处理。这里的生意参谋就相当于城市管理系统中的"城管通"。

图1-14　查看异常商品数据

4. 利用大数据来管理交通

随着大数据的运用,各大城市陆续开始出现"智能公交站牌"。市民可以根据公交站牌的信息,准确估计下一班公交站到达该站点的距离、路上的拥挤程度,大大方便了市民对出行时间的安排。不仅如此,市民还可以下载智能公交APP应用,同样可以查看到相关数据,大大提高了个人的出行效率。

同样的道理,网店卖家也可以利用数据分析来调配网店客服,通过分析不同时间段咨询量的大小,精准安排客服数量,从而提高客服的利用效率。卖家还可以分析不同时间段的商品流量,从而更合理地安排商品的上下架时间。

5. 利用大数据节约能源

在德国,能源公司会给家庭户安装太阳能。能源公司除了卖电能给客户外,还会将客户使用太阳能时没有用完的电回收回来。能源公司每隔5分钟或10分钟就收集一次数据,这些收集到的数据就被用来预测客户的用电习惯,从而推测客户在未来一段时间内会需要用多少度电。有了这个预估数值后,能源公司就可以向发电企业购买固定数量的电,毕竟提前购买会更便宜,从而节省了电的采购成本。

既然能源公司可以利用大数据节省成本,网店卖家可不可以呢?答案是肯定的。卖家可以通过商品销量预测,提前与供货商签下订单合同,防止供货商在商品的销售旺季涨价。

问：预测消费者的购物行为，真正的价值有多大？

答： 有的卖家认为预测消费者的购物行为并不能产生太大的实际作用，毕竟很难将消费者的行为动态预估准确。那卖家应该了解一下同为电商平台的亚马逊，利用对消费者的高预测，将商品推荐做到了极致。

（1）预测消费者行为，减少广告费用

逛亚马逊会发现很少出现像其他电商平台那样的铺天盖地的广告，这是因为亚马逊通过消费者购物数据分析，总结出了不同消费者可能购买的商品。直接将商品推荐到消费者面前，而不是像碰运气一般，将各种商品的广告推到消费者面前，等着消费者来选。

（2）预测消费者行为，增加转化率

亚马逊的商品推荐转化率非常高，这是因为系统将不同的商品分为价格段、风格、品牌等多个属性维度进行定位，再与消费者进行匹配，从而做到精准推广。亚马逊直接将消费者需要的商品推荐到他的面前，消费者还有什么理由不购买呢？转化率高自然不用说。

大师点拨1：啤酒与尿布的故事带来的启发

"啤酒与尿布"的故事是商品营销的经典案例。故事的发生地是沃尔玛超市，沃尔玛的一位管理人员在进行商品销售数据分析时，发现啤酒和尿布两个看起来不相关的商品却常常会被同一位客户购买。原来在美国，年轻的母亲通常会在家中照看婴儿，而年轻的父亲则负责外出采购商品。父亲在超市中采购尿布商品时会同时为自己购买啤酒，所以才会导致两种表面上没有任何关系的商品，出现在同一购物篮中的情况。如果年轻的父亲在一家超市中只能找到尿布商品或是只能找到啤酒商品，他很可能会放弃购买，转而选择可以同时购买这两种商品的超市。沃尔玛超市正是发现了这一现象，开始在超市卖场中将啤酒和尿布放在一起，让年轻的父亲可以快速找到这两种商品，减轻购物的时间成本，增加客户对沃尔玛超市的选择频率。从"啤酒与尿布"的故事中，网店卖家可以得到许多数据运营方面的启发。

1. 店铺商品安排全面，留住客户

在沃尔玛超市中，有的商品是不赚钱的，甚至是亏本销售的，但是这类商品没有被摒弃，而是留在超市中，让客户尽可能一次性买到所需求的所有商品。所以沃尔玛中的商品种类丰富，既有日用品也有水果蔬菜，消费者会因为购物的便利性选择沃尔玛，一次性购买完自己需要的商品。

网店经营也是一样的道理，消费者更希望从一家网店中购买完所需的商品，这样可以一次性收货，出现问题也可以找同一卖家协商，还可能节省运费。为了留住更多的客户，卖家需要调查出自己销售的商品类目下,客户可能同时购买的商品有哪些。这里有个简便方法,卖家可以到同行的大卖家店铺中分析其产品类型,以此来安排自己的店铺商品。

例如,图 1-15 所示的是某烘焙店铺的商品分类,可以看到,其中包括了烘焙的原料、工具、西餐牛排原料等,因为买烘焙原料的消费者很可能需要买工具,这类人群同时也可能是西餐爱好者。又如,图 1-16 所示的是这家烘焙店铺中"烘焙模具"的商品分类,其中有蛋糕模、面包模、饼干模,等等,并且模具的颜色、品牌等属性也十分全面,可以让想买模具的消费者一次性采购完所有的商品。按照这样的方法,卖家可以调查出不同网店的商品类型,以此来全面安排自己店铺的商品类型。

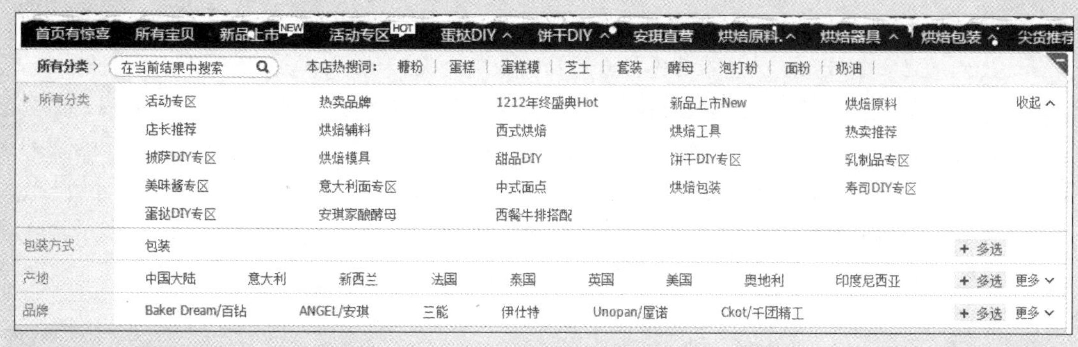

图 1-15 烘焙店铺的商品分类

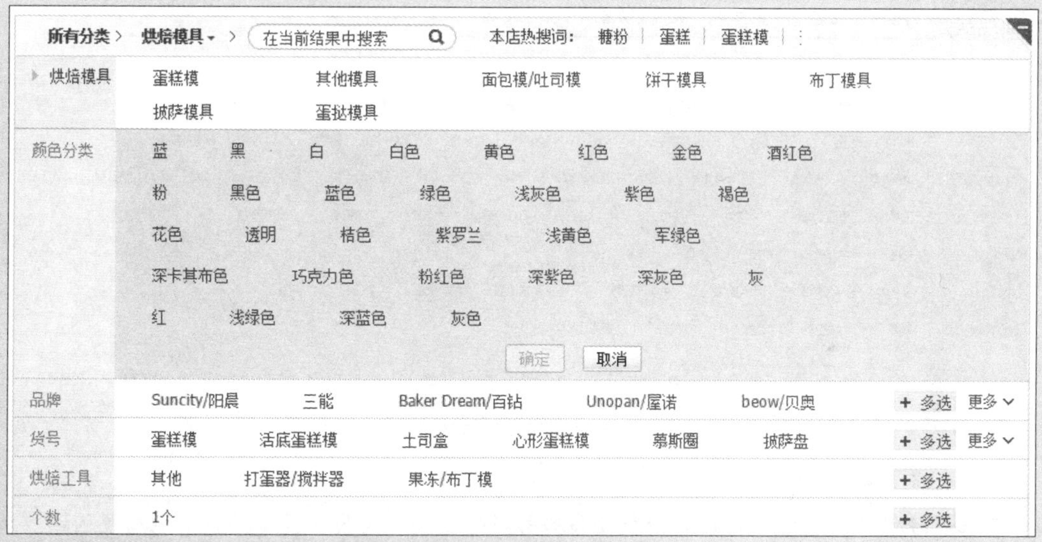

图 1-16 烘焙模具的商品分类

2. 商品关联恰当,增加商品销量

从"啤酒与尿布"的故事中,还可以得到的启示是,将关联性强的商品放在一起可以增加商品的销量。例如,购买裙子商品的消费者,很可能会再购买一条裙子的腰带,将腰带商品与裙子放在一起,能增加裙子或腰带的销量。为了找出店铺商品之间的关联性,卖家可以使用以下数据分析法。

（1）从商品的属性相似度来分析

不同的消费者对商品风格、类型的喜好不一样。以服装商品为例，喜欢森女风格的消费者可能会固定购买森女风格的服装。如果将风格统一的服装商品放在一起，它们被一起销售出去的可能性就更大，这便是基于商品属性相似度来判断商品关联性强弱的原理。

需要注意的是，不是所有的商品都可以在进行关联销售的情况下增加销量。卖家应该选择快消品或是消费者可能同时需要的商品。例如，衣柜商品，消费者只可能选择一件，无论衣柜商品的风格再怎么相似，卖家都不可能同时购买两件，所以这类商品就不适合用属性相似度来分析其关联性。

在做属性相似度研究时，卖家要选择会影响消费者决策的属性，而不是无关紧要的属性。卖家可以到淘宝网店中进行研究，因为该平台的个性化搜索做得比较成熟，消费者可以通过属性限定来选定商品。如图1-17所示，裙子商品从品牌、选购热点、裙长等不同的维度分成不同的属性。卖家可以研究自己店铺中裙子商品在这些属性下的表现，如果A商品有7点属性与B商品重合，那么购买A商品的消费者也可能购买B商品，卖家可以将A、B商品进行关联，或者将A商品推荐给B商品成功交易的买家，将B商品推荐给A商品成功交易的买家。

图1-17　裙子商品的不同属性

（2）从消费者的角度来分析

卖家还可以从消费者的角度来分析商品的关联性，方法是将消费者的行为数据如商品收藏、商品购买、商品加购数据进行收集。把这些数据下的商品列出来，作为消费者的分析维度。例如，A消费者购买了商品1、2、3、4、5，而B消费者购买了商品1、3、5、7，C消费者购买了商品1、2、4、5。那么可以判定商品1、5是属于关联性较高的商品。同样的道理，某两件商品同时被更多的消费者收藏，也代表这两件商品的关联性可能较大。

卖家可以使用Excel表的功能快速找出购买了相同两款商品的消费者，从而判断商品的关联性大小。下面以淘宝卖家在生意参谋中导出的商品销售数据为例来进行讲解。

第1步　为首行添加"筛选"按钮。如图1-18所示，单击"开始"选项卡下"编辑"组中的"排序和筛选"下三角按钮,然后从弹出的菜单中选择"筛选"选项。

第2步 找出同一商品的消费者。如图1-19所示,单击"宝贝标题"的筛选按钮,然后从下拉菜单中选择确定的商品,最后再单击"确定"按钮。商品消费者的筛选结果如图1-20所示。按照同样的方法,找出其他商品的消费者。

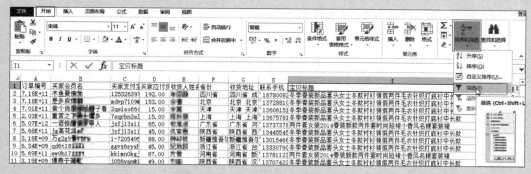

图1-18 为数据添加"筛选"按钮

图1-19 筛选出某一商品数据

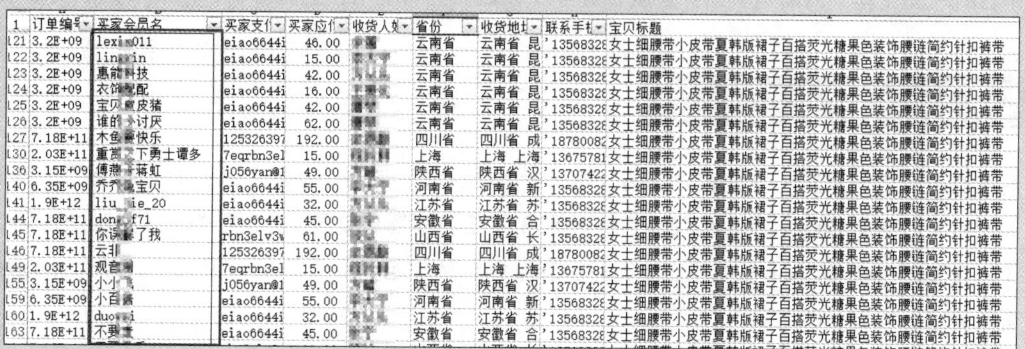

图1-20 找出商品的消费者

第3步 找出不同商品的相同消费者。找出不同商品的消费者后，如图1-21所示，选中消费者名字，然后单击"样式"组中的"条件格式"下三角按钮，从弹出的下拉菜单中选择"突出显示单元格规则"选项，接着再选择级联菜单中的"重复值"选项，表示要突出显示名字相同的消费者。最后结果如图1-22所示，购买过不同商品的同一消费者名字就被突出显示了出来。购买两款商品的消费者越多，说明这两款商品中的关联性越大。

图1-21 找出同一位消费者

图1-22 分析购买过不同商品的相同消费者

需要提醒的是，利用这种方法，卖家要考虑数据的精准度。首先要去除店铺的活动因素对数据的影响。例如，店铺在举办买二送一的活动，消费者就会大大增加同时购买两件商品的概率，但是并不代表这两件商品就是大多数消费者在自主购物时会同时选择的商品。其次还要去除商品捆绑销售对数据的影响。又如，店铺中本来就将A商品与B商品捆绑在一起销售，这时就不能判断说A商品与B商品的关联性大，这是因为捆绑销售的结果，同时购买这两款商品的买家肯定会比较多。

1.2 告别盲目，用大数据找到蓝海市场

选择一个乐观的市场是网店卖家成功的第一步。如果卖家选择了一个市场需求不大，竞争却很大的市场，卖家很难成为行业中的佼佼者。那么什么市场最乐观呢？卖家可以利用数据，判断市场的需求量、商品销售的利润空间、商品销售的竞争度，等等。在数据的帮助下，客观分析，最终找到蓝海市场。

1.2.1 定位有市场的类目

商品的市场大小决定了消费者对商品的需求量大小，消费者对商品的需求越大，商品的总销量就会越大。例如，A商品的销售总量是100万件，而B商品的销售总量是1000万件，某卖家的市场销售占比是1%，那么卖家销售A商品能卖出1万件，销售B商品却能卖出10万件。因此，选择有市场的类目，可以帮助卖家销售更多的商品。

判断商品的市场如何，卖家需要明白评判商品市场好坏的标准，根据这个标准出发，进行数据化分析。其思路如图1-23所示。

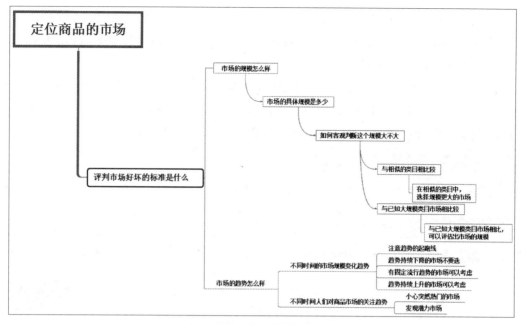

图 1-23　定位商品市场的思路

1. 用数据客观判断市场规模

市场规模就是市场的成交量大小，成交量越大，市场规模越大，消费者人群基础也就越大。卖家判断市场规模可以到生 e 经的"行业分析"中，快速查看不同类目在同一时间段下的成交量大小，以此来找出市场规模大的类目。

如图 1-24 所示，某卖家是销售套装的，但是不知道什么套装在市场中规模更大，于是在生 e 经的行业分析中，查看最近一个月的套装类商品销量，结果显示"时尚套装"的销量最大，其次是"休闲运动套装"。如果卖家想选择销售制服类套装，可以选择"职业女裤套装"或"医护制服"。

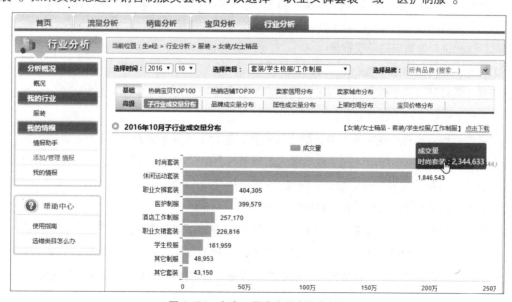

图 1-24　在生 e 经中查看商品成交量

比较相似类目的商品销量具有局限性。例如，图 1-24 中"时尚套装"的成交量为 234 万，已经在套装类商品中排名第一了，但是这个成交量与电商市场中的其他类目商品相比如何？卖家需要有一个参考线，避免选择到成交量太小的市场。

如图 1-25 所示，卖家可以查看同一时间段内，市场中大类目商品的成交量。其中"裤子"商品的成交量为 2957 万条，是前面"时尚套装"成交量的 10 倍，说明"时尚套装"的市场规模还算不错。只要类目市场规模不低于热门类目市场规模的 5%，就能具有不错的消费者人群。

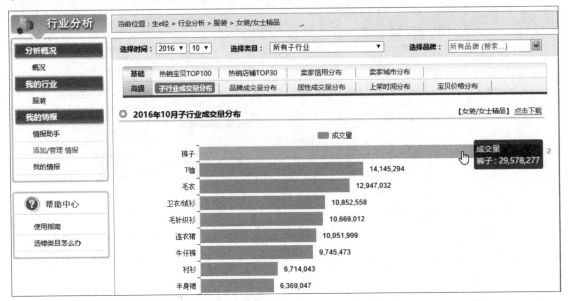

图 1-25　查看同一时间段内商品的成交量

2. 分析数据波动判断市场规模变化

卖家分析商品的市场规模，找到成交量大的商品不代表找到了行业蓝海，卖家有可能分析的是商品成交量最乐观的时间段，可能过一段时间，商品的成交量就会持续下降。所以卖家需要分析商品市场的规模变化，以此来判定市场的乐观程度。

（1）初略判断商品市场规模变化

判断商品市场规模的变化，卖家可以使用数据工具查看消费人群对商品的关注度变化，关注度在很大程度上说明了购物人群的数量变化。

卖家首先可以到生意参谋中查看商品的市场变化，生意参谋是淘宝/天猫的专业数据分析工具，数据可参考性大。如图 1-26 所示，在生意参谋"市场行情"的"行业大盘"中，可以看到消费者对"低帮鞋"商品一个月中"搜索人气"的变化趋势。从趋势中可以判断，该商品的市场规模在 10 月左右的时间段区域稳定，没有大起大伏，能保持销售常量。

为了更合理地分析市场规模变化，卖家还可以在生意参谋中查看商品的"子行业交易排行"数据和"行业报表"，根据市场数据的具体波动大小来判断市场规模的变化。因为单从趋势线上看，卖家不太能从趋势中判断出细微的变化，但是如果是实实在在的数据，卖家就能准确判断市场是在变大还是在变小。

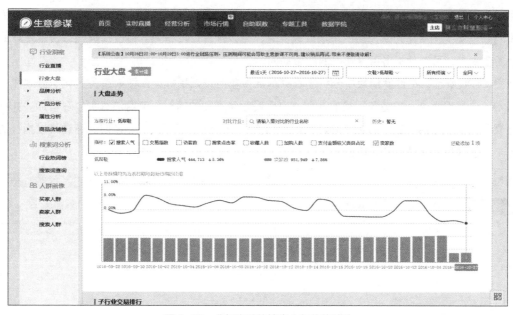

图1-26 分析商品的搜索人气趋势波动

如图1-27所示,从"子行业交易排行"数据中发现低帮鞋商品的支付金额较上一周下降了10.68%,卖家需要引起重视,如果支付金额持续下降,说明该商品的市场规模有减小趋势。再从"行业报表"中可以发现商品的访客数、搜索点击人数、搜索点击率和收藏人数都在下降,虽然下降程度不高,但是依然要引起重视。

图1-27 分析商品的支付金额波动

生意参谋只能代表淘宝和天猫的市场数据变化，如果是微店是其他电商平台的卖家，要想分析全网消费者的关注度变化从而判断商品的市场规模变化，可以选择百度指数。百度指数是以百度用户的搜索数据为后台支持，可以分析出百度网民的搜索动向。

如图1-28所示，在百度指数中分析连衣裙商品多年的搜索指数。该搜索趋势变化十分规律，并且逐年递增。这是因为这几年随着网络的发展，在网民数量增加的同时，电商消费者也在增加。并且连衣裙商品属于季节性商品，消费者在不同时间段对该商品的关注度不同。这也说明，通过百度指数的数据对电商市场的规模判断是有参考价值的。

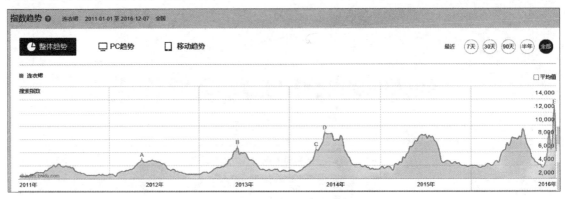

图1-28　分析商品关键词的搜索指数

利用百度指数，还可能找到未来时间段会突然销量大增的新兴商品市场。图1-29所示的是"名牌"商品在2014年到2016年的搜索趋势变化。从数据趋势中可以发现在2015年1月份左右，该商品的搜索量突然大增，虽然后期起伏不定且有下降趋势，但是总的来说，这是一个新的商品市场。

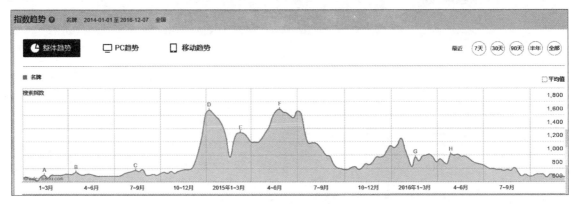

图1-29　从趋势中发现新的商品市场

新兴商品市场与娱乐行业有密切的关系，娱乐行业与商品有关的事件往往会带动某种商品在网上的销售。但是卖家在发现新兴市场的同时，要注意辨别市场的真伪，销量突然暴增的商品也可能销量突然大跌。图1-30所示的是"奥特蛋"商品在2013-2016年搜索趋势，从中可以发现，此商品在经历了短暂的关注度暴增后就迅速跌落了，搜索趋势并没有再回升。那么这类商品就是不理想的蓝海市场商品。

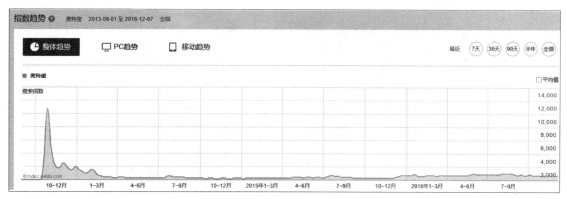

图 1-30　迅速跌落的商品市场

（2）自制趋势图，准确分析市场规模变化

网店卖家无论是使用生意参谋还是使用百度指数，看到的都是商品市场规模的大致波动情况。如果要准确地了解市场变化，以及商品在不同时间段的销量变化，卖家可以利用淘宝卖家工具生 e 经，自制趋势图，灵活且准确地判断出商品市场规模变化。

如图 1-31 所示，在生 e 经的"行业分析"中，卖家可以自由选择数据的时间段，最早可以选择到 2011 年 4 月。但是分析市场规模变化，通常分析最近三年的即可，时间距离太长的数据意义不大。例如，如果卖家想分析裤子行业下不同子类目商品的市场规模变化，那么可从 2013 年 1 月的数据分析开始，将数据表格中的数据进行复制。

卖家打开 Excel 表，将复制的数据粘贴到表格中，并手动添加"日期"列，输入数据的时间，如 2013 年 1 月的数据就输入"2013/1"，如图 1-32 所示。

按照这样的方法，将最近三年的数据统计到 Excel 表中，如这里统计了 2013 年 1 月-2016 年 11 月裤子类商品的所有子类目成交量的数据。然后如图 1-33 所示，单击"插入"选项卡下"表格"组中的"数据透视表"按钮，为收集到的数据创建一张数据透视表。

图 1-31　复制生 e 经中的数据

	A	B	C	D	E
1	子行业名称	成交量	销售额指数	高质宝贝数	时间
2	打底裤	5496209	91209	31415	2013/1
3	休闲裤	3011110	77204	19861	2013/1
4	棉裤/羽绒裤	461555	26565	7165	2013/1
5	西装裤/正装裤	34783	1004	1178	2013/1
6	打底裤	1328595	18278	19752	2013/2
7	休闲裤	1239921	30311	19700	2013/2
8	棉裤/羽绒裤	34500	1974	2053	2013/2
9	西装裤/正装裤	20890	549.8	750	2013/2
10	休闲裤	4525065	97305	41456	2013/3
11	打底裤	3133516	29661	26420	2013/3
12	西装裤/正装裤	78720	2042	1564	2013/3
13	棉裤/羽绒裤	12575	617.3	921	2013/3
14	休闲裤	5388869	110719	34843	2013/4
15	打底裤	3374658	30285	22783	2013/4
16	西装裤/正装裤	72299	1774	1437	2013/4
17	棉裤/羽绒裤	4689	202.2	145	2013/4
18	休闲裤	8259564	163422	35729	2013/5
19	打底裤	4038181	29474	21489	2013/5
20	西装裤/正装裤	70655	1473	1495	2013/5
21	棉裤/羽绒裤	2131	82.19	82	2013/5
22	休闲裤	8678369	165626	42109	2013/6
23	打底裤	3420760	25333	19940	2013/6
24	西装裤/正装裤	56350	1267	1279	2013/6

图 1-32　为数据添加时间　　　　　　　图 1-33　插入数据透视表

单击"创建数据透视表"按钮后，会弹出如图 1-34 所示的对话窗口，卖家需要确定"表/区域"是否包括了全部的数据，并且选中"新工作表"单选按钮，最后单击"确定"按钮。

数据透视表创建好后，进行"数据透视表字段"设置，如图 1-35 所示。

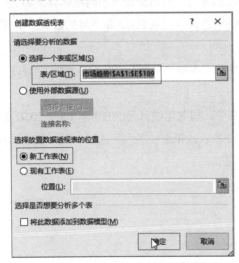

图 1-34　确定创建透视表　　　　　　　图 1-35　设置透视表字段

此时表格中收集到的裤子行业最近三年的成交量数据就会以图 1-36 中的形式显示。为了更直观地分析市场数据波动，这里单击"插入"选项卡下"图表"组中的"折线图"按钮，将表格透视表中的数据制作成折线图。

如图 1-37 所示，完成折线图制作后，卖家可以非常清晰且准确地看到，裤子行业下子类目商品在最近三年的市场成交量波动趋势。总体来说，打底裤和休闲裤的成交量都呈逐年递增情况，且打底裤在每年的双 11，销量都呈突增状态，说明销售打底裤商品，需要特别重视双 11 的销售布局，以便抢占市场。而休闲裤商品则是在每年的 6 月份达到一年的销量高峰，这个波动十分规律。那么卖家可以重视 2017 年 6 月的休闲裤商品销售。

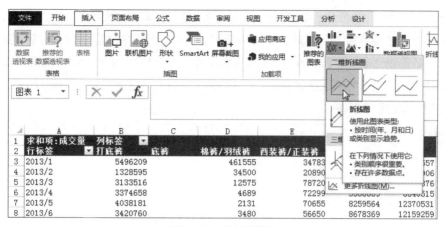

图 1-36 插入折线图

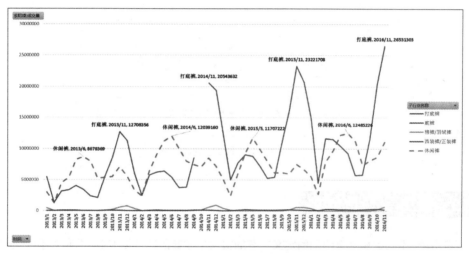

图 1-37 分析折线图表

在同一折线图中,有的子类目销量大,有的子类目销量小,销量小的类目趋势线就会不明显。如果卖家的目标市场是销量较小、竞争较温和的市场,可以单独分析销量较小的子类目。如图 1-38 所示,单击折线图右边的"子行业名称"下三角按钮,然后在图 1-39 所示的菜单中选中需要分析类目的复选框,这里选中"棉裤/羽绒裤"和"西装裤/正装裤"复选框,最后单击"确定"按钮。

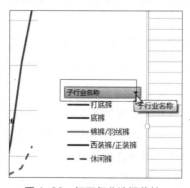

图 1-38 打开行业选择菜单

图 1-39 选择目标分析行业

屏蔽了大销量类目后，单独分析棉裤/羽绒裤和西装裤/正装裤的销量趋势，就容易多了。如图1-40所示，卖家可以快速发现棉裤/羽绒裤的市场波动规律，其销量高峰在每年的12月，说明这个类目的商品适合做双12的促销活动。而西装裤/正装裤在每年的3月、4月、9月、10月是销量高峰期，而且最近三年，西装裤/正装裤的销量是呈明显上升状态的，可以判断这类商品的市场规模呈乐观趋势，卖家可以做好2017年的销售准备。

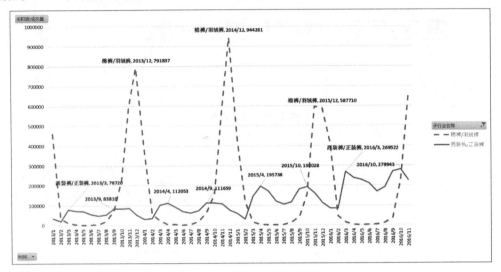

图1-40　分析行业的数据趋势

1.2.2　定位有价值的类目

寻找蓝海市场，不同的卖家有不同的定义。有的卖家是靠商品的数量取胜，即利润不大，但是销量大。有的卖家是靠利润取胜，销量虽然不大，但是利润可观。故分析商品市场，还需要分析商品市场的利润空间，即商品销售对卖家的价值。

分析商品的市场利润空间，卖家同样可以利用生e经中的行业数据。同样以裤子类目商品为例，卖家可以收集最近一年的商品"子行业成交量"数据到Excel表中，如这里收集了2016年1-11月的裤子类目商品成交量数据。按照1.2.1节所示的方法创建数据透视表，然后选择透视表字段，如图1-41所示，再调整透视表字段的位置，如图1-42所示。

如图1-43所示，数据透视表创建好后，单击"插入"选项卡下"图表"组中的"雷达图"按钮。雷达图是一种蜘蛛网状的图表，卖家可以根据"蜘蛛网"向外扩张的程度，判断数据的总量大小及波动趋势。

成功创建的雷达图如图1-44所示，卖家根据裤子类目下不同子类目商品的雷达轮廓大小就可以判断出该商品的在2016年1-11月的销售总额，并且可以快速比较出在不同月份，究竟是哪一类商品的销售额较大。例如，图1-44中的信息显示，裤子类目下，打底裤和休闲裤是总销售额最大的商品，且打底裤在1月、2月、3月、8月、9月、10月、11月的销售额较大，而休闲裤在4月、5月、6月、7月的销售额较大。

图 1-41　选择透视表字段　　　　图 1-42　设置透视表字段

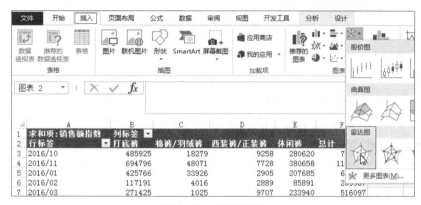

图 1-43　创建雷达图

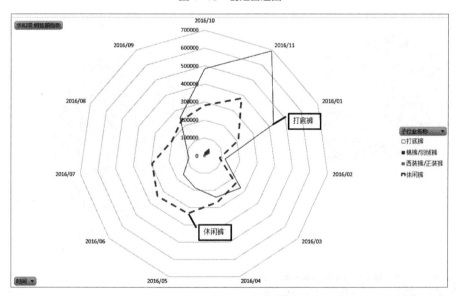

图 1-44　分析商品的销售额雷达图

商品的销售额大并不能直接代表商品的利润大，因为商品的销量大，也会导致销售额大。所以卖家了解了商品的销售额波动后，还需要将商品的销售额与成交量进行对比，判断商品的利润空间。

如图 1-45 所示，卖家可以在原始的 Excel 表格中选中某一个月，如 2016 年 1 月的类目名称和成交量，然后单击"插入"选项卡下"图表"组中的"二维饼图"按钮，将成交量数据做成饼图以便进一步分析。按照同样的方法，再为商品的销售额指数做一个饼图。

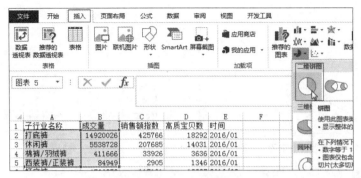

图1-45 插入饼图

将商品的"成交量"饼图和"销售额指数"饼图放到一起进行比较,如图1-46和图1-47所示。在2016年1月的裤子类商品中,休闲裤商品成交量占比27%,但销售额指数占比却是31%,销售额指数占比大于商品的成交量占比;而打底裤商品的成交量占比虽然有71%,但是销售额指数占比却只有64%,销售额指数占比小于成交量占比。说明休闲裤的利润空间比打底裤商品的利润空间大。同样,棉裤/羽绒裤和利润空间也是不小的。

按照同样的方法,结合前面的雷达图分析,卖家可以判断出目标市场的利润空间。例如,卖家想布局冬天的商品,从雷达图中可以看到冬天打底裤和棉裤/羽绒裤的整体销售额都比较乐观,再分别比较不同月份下商品的利润空间,从而找出有价值的商品市场。

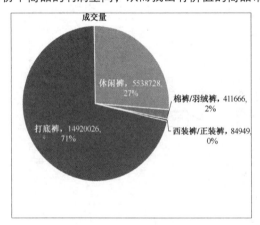
图1-46 成交量饼图

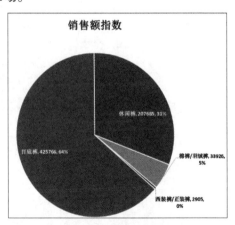
图1-47 销售额指数饼图

1.2.3 定位有竞争优势的类目

分析商品市场,竞争度是卖家不得不考虑的重要因素,尤其是实力不够的大卖家,更需要找到竞争度稍微缓和一些的商品。而实力较强的大卖家,在商品市场竞争度的考虑上可以稍微少一些。

商品的竞争度由两个指标来决定,其一是商品的市场规模,其二是在销商品的数量。在生e经中不能直接看到不同类目商品的在销商品数,但是可以看到对应的高质宝贝数,高质宝贝数同样具有参考价值,它能从一定程度上说明这个行业的竞争程度。

同样以裤子类目的商品为例，收集了 2013 年 1 月到 2016 年 11 月的"子行业成交量"数据，并添加上日期。如图 1-48 所示，在 Excel 表格中新建"竞争度"一列，并在第一个单元格中将输入法切换到英文输入状态下输入公式"=B2/D2"，表示用"B2"单元格的成交量数据除以"D2"单元格的高质宝贝数据，从而得到每一个高质宝贝能平均分到的销量大小。

	A	B	C	D	E	F
1	子行业名称	成交量	销售额指数	高质宝贝数	时间	竞争度
2	打底裤	5496209	91209	31415	2013-1	=B2/D2
3	休闲裤	3011110	77204	19861	2013-1	
4	棉裤/羽绒裤	461555	26565	7165	2013-1	
5	西装裤/正装裤	34783	1004	1178	2013-1	

图 1-48　输入计算公式

第一单元格的公式输入完成后，按【Enter】键，自动完成公式计算。然后将鼠标指针移动到单元格的右下方，当鼠标指针变成黑色十字架形状时向下拖动，将公式复制到所有需要计算竞争度的单元格中，如图 1-49 所示。

完成计算后，按照前面所讲的方法创建数据透视表，透视表的字段设置如图 1-50 所示。

图 1-49　复制公式　　　　图 1-50　设置透视表字段

创建数据透视表后，这里用折线图来分析最近三年裤子商品的竞争度波动情况。如图 1-51 所示，单击"插入"选项卡下"图表"组中的"折线图"按钮。

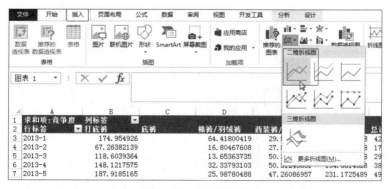

图 1-51　插入折线图

完成折线图创建后，结果如图 1-52 所示。从图 1-52 中可以发现，最近三年的裤子类目中，打底裤和休闲裤商品的竞争度均越来越激烈。但是竞争激烈并不代表这是一个不理想的市场，如果商品的市场规模扩增幅度超过了竞争度的扩增幅度，那么这样的市场也是可以考虑的。因此，卖家需要结合商品的市场趋势进行分析。

以裤子类目下的打底裤商品为例进行分析，将打底裤商品的竞争度趋势与成交量趋势进行对比，如图 1-53 所示。从图 1-53 中可以发现，随着竞争度的增加，成交量也是在增加的，并且在每年双 11 前后的几个月中，打底裤商品的成交量涨幅远远大于竞争度涨幅。而每年的 5 月份左右，打底裤商品则是竞争涨幅大于市场规模涨幅。打底裤商品的销售旺季正好是冬天，该类目在冬天的竞争度还没有超过市场成交量的竞争度，算是一个比较理想的类目。同样的道理，如果卖家分析到的商品竞争度涨幅远远超过了商品的成交量涨幅，这就不是蓝海市场，而是红海市场了。

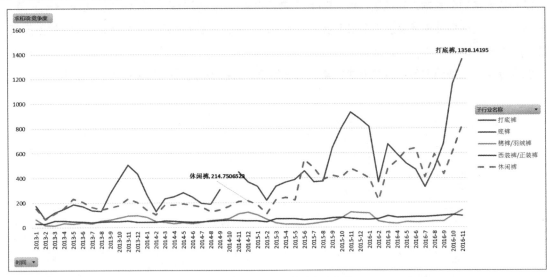

图 1-52　分析商品的竞争度变化

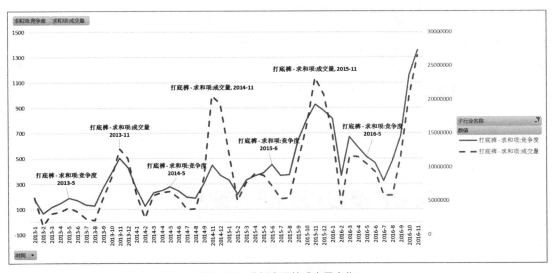

图 1-53　分析商品的成交量变化

大师点拨2：运营一定要做好基于行业的总体规划

当卖家通过数据分析找到蓝海市场后，要根据市场的规模、自己店铺的实际情况，制订全年销售计划，只有做好总体规划才能最终达成目标。

卖家规划店铺某类商品的全年运营计划，可以按照如图1-54所示的思路进行。其方法是根据计划的总目标进行倒推，直到计划拆分为每天的小目标。如果卖家能保证每天都达到了计划目标，那么完成全年的计划目标是不成问题的。

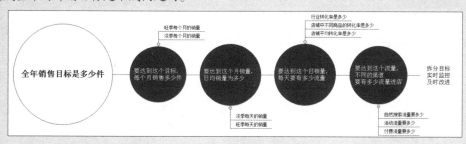

图1-54 销售目标拆分

1. 预估全年销售目标

在制定全年销售目标时，卖家通过以销售件数或销售利润为总目标，二者思路是相通的，因为商品的总利润 = 商品销售件数 × 商品单件利润，只要知道了销售件数，总利润自然也能知道。这里以销售件数预估为例进行讲解。

例如，一位淘宝卖家分析了休闲裤商品的市场，觉得是一个不错的市场，那么他通过生e经分析知道了休闲裤商品在过去一年的成交量，再根据成交量趋势，判断下一年的休闲裤商品成交量涨幅，就可以预估出整个市场的大小。接着卖家可以利用生e经的"卖家信用分布"查看休闲裤商品在最近时间段内，不同信用级别的卖家分别占了多少成交量占比，如图1-55所示。假设卖家是一位2冠卖家，那么该级别的卖家成交量占比为15.75%，计算方法是：该卖家成交量占比=2冠卖家成交量÷总成交量。

图1-55 不同信用级别卖家的成交量

再利用如图1-56所示的数据表，查看"大卖家数"数据列。如果这位2冠卖家是一位大卖家，那么他能占有的市场成交量就为15.75%÷928 ≈ 0.17%。0.17%×休闲裤全年预估销量=卖家能得到的成交量。如果卖家不是一位大卖家，可以将自己的店铺销量与大卖家的店铺销量进行对比，判断出自己的行业位置后再进行计算。

信用	成交量	销售额指数	高质宝贝数	大卖家数
1心	47	0	3	3
2心	2870	12	15	14
3心	3971	21	18	17
4心	13874	72	34	32
5心	20353	115	53	48
1钻	49379	236	99	93
2钻	126287	654	210	181
3钻	230315	1355	359	288
4钻	484423	3077	611	459
5钻	684382	3678	811	534
1冠	1071732	6688	1060	679
2冠	1742941	10000	1713	928
3冠	1681820	9423	1457	633
4冠	1625620	9007	1474	520
5冠	1148223	5616	1567	404
1金冠	865508	7762	1037	217
2金冠	516968	2095	625	116
3金冠	521840	2488	1732	93
4金冠	235879	647	322	19
5金冠	41581	273	169	3

图1-56 不同信用级别的"大卖家数"

2. 将全年销售目标分解到月

有了全年销售目标后，卖家不能简单地除以12算出每个月的销量，因为有的商品销售有明显的季节性，卖家需要区分销售旺季和淡季。淡季的时候卖家的工作是打基础、做铺垫，销量不大，到了旺季销量才能大增。卖家可以通过市场分析，判断出商品旺季销量是淡季销量的多少倍，从而将销量分解到每一个月。

3. 将全年销售目标分解到天

有了具体的月销量后，卖家可以用不同月份的销量除以当月的天数，得到每天的目标计划销量。有了日销量目标后，利用公式日销量=日流量×转化率，从而来进行下一步的目标分解。一般来说，成熟的店铺其转化率是稳定在某一水平的，店铺中的某种商品转化率也有比较固定的转化率大小。卖家可以根据店铺的运营情况，计算出店铺销售休闲裤商品的转化率，然后得出每日的流量大小。例如，卖家休闲裤商品转化率为4.52%，日销量目标为105件，那么日流量为105÷4.52%=2323个。而商品的总流量是由多个渠道的流量构成的，卖家可以预估出不同渠道的流量占比。

当计划完成后，在实际运营过程中，卖家需要实时监控数据，看是否能按计划进行。如果日销量不达标，且转化率没有下降，那就是流量没有达到目标，卖家可以想办法优化自然搜索流量，自然搜索流量达到了瓶颈，卖家就可以加大付费流量的力度，总原则就是调整不同的变量因素，达到日销售目标，最后实现全年销售计划。

本章小结

本章目的在于帮助卖家认识大数据分析,且将数据运营的思路植入网店运营中。卖家可以利用数据分析的思路来客观分析和判断市场的需求量、商品销售的利润空间、商品销售的竞争度,最终找到蓝海市场。

大数据分析在网店运营中的应用

本章导读

本章讲解网店数据运营需要关注的重点数据，以及在进行数据分析时应该具备的思维模式。在讲解的过程中，穿插了网店案例分析，帮助卖家深刻理解网店数据运营的概念。

知识要点

通过本章内容的学习，卖家能明白网店数据分析的关注方向，并且学会一些数据分析的实操技能。学习完本章后需要掌握的相关技能如下。

- 数据运营需要重点关注什么数据
- 网店不同的数据从哪里看
- 找到网店数据后怎么处理
- 数据分析的思维是什么
- 如何将数据分析思维付诸于实践

2.1 网店大数据分析的六大核心数据

网店大数据运营的核心在于"数据",卖家需要的网店数据有哪些?这些数据又要到哪里找?找到这些数据后又要怎么看?本小节就从网店最重要的六大核心数据开始,讲解数据在网店运营中的应用。

2.1.1 店铺首页数据

网店的页面组成主要分为首页、商品详情页、搜索结果页、店铺自定义页、店铺其他页。店铺首页相当于店铺的门面,透露出店铺销售的商品种类、店铺的风格及店铺的活动信息。

1. 店铺首页数据的意义

网店首页相当于一个中转店,进入首页的消费者会根据首页的信息和入口选择进入下一个页面,或者是离开首页。首页数据的最大意义在于承担起流量在全店的分布,通过监控首页数据,调整首页布局,可以有效调整从首页进入店铺其他页面的流量大小。

图 2-1 所示的是典型的网店首页,消费者在这个页面中可以单击"收藏有礼"按钮,收藏这家店铺,

图 2-1 典型的网店首页

也可以单击"所有分类"下的菜单选择进入商品详情页。消费者还可以单击横向导航图标进入活动页面，或者是进入针织衫/毛衣商品页面、VIP会员商品页面。不仅如此，首页还会有重点推广的商品，如图中，这款大幅海报上"9折包邮"的商品就是重点推广的商品。

针对店铺首页，卖家需要监控和分析的有以下几方面。

① 有多少人从首页进入了商品详情页，分别进入了哪些商品详情页，以此来判断店铺的导航功能是否理想，店铺的流量分布是否符合卖家的期望。

② 有多少人从首页进入了活动页面、针织衫/毛衣商品页面、VIP会员页面，以此来判断活动的吸引力度，以及针织衫/毛衣专区的吸引力度和店铺VIP会员商品页面的设置效果。

③ 有多少人从首页点击了重点推广商品的大幅海报进入了商品详情页，以此来判断海报的设计效果及文案的描述效果。

④ 既然首页承载着全店流量的分布，而店铺其他页面的流量同样可以跳转进入首页，那么卖家还需要监控其他页面进入首页的流量大小，以此来判断店铺其他页面的布局是否合理，是否最大限度地留住了消费者。

⑤ 首页的总流量大小，以此来判断店铺的推广力度。

2. 店铺首页数据的查看与分析

知道了店铺首页的意义后，卖家就需要监控首页具体的数据。最简便的方法是到生意参谋"经营分析"选项卡中的"流量地图"页面查看"店内路径"，如图2-2所示。

图2-2中的数据显示，该店首页的流量占比为11.75%，属于正常状态，如果首页的流量占比太低，低于全店流量的5%，就要考虑优化首页的设计效果及对店铺的推广。图中还显示了首页的流量构成，其中"直接访问"和"店外其他来源"占比都比较大，说明店铺的推广是有效的。从"商品详情页"进入首页的流量也比较多，说明商品详情页到首页的导航设计起了作用，留住了消费者。

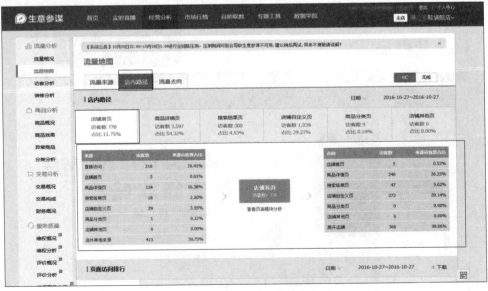

图2-2 流量在店内的分布路径

此外，还需要关注首页流量到店铺其他页面的去向分布。如果"搜索结果页"流量占比太大，说明店铺首页导航布局不合理，消费者不能快速找到目标商品，需要进行商品搜索。如果首页到"商品详情页"的占比太小，卖家就需要优化首页设计，调整首页到各个商品页面的导航，否则首页就失去了最重要的作用——将流量引入商品详情页。此外，关注首页到"店铺自定义页"和"店铺其他页"的占比，可以分析店铺活动页面、VIP会员页面等页面的效果。

在生意参谋"店内路径"选项卡中不仅可以查看到首页流量的来源及去向，还可以看到首页流量的"页面访问排行"数据，如图2-3所示。

从排行数据中，卖家可以监控到消费者进入首页的网址，以及不同网址的浏览量、访客数和平均停留时长。在这里，卖家需要关注浏览量和访客数，浏览量减去访客数，值越大，说明消费者多次访问了店铺首页，表示出了对店铺的兴趣。卖家还需要关注平均停留时长，停留时间越长，说明首页效果越好。当停留时长太短，小于60秒时，就需要引起卖家关注，进行首页优化，增加首页对消费者的吸引力。

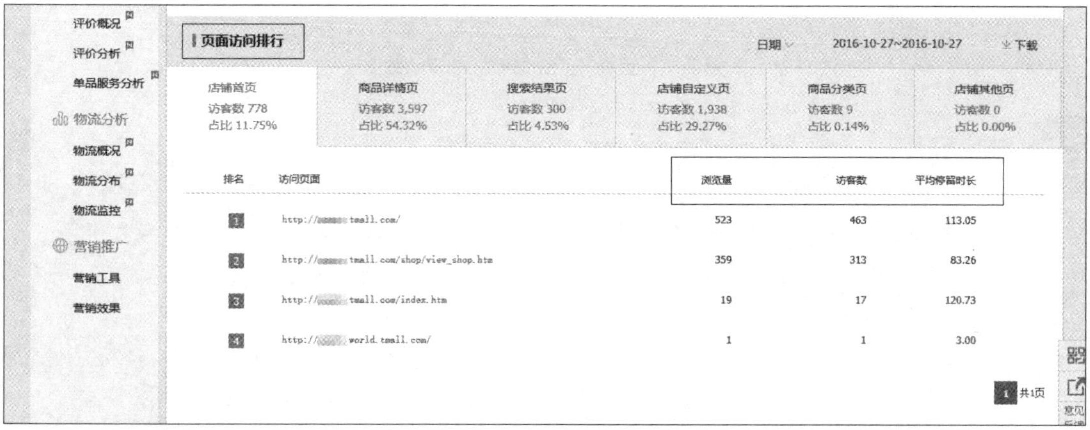

图2-3　不同页面的访问数据

如果卖家调整了首页的装修设计，想检验调整效果，就需要到"装修分析"页面中查看首页的"点击分布"情况，如图2-4所示。

图2-4　查看首页的"点击分布"情况

进入首页的"点击分布"图,如图2-5所示,卖家可以查看并分析首页与流量相关和与转化相关的数据趋势,再结合首页的设计改变,来判断首页的装修效果是否还需要调整。

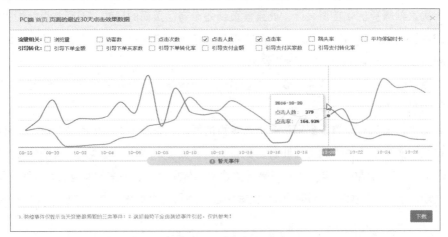

图2-5 查看"点击分布"图波动数据

问:店铺首页数据的分析是否需要分为PC端和无线端?

答:虽然店铺首页承载着全店流量的分布,但PC端和无线端的页面布局有所不同,所以卖家需要区分PC端和无线端进行首页数据分析。

在生意参谋页面中查看店铺的首页数据,可以在右上角单击"PC"或"无线"按钮,从而有针对性地研究PC端及无线端的首页效果,无线端首页数据分析的方法思路与PC端类似。

2.1.2 收藏和加购数据

1.收藏和加购数据的意义

店铺和商品的收藏数据、商品加购数据也是卖家需要关注的重点数据。店铺和商品的收藏量表现了消费者对店铺和商品的感兴趣程度,并且收藏数能提高商品销量。从消费者的购物行为来看,消费者会将自己感兴趣的店铺或商品放到收藏夹中,之后再回过头来下单购买。

不仅如此,收藏和加购率还影响了搜索排名。在网店搜索机制中,尤其是淘宝店铺和天猫店铺的搜索机制中,系统平台会根据店铺在多个方面的运营表现和商品在多个方面的销售表现来对店铺和商品进行评分,多方面的分值综合在一起就构成了店铺和商品的权重,权重值又会反过来影响店铺和商品的搜索排名,从而影响流量。

在影响店铺和商品的权重因素中,收藏率和加购率是重要的因素之一。这是因为淘宝和天猫平台想提高商家的服务质量,并向消费者推送最优质的商品。如果店铺和商品的收藏率不高,消费者购买后,加购率也不高，平台就会判定这家店铺及商品不受消费者欢迎，既然不受欢迎，就不给予流量扶持。

2. 收藏和加购数据的查看与分析

商品的收藏和加购数量可以在生意参谋中查看，如图2-6所示，在"商品概况"页面中可以看到全店商品在特定时间的加购件数和收藏件数。卖家关注这个数据，不仅要关注数据本身的大小，还要关注数据的波动，即数据与前一日相比是变大了还是变小了，为什么变大或变小，是否是店铺或商品做了调整导致的数据波动。

图2-6 商品数据概况

卖家不仅需要知道自己店铺的商品收藏数，还需要了解同行竞争商品的收藏数。因为网店销售讲究布局，卖家在商品销售旺季到来之前就会引导消费者进行商品收藏、商品购买，为商品旺季销售打下基础。所以观察同行竞争对手的商品收藏数，能从一定程度上估计出自己的商品基础水平。如图2-7所示，卖家可以找到同行的商品，在商品详情页查看该商品的具体收藏数，然后做成统计图表。如图2-8所示，某网店卖家研究自己的风衣商品在淘宝/天猫市场中同款竞品的收藏量排名，自己的店铺排第5，处于偏下的水平地位，卖家需要使用"收藏有礼"等方式引导消费者收藏，否则可能影响商品的后期转化。

图2-7 收藏商品数

图2-8 对比自己及同行的商品收藏量

卖家要想看到店铺的收藏量，可以从生意参谋中进入聚星台，在"客户分析"中页面查看店铺的粉丝总数，如图2-9所示，数据显示这家店铺有227 939个收藏消费者，说明这家店铺积累了不少优质的客户。

卖家还需要在这里关注店铺收藏的变化趋势，如图中这家店铺的收藏趋势线呈水平线，说明店铺的收藏消费者比较稳定。如果收藏量趋势减少，要去思考是否店铺商品销售伤害了老客户的感情，如商品提价导致消费者取消收藏。如果收藏量增加，要去思考是否店铺做了什么改进措施让收藏量增加，说明这是有效的措施，需要卖家作为经验引起重视。

图2-9　在聚星台中查看客户分析

2.1.3　客服数据

网店客服是网店商品销售的桥梁，很多消费者需要咨询客服，获取到足够的商品信息并且解决疑问后才会下单购物。客服的给力与否，将直接影响到整个店铺的销售业绩。监控客服数据，及时纠正每一位客服的错误，帮助客服实现业绩最大化是网店数据化运营的必经之路。

查看客服数据，淘宝和天猫卖家可以使用服务市场中专门的客服软件，如图2-10所示，都是不错的工具选择。接下来就以"赤兔名品客服绩效管理"为例，讲解如何查看客服需要监控的数据类型。无论哪种工具，数据的查看方式可能不相同，但分析方式是一样的。

图2-10　淘宝服务市场中的客服工具

1. 全店客服的业绩和效率

卖家关注客服数据，首先需要查看全店客服总业绩。如图2-11所示，在客服绩效查看工具中，这家店铺在2016年9月13日的客服销售额是154 267元，占全店销售额的81.97%，这是一个比较正常的水平，客服的销售业绩占店铺业绩的60%以上。如果全店客服的销售业绩占了不到40%，说明这家店铺要么静默转化率（消费者不咨询客服直接下单购物）太高，要么是客服不给力，需要提高服务水平。

图 2-11 全店客服的业绩绩效

2. 客服人数及销售量

对于客服数据，卖家还需要关注店铺的客服人数和总销量大小，以此来评估客服工作是否饱和。如图 2-12 所示，这家店铺 2016 年 9 月 13 日的 9 个客服销量为 10 214 件商品，但是 9 月 14 日 12 个客服的销量为 9324 件。虽然 14 日客服人数更多，但销量却没有 13 日大。如果连续多次出现这样的情况，就需要分析客服人员是否产生了懈怠心理。

图 2-12 客服人数及销量

3. 客服的转化率

消费者上门咨询客服，最终有多少咨询消费者付款购物，是衡量客服工作是否合格的重要指标。如图 2-13 所示，卖家可以查看店铺客服的"询单–次日付款成功率"和"询单–最终付款成功率"，来监控店铺客服的服务效率。

图 2-13 客服的转化率

4. 客服的客单价、客件数、件均价

卖家衡量客服是否优秀的指标不是唯一的，不能仅从客服的销量或销售额来判断客服合格与否。有的客服销量虽然不高，但是却用心服务好每一位消费者，让消费者在消费过程中增加购物量，提高客单价。

如图 2-14 所示，可以看到这家店铺在 2016 年 9 月 17 日的销售额很大，达到了 112 154 元，但是客单价只有 16.39 元，并不高，客件数只有 1.05 件，也不高，再看件均价，也处于中等偏下水平。说明这家店铺的客服总销量高，但是单个消费者的服务质量有待提高，假如一个消费者再增加 5 元的客单价，店铺的销售额的提升就可观了。

图 2-14　客服的客单价、客件数、件均价

5. 客服的工作量

分析店铺客服的服务效率，还需要查看具体的工作量指标，如接待了多少人、总消息数是多少、客服消息是多少、问答比是多少，等等，以此来衡量客服在一天中做的事项有多少。图 2-15 所示的是某家店铺客服的工作数据显示。

在这里卖家需要关注客服最多能同时接待的人数，以此来判断接待多少人就达到了店铺客服的"瓶颈"，从而恰当地增加客服数量，为客户调配工作量。

卖家还需要关注未回复人数的多少，因为主动上门咨询的消费者是购物意愿比较强的消费者，只要客服认真回答并加以引导，下单的可能性就很高，没有回复消费者，等于白白流失了高转化率消费者，这是对流量的浪费。如果未回复人数太多，卖家需要分析是客服接待不过来，还是客服的效率需要提高。

此外，卖家还需要关注首次响应和平均响应时间，时间越短，说明客服的效率越高，服务越好，消费者的购物越顺畅。

图 2-15　客服的工作量分析

问：客服数据是否可以进行再加工分析得到更多的价值？

答： 在淘宝和天猫平台的客服绩效查看工具中，能清楚地看到客服在不同指标下的数据表现。为了更高效率地利用数据，卖家可以将不同日期的客服数据导出到 Excel 表中并保存，以备后续分析需要。

从导出的客服 Excel 表中，卖家可以分析连续一段时间内客服的数据波动，做成折线图即可，从而判断店铺客服的效率是增加了还是减少了。

如果卖家在 1 月和 4 月销售的同类型的商品中销量出现了问题，还可以调出 1 月份的客服数据，与 4 月份的客服数据进行比较，看是否是客服的某项服务指标出了问题，从而导致销售同类型的商品，销量却不一样。

2.1.4 行业数据

在网店运营阶段，卖家关注行业数据不是为了选款，而是为了观察行业动向，做出正确的运营判断。同时也需要将自己的店铺商品的销售指标放到行业的水平中，判断商品是否有需要改进的地方，或者是否跟上了行业的脚步。

卖家可关注的行业数据指标较多，并且可以有效利用不同的数据分析工具进行分析，如生 e 经、生意参谋等。下面以生意参谋为例，讲解商品行业需要关注的数据指标。

1. 掌握行业当下的动态

了解行业最新的动态，有助于卖家及时调整销售策略，了解自己所处的行业水平。如图 2-16 所示，卖家在生意参谋的"市场行情"和"行业直播"页面中，可以分 PC 端、无线端或者是所有终端查看行业店铺在不同时段的支付金额及支付子订单数趋势。

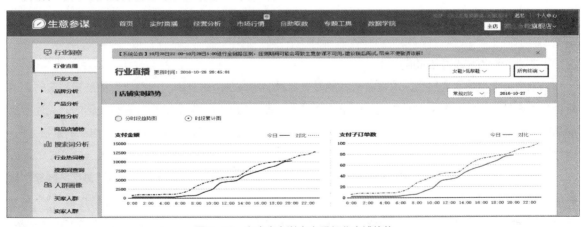

图 2-16　在生意参谋中查看行业店铺趋势

卖家分端口关注行业店铺在不同时段的支付金额及支付子订单数趋势的意义在于，PC端和无线端消费者的购物时段是不同的，只有掌握了消费者的购物时段，卖家才能调整商品的上下架时间，以赢得更多的曝光率和流量。再者，同一个端口，不同的行业，消费者的购物时间也不相同。例如，购买酒店工作服的消费者很可能是酒店工作者，需要上夜班，白天可能在睡觉；而全职妈妈和上班族由于作息时间的不同，购物时间段也不相同。卖家只有在商品行业中找到目标消费者的购物时段，才能更合理地调整商品上下架策略。

在生意参谋的"行业直播"页面下方，显示了行业当下排名前500的店铺和排名前100的商品，如图2-17所示。卖家需要查看自己的店铺或商品排在行业的哪个水平。如果店铺和商品没有在榜单中，那么卖家需要对比店铺的交易指数大小和商品的支付子订单数大小，来衡量自己的店铺或商品，离行业的优秀水平还有多远，从而正确判断自己的店铺水平，在商品选款、关键词选择、上下架时间选择时，都量力而行。

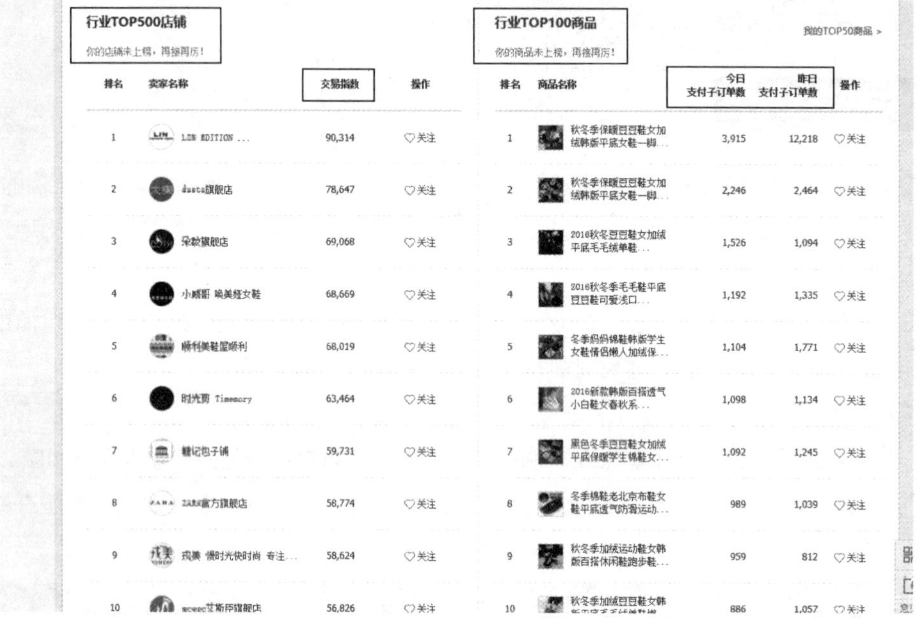

图2-17 查看行业优秀店铺及商品

2. 掌握行业品牌销售动向

据电商行业数据研究显示，消费者在网购时更看重品牌商品。这是因为网购时不能触摸到实物，消费者需要靠品牌的知名度来判断商品的质量是否过关。商品的品牌对商品的销售有很大影响。关注行业的品牌动向，有助于卖家判断不同品牌商品在消费者心中的分量，从而调整商品的售价、商品的进货方向、销售话术等。

如图2-18所示，在生意参谋"市场行情"选项卡的"品牌排行"页面中，卖家可以查看"热销品牌榜""飙升品牌榜""高流量品牌榜""高搜索品牌榜"。在每个榜单下，又可以查看品牌的"交易指数""交易增长幅度"等指标。利用数据综合评估行业商品中不同品牌的销售优势和劣势，及时从品牌上调整销售策略。

图 2-18 行业商品的品牌数据

3. 掌握行业商品的搜索动态

对于网店商品来说，流量相当于生命，没有流量的商品就是一款"死"的商品。要想商品获得流量，卖家就不得不关注行业的热门搜索词，根据行业消费者的搜索动向，及时调整商品的引流关键词。图 2-19 所示的是生意参谋中"市场行情"选项卡下的"行业热词榜"页面，其中显示了"女鞋 > 低帮鞋"行业的"热门搜索词""热门长尾词"等多个榜单。这些词的指标都是需要卖家进行关注的，卖家通过指标判断搜索词的质量，以及是否适合自己的店铺商品。

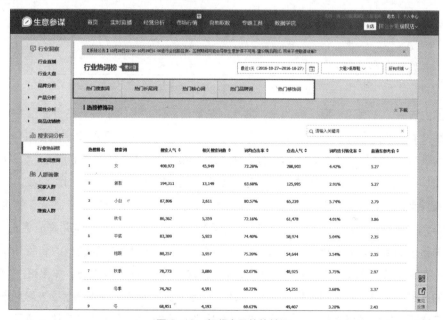

图 2-19 行业商品的热搜词

2.1.5 商品数据

商品数据是网店运营的核心。卖家通过监控店铺商品数据可以知道不同商品的销售动态，从商品的指标变化中，发现商品销售的可优化之处，将店铺每一款商品的销售都优化到极致，店铺的总业绩自然水涨船高。下面来看一下关于商品卖家最需要关注的数据种类。

1. 掌握商品的流量动态

流量是商品销售的基础，卖家需要随时关注商品的流量动态，以调整商品的关键词、上下架时间等因素，保证商品的流量需求。如图 2-20 所示，在生意参谋的"单品分析"页面中，可以分析淘宝/天猫店铺中任意一款商品的流量来源、访客、关键词效果。卖家尤其需要关注关键词效果，分析组成商品标题的关键词中，哪个关键词的引流能力差、哪个关键词的点击率低，通过关键词替换满足商品流量。

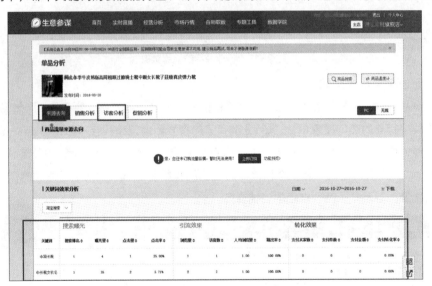

图 2-20　店铺商品的引流关键词分析

关于商品的流量，卖家还需要关注的是，商品的流量是由店铺中的哪些商品页面引入的，消费者离开商品页面后又到了哪些页面，从而判断出商品与消费者的个性化搜索匹配度。图 2-21 所示的是某家店铺中一款女靴商品的流量来源去向。卖家需要重点关注来源第一和去向第一的商品。

在图 2-21 中，卖家在商品 A 的详情页推荐商品 B，根据商品 A 到商品 B 的访客数，卖家可以判断在商品 A 中推荐商品 B 的效果。如这里有 23 个消费者从商品 A 的页面跳转到了商品 B 的页面，如果商品 A 页面的总消费者只有 30 个，那么有 76.67% 的消费者被成功引导，说明推荐是成功的。

关注去向第一的商品，卖家可以分析为什么消费者离开了该页商品，他去向的商品有什么特点，最后成交与否。在图 2-21 中，有 17 个消费者从商品 B 页面跳转到了商品 C 页面。如果这 17 个消费者中，有超过一半的达成了交易，就说明商品 C 比商品 B 更符合消费者的需求。卖家就要去思考是否是商品 B 的关键词或描述不太符合消费者的个性，从而导致商品 B 页面的访客不能达成交易而离开。再结合商品 C 的特点，对两款商品进行优化，争取让每一款商品页面的流量达到最高转化。

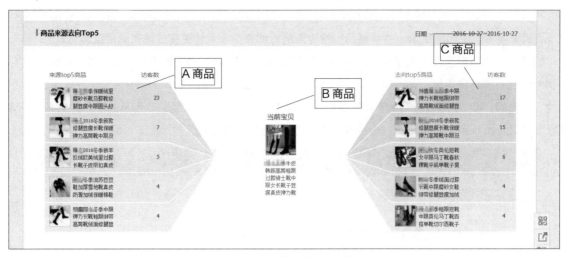

图 2-21 商品流量来源去向分析

2. 掌握商品的销售动态

了解了商品的流量后，卖家还需要了解商品的销售动态，知道进入商品页的访客的有多少消费者达成了交易，有多少消费者进行了商品收藏，又有多少消费者离开了店铺。通过商品的转化效果，找到商品的可优化之处。

图 2-22 所示的是生意参谋中的"商品转化"分析，这里清晰地分析出进入商品页面访客的转化情况。图中显示这家店铺的这款女靴商品，在一天中的访客数是 707 人，但是却有 556 人离开，说明商品详情页需要优化，才能留住更多的消费者。

除了离开的 556 人，有 151 人成为直接或间接消费者。从间接转化中，可以看到有 55 人去到了其他商品页面，这说明这款商品的关联商品推荐做得不错，为店铺留住了部分客户。从收藏数来看，也属于不错的水平，说明这款商品的收藏设置可以暂时不用优化。

图 2-22 商品转化分析

再看直接转化，59 人将商品加入了购物车，属于不错的水平。但是最终下单购买和支付购买的客户较少，卖家需要优化客服话术，并从商品价格方面进行调整，争取让更多的消费者形成转化。

除了查看单件商品外，卖家还可以快速比较店铺中同一类商品的销售状态。图 2-23 所示的是某家店铺部分商品的销售指标。在这里，卖家可以对比不同商品的流量、下单件数等参数，寻找商品可优化的地方。例如，A、B 两款商品属于类似款商品，推广方式是一样的，但是 B 商品的下单件数却差很多，卖家就要去分析 B 商品的详情页、价格等因素是否有可优化的地方。

图 2-23　商品效果分析

问：除了关注商品的实时动态外，是否还要关注商品持续时间的动态？

答：商品需要关注的指标比较多，卖家除了需要关注商品的实时动态外，还需要关注商品持续时间段的动态，以便掌握商品的销售趋势，判断经营策略是否正确。

趋势分析是网店数据化运营的必要分析手段。卖家可以在生意参谋中选择一段时间后导出商品的 Excel 表，将商品的流量数据、转化率数据、销量数据、交易金额等制作成折线图，分析商品的销售趋势。例如，卖家要进行商品的流量优化，在调整了商品的关键词、上下架时间、价格等因素后，观察商品调整前和调整后的流量趋势，如果流量越来越大，说明这种调整方式是有效的，反之就还需要改进。同样的道理，如果卖家对客服进行了话术培训，观察培训前后商品的转化率趋势、销量趋势、交易金额趋势，就能判断出对客服进行的话术培训是否有效。

2.1.6 店铺整体数据

为了掌握店铺整体的经营状态，卖家需要时时关注店铺的整体销售数据，知道店铺整体的流量大小、商品销售情况、整体的交易概况。通过店铺的整体数据来判断店铺的经营是保持水平状态、上升状态，还是下降状态。

1. 了解店铺整体的流量情况

查看店铺整体流量的工具比较多，淘宝或天猫卖家在店铺后台就能看到流量的概况，也可以利用生e经或生意参谋进行查看。图2-24所示的是某卖家店铺显示的固定时段内的店铺流量概况，数据显示了具体的访客数、浏览量、跳失率、人均浏览量、平均停留时长。虽然显示的访客数、浏览量和跳失率都在上升，但是人均浏览量和平均停留时长在下降。在这些数据指标中，访客数和浏览量与商品的引流策略相关，如关键词、上下架时间、价格，而跳失率、人均浏览量和平均停留时长与商品详情页的质量、价格相关。一旦某一指标出现下降情况，卖家需要找到对应的因素进行优化。

在这个页面中，卖家还可以查看流量趋势。通过分析流量不同指标的波动趋势，来判断店铺整体的流量是否在往健康的方向发展。

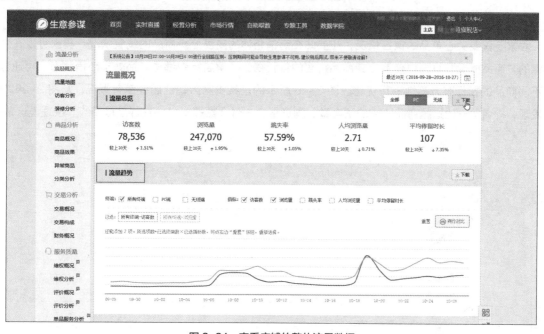

图2-24　查看店铺的整体流量数据

一个健康网店的流量渠道不应该是单一的，因此卖家还需要关注从不同渠道进入店铺的流量状况，以判断某渠道引流是否要继续或加大力度。如图2-25所示，在生意参谋的"流量概况"页面中，清晰地显示了PC端和无线端的流量渠道，卖家通过分析流量的访客数，并与同行水平做比较，来判断这个渠道的引流力度。然后再从渠道的下单转化率来判断这个渠道的流量质量，如果转化率太低，卖家需要考虑减少该渠道引流。因为低质量流量引入店铺会影响转化率，转化率下降又会影响店铺/商品权重。

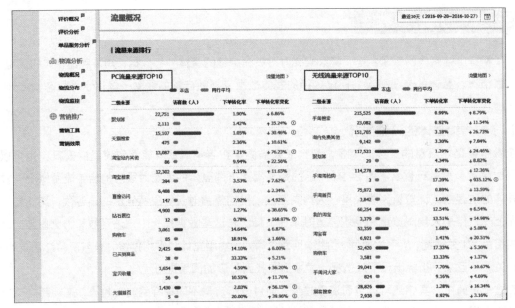

图 2-25　查看店铺流量不同渠道的数据

2. 了解店铺整体的商品销售情况

卖家不仅要关心单品的销售情况,还要站在商铺整体的高度分析商品的销售情况。卖家可以在生意参谋的"商品概况"页面中查看店铺商品销售的排行榜,了解店铺中哪些商品处于热销状态,再通过分析不同商品的指标有方向地进行优化。图 2-26 所示的是某卖家店铺的店铺销售概况,从图 2-26 中可以发现,排名第一的这款商品,它的访客数、浏览量、支付金额和支付件数都是最高的。按理说这是一

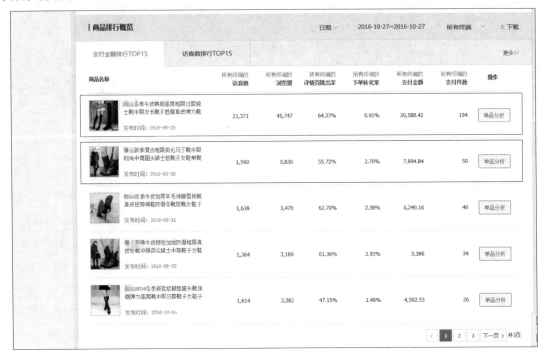

图 2-26　全店商品的支付概况

款优秀的商品，但是再看它的详情页跳出率和下单转化率，却是前面几款商品中最差的。对于这样一款基础好的商品，它的跳出率和转化率不应该这么低，卖家需要检查是否详情页没有优化到位，或者是否有差评影响了商品的转化，否则这款商品流量如此大，却不能有效转化，是一种浪费。同样的道理，排名第二的这款商品，跳出率和转化率都不错，但是访客数却比较少，如果给这款商品加大引流力度，保持跳出率和转化率不变，其销量很可能超越第一款商品。

3. 了解店铺整体的交易情况

卖家掌握店铺整体的交易情况，可以评估店铺的业绩是否处于理想状态。图2-27所示的是某卖家店铺的交易概况页面，卖家可以通过"交易总览"查看数据，找到不理想的指标进行优化。

图2-27　全店交易数据总览

大师点拨3：DSR对店铺的影响

淘宝和天猫的DSR评分指的是宝贝与描述相符、卖家服务态度、卖家发货速度、物流公司服务4项评分指标，是由买家购物后自愿给出的评分。店铺评分生效后，宝贝与描述相符、卖家服务态度、卖家发货速度3项指标将分别平均计入卖家的店铺评分中。

DSR评分首先会影响消费者的购物决定。如图2-28所示，消费者在搜索了商品关键词后，将鼠标指针移动到店铺名称上，就会弹出这家店铺的DSR评分。也就是说，消费者不需要点击进入商品或店铺页面，就可以判断这家店铺的服务质量。很多重视店铺服务质量的消费者会通过这种方法来决定要不要点击进入商品页面。

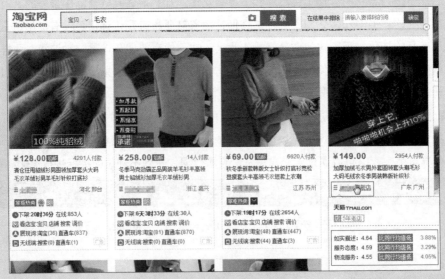

图 2-28 店铺的 DSR 评分

此外，DSR 评分还影响到了商品和店铺的权重，而权重又影响了商品的搜索流量。具体表现在以下几方面。

1. 影响转化率

查看商品的评论和店铺的评分是许多买家网上购物时的必做事项。买家会通过 DSR 评分在心里衡量这家店铺的专业度、可信度。事实证明，如果店铺评分较低，大多买家会经过斟酌及商品比较后离开，这就影响了店铺的转化率。转化率降低，淘宝给予的扶持流量也会降低，进而影响到全店商品的流量引入。

2. 影响搜索排名

店铺评分会被淘宝系统关注，系统通过评分来判定店铺的优质程度。一旦 DSR 评分偏低，店铺权重就会降低，淘宝对店铺的扶持也会降低。权重的降低会直接影响商品的搜索排名，继而影响商品的流量及销量。

3. 引入活动流量受阻

在淘宝中，许多官方活动对店铺的 DSR 评分都有严格的限制，而报名参加这些活动又是卖家增加店铺或商品曝光率的绝佳机会，一旦有了曝光率，流量也相应地水涨船高。如果店铺 DSR 评分偏低，达不到报名要求，卖家就白白损失了活动流量。

尤其是天猫商家参加天猫官方发起的营销活动，对店铺的 DSR 评分有更严格的要求，部分类目卖家的要求如表 2-1 所示。

表 2-1 参加官方活动的天猫店铺 DSR 评分要求

一级类目名称	DSR 前 3 项均值大于等于	售后服务综合指标排名大于等于
运动服 / 休闲服装	4.72	90%
运动鞋 new	4.70	90%
运动包 / 户外包 / 配件	4.80	90%

续表

一级类目名称	DSR 前3项均值大于等于	售后服务综合指标排名大于等于
女鞋	4.74	90%
女装/女士精品	4.74	90%
女士内衣/男士内衣/家居服	4.73	90%
运动/瑜伽/健身/球迷用品	4.76	90%
户外/登山/野营/旅行用品	4.76	90%
服饰配件/皮带/帽子/围巾	4.73	90%
箱包皮具/热销女包/男包	4.76	90%

4. 影响店铺成为金牌卖家

金牌卖家意味着店铺是一家高信誉、高服务质量的店铺，这种店铺会受到买家的青睐，衡量卖家能否成为金牌卖家的重要考核因素之一便是 DSR 评分。卖家无法申请金牌卖家，店铺的流量、转化率就不能有大幅度提高，继而再次影响店铺的其他流量。

问：店铺 DSR 评分是由买家给出的，卖家又要如何提高呢？

答： 店铺 DSR 评分虽然是由买家给出的，但也是根据购物体验给出的评分。卖家可以从店铺的服务质量、商品性价比、售后跟进、物流选择等方面进行改进，力求买家给出最好的评分。

（1）产品质量保证

无论店铺销售的是什么商品，最核心的问题就是要保证产品质量。一旦产品质量好，买家满意，就算物流慢一点，买家也会乐意在 DSR 评分中给出高分。并且，好的商品质量能让网店良性循环，让卖家的网店越做越好。

（2）服务质量

客服服务的质量、售后服务的质量，都影响着买家的购物体验。一旦服务出了一点问题，DSR 评分就可能降低。卖家尤其要杜绝售前热情、售后不理不睬的服务方式。这也是为什么淘宝 SEO 包括了对网店客服培训的原因。

（3）物流问题

物流分为发货速度和物流选择。发货速度自然是卖家应当保证的。当买家拍下商品后，卖家应当第一时间发货。

时常有买家抱怨物流太慢，卖家不能认为物流慢不是自己的原因，因为卖家可以选择快一点的物流。卖家可以做的是收集店铺商品的物流数据，分析不同地域的买家适合选用的物流公司，最大限度地在物流上让买家满意。

2.2 网店大数据分析的四大思维

当卖家知道网店数据化运营需要关注哪些数据后，若不具备数据分析的思维，将依然无法正确进行数据分析。本小节将从网店运营最常用的思维开始讲解，不仅涉及数据分析的方法、数据分析工具的使用，还讲解了数据可视化（将抽象的数字化为具象的图形），帮助卖家一目了然地分析数据。

2.2.1 对比思维

数据分析最常用的思维恐怕就是对比思维了。卖家查看到单一的数据指标，既不能凭经验判断指标数据的正常与否，也看不出指标数据的差异。卖家需要与同行指标作对比、与过去的指标作对比，将店铺有活动时的指标与无活动时的指标作对比，才能客观判断数据的状态。

为了有效对比数据，卖家需要学会一些必要的数据方法，下面将针对数据对比的不同方式进行详细讲解。

1. 数据大小的对比

网店数据运营的数据对比分析，卖家最常用到就是数据的大小对比。但是在进行数据大小对比时，一旦数据量较大，卖家很难凭肉眼准确对比出数据的大小。除了生意参谋等工具中部分数据已经做成了条形图、折线图，方便卖家进行可视化对比外，其他卖家自行下载的数据表格，需要卖家进行简单处理。图 2-29 所示的是数据表格的常态，这样的数据表格数字较多，要想快速对比出数据的大小，不是一件容易的事。

图 2-29　在表格中对比数据

（1）添加数据条进行直观对比

在数据表格中，如果卖家不想将数据单独做成图表，可以为数据添加数据条，快速进行数据对比。如图 2-30 所示，如果卖家要对"浏览量"数据列进行对比，就要选中该列，然后单击"开始"选项卡下"样式"

组中"条件格式"的下三角按钮,再从下拉菜单中选择"数据条"选项,最后再从级联菜单中选择一种"渐变填充"即可。

通过这种方法,卖家可以同时为多列数据添加数据条。图2-31所示为添加了数据条的"浏览量""访客数""平均停留时间"数据列,数据没有改变,但是卖家却能从数据条的长短快速用肉眼对比出数据的大小,提高工作效率。

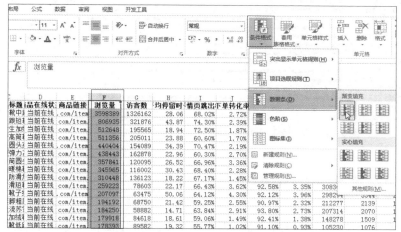

图2-30 为表格的数据添加数据条　　　　　　　图2-31 通过数据条对比数据

（2）做成条形图对比数据大小

为数据添加数据条,只适合快速粗略地对比数据大小,要精准直观地对比出数据的大小,卖家需要将数据做成条形图或柱形图,这两种图表是最适合对比数据大小的图表。

如图2-32所示,选中需要对比的数据,如这里需要对比出不同商品的平均停留时间。然后单击"插入"选项卡下"图表"组中的"二维条形图"下三角按钮,在弹出的下拉菜单中选择一种条形图。这里之所以不选择柱形图,是因为商品的标题较长,不利于显示。如果商品的标题字数少,则卖家可以选择柱形图,其方法如图2-33所示。当数据做成条形图后,大小对比一目了然,如图2-34所示。

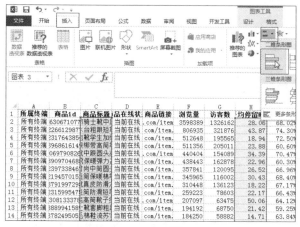
图2-32 为数据创建图表

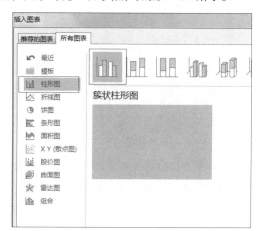
图2-33 选择"簇状柱形图"

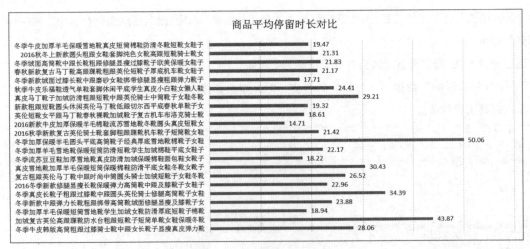

图 2-34 利用条形图对比数据

（3）百分比数据的大小对比

如果卖家要对比的数据是百分数，条形图和柱形图就不适合了。卖家需要学会将数据快速做成饼图，进行百分数对比。

例如，卖家在生 e 经中统计到了不同信用度卖家的高质宝贝数，想要快速分析出不同信用级别卖家所占有的高质宝贝数比例。卖家不需要刻意将数据转化成百分数，而是直接选中数据，如图 2-35 所示，再单击"插入"选项卡下"图表"组中的"二维饼图"按钮。

饼图制作好后，选中饼图，如图 2-36 所示，在"图表工具 – 设计"选项卡下单击"图表布局"中的"添加图表元素"的下三角按钮，再从下拉菜单中选择"数据标签"→"最佳匹配"选项，为图表添加上数据标签。

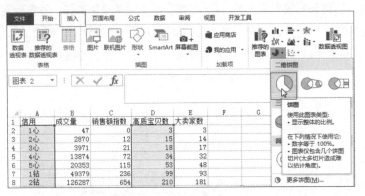

图 2-35 为数据创建饼图

图 2-36 为图表添加数据标签

为饼图添加数据标签后，需要将标签中的数字换成百分数。双击数据标签，然后在图 2-37 所示的"设置数据标签格式"窗格中，单击选中"标签选项"的"类型名称""百分比""显示引导线"复选框。

最后结果如图 2-38 所示，卖家可以快速对比出不同信用级别卖家的高质宝贝数占比，其中 2 冠和 3 金冠卖家的高质宝贝数占比是最大的，分别占了 12.81% 和 12.96%。而所有冠级卖家高质宝贝占比总和为 83.45%，超过了一半，说明在这个商品类目市场，冠级卖家的高质宝贝数很多，如果卖家不是冠级卖家，而是钻级或者是心级卖家，就处于不利的竞争地位。

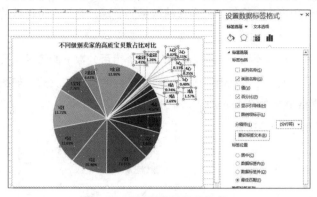

图 2-37 设置饼图的标签格式

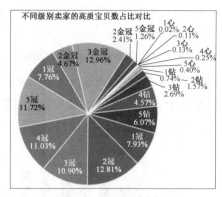

图 2-38 利用饼图分析数据

2. 数据趋势的对比

进行数据对比，不仅有数据大小的对比，还有数据趋势的对比。适合数据趋势对比的图表有折线图和面积图。卖家可以使用上面讲解的制作条形图的方法，将数据制作成折线图和面积图。但是卖家想要在同一图表中对比出两个变量的趋势，就需要掌握以下技巧。

图 2-39 所示的是某商品在 2016 年 12 月 1－27 日的销售数据表现。卖家发现商品的支付商品件数有下降趋势，但是不知道是什么原因。卖家可以对比商品支付件数与其他指标的趋势，找出可能的原因。例如，商品的支付件数趋势与访客数趋势变化相似，说明访客数影响到了商品的支付件数，卖家需要优化流量。

如图 2-39 所示，按住【Ctrl】键的同时选中"日期""访客数""支付商品件数"列的数据。然后单击"图表"组中的"组合图"按钮，如图 2-40 所示。

	A	B	C	D	E	F
1	所属终端	日期	访客数	停留时间	下单转化率	支付商品件数
2	所有终端	2016/12/1	2154	28.06	2.72%	59
3	所有终端	2016/12/2	3215	43.87	2.39%	77
4	所有终端	2016/12/3	6845	18.94	1.87%	128
5	所有终端	2016/12/4	8457	23.88	1.70%	144
6	所有终端	2016/12/5	9658	34.39	2.19%	212
7	所有终端	2016/12/6	12456	22.96	2.70%	336
8	所有终端	2016/12/7	25416	26.52	3.36%	854
9	所有终端	2016/12/8	15246	30.43	2.28%	348
10	所有终端	2016/12/9	10972	18.22	1.45%	159
11	所有终端	2016/12/10	12154	22.17	3.62%	440
12	所有终端	2016/12/11	9425	40.30	4.30%	405
13	所有终端	2016/12/12	8451	21.42	2.55%	216
14	所有终端	2016/12/13	7546	14.71	2.91%	220
15	所有终端	2016/12/14	7012	18.61	1.49%	104
16	所有终端	2016/12/15	6245	19.32	1.02%	64
17	所有终端	2016/12/16	3512	29.21	2.77%	97
18	所有终端	2016/12/17	5614	24.41	1.86%	104
19	所有终端	2016/12/18	6875	17.71	0.53%	36
20	所有终端	2016/12/19	6351	21.13	2.13%	135
21	所有终端	2016/12/20	8457	21.83	1.91%	162
22	所有终端	2016/12/21	5246	21.31	1.57%	82
23	所有终端	2016/12/22	4267	19.47	2.91%	124
24	所有终端	2016/12/23	7615	23.01	2.86%	218
25	所有终端	2016/12/24	8542	21.96	1.73%	148
26	所有终端	2016/12/25	8461	14.13	2.06%	174
27	所有终端	2016/12/26	2099	28.43	3.24%	68
28	所有终端	2016/12/27	1534	57.61	0.81%	12

图 2-39 选中数据

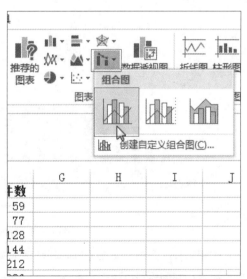

图 2-40 选择"组合图"

创建组合图的目的在于，在同一图表中对比出数据的趋势变化。这里将访客数制作成柱形图，将支付商品件数制作成折线图，方便区分。但是问题来了，访客数的最大数值超过了一万，而商品支付件数的最大数值不超过一千，如果两列数据使用同一个垂直坐标轴，就会影响数据的展现，商品支付件数的趋势将被弱化。

针对这种两组数据指标大小相差较大，或者是类型不同（一个为数值，一个为百分数）的情况，卖家需要将其中一列数据建在次坐标轴上。如图2-41所示，双击代表支付商品件数的折线图。然后如图2-42所示，在打开的"设置数据系列格式"窗格中选中"次坐标轴"单选按钮。

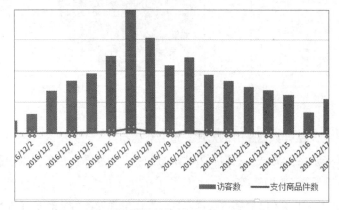

图2-41 选中"支付商品件数"折线图

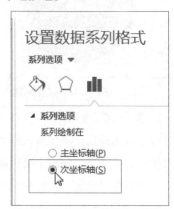

图2-42 将折线图设置在"次坐标轴"上

此时访客数和支付商品件数就被成功绘制在同一图表中，如图2-43所示，卖家可以快速准确地对比两个数据指标的趋势。通过趋势发现，商品访客数增加时，商品的支付件数也在增加，商品的访客数减少时，商品的支付件数也呈减少趋势。两者趋势相似，说明具有关联关系。

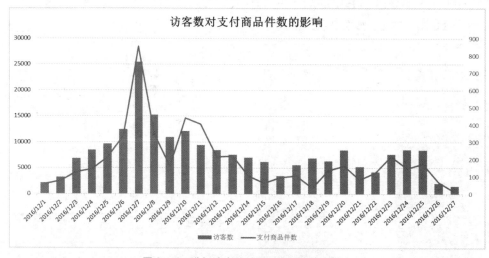

图2-43 分析访客数对商品支付件数的影响

使用同样的方法，卖家还可以判断是否有另外的因素影响了商品的支付件数，并且卖家还可以将两类数据指标都制作成折线图，进行趋势与趋势的对比。例如，卖家可以将停留时间与支付商品件数进行对比，来判断是否是商品详情页做得不够好，使消费者停留时间短，导致了支付件数降低。如图2-44所示，两个数据趋势的对比发现，商品的支付件数与停留时间的波动趋势并不一致，说明两者间的关系并不密切，访客在商品详情页的停留时间没有影响商品的支付件数。

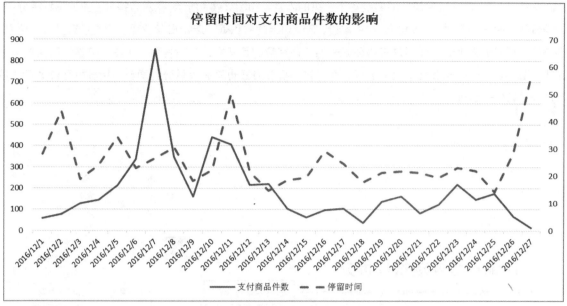

图 2-44　分析停留时间对商品支付件数的影响

2.2.2　拆分思维

拆分指的是对数据的分解，分解出影响指标数据的变量有哪些。在前面第 1 章中讲数据特征时讲到过数据具有变量特征，影响数据指标的因素往往并不单一，卖家只有对数据进行拆分，找出变量，才能清晰地分析出网店优化的思路。

以销售额为例，卖家发现店铺某款商品的销售额下降了，接着卖家就需要分析销售额的公式，对销售额进行拆分。对特定指标的公式拆分方式不止一种。图 2-45 和图 2-46 所示为销售额指标的两种拆分方法。如果卖家使用第一种拆分方法，影响销售额的无非是成交用户数和客单价，其公式关系为销售额 = 成交用户数 × 客单价。卖家要么提高成交用户数，要么提高客单价。如果要提高成交用户数，卖家又需要继续拆分，分析是什么影响了成交用户数。直到将指标拆分到最细的一层，从此处进行优化操作。

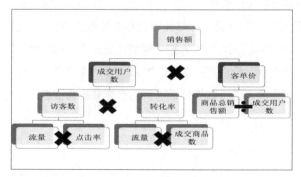

图 2-45　销售额拆分方法（一）

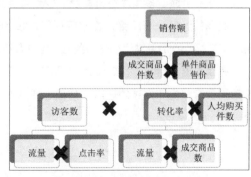

图 2-46　销售额拆分方法（二）

卖家在进行指标拆分时，并不一定要求指标的下一层级都是以公式的方式来进行拆分的。有的因素之间并不存在公式关系，但是共同影响了上一级的因素。如图2-47所示，在对店铺日营业的指标拆分中，店铺日营业额 = 访客数 × 转化率 × 客单价，3个因素的乘积等于店铺日营业额。但是访客数、转化率、客单价的下级因素拆分，却不是按照公式来的。访客数的因素中，产品构架、主图、流量、回头客数量影响了访客数，但是相互之间没有公式关系。这种拆分方式也是有效拆分，卖家将指标拆分清楚后，按照层级进行优化即可。

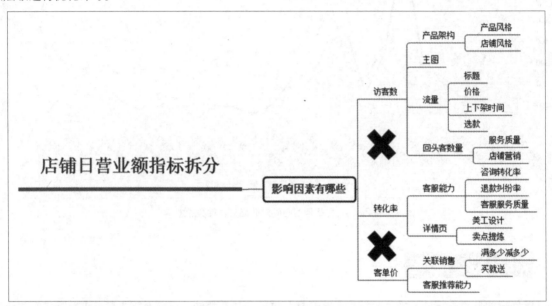

图2-47 店铺日营业额指标拆分

2.2.3 维度思维

任何事物都具有多面性，网店运营中，商品及商品的各项因素也具有多面性，这里的多面性就是维度。例如，一款商品的流量很好，但是转化率可能不好，就可以说这款商品在流量这个数据维度上表现优秀，而在转化率这个数据维度上表现不佳。具有维度思维，不仅能帮助卖家避免从单一的角度分析商品指标，而且能从更全面、多角度进行衡量，找到综合水平最佳的优化思路。

商品的维度分析思维，卖家运用得最多的就是关键词的分析了，与关键词相关的数据维度比较多。图2-48所示的是关键词的部分维度，其中有搜索人气、商城点击占比(天猫店铺的点击占比)等多个维度。

有了维度思维后，卖家会发现维度太多了，容易混乱，反而不知道如何分析众多的维度了。这时卖家还需要有减维和增维的思维，其核心要点在于，根据卖家进行数据分析的目的选择数据的维度进行分析。

图 2-48　数据的维度

1. 减维思维

同样以图 2-48 中的关键词维度为例。卖家只有明白为什么要进行关键词分析，才能选择性地进行维度分析，而不是一股脑儿地分析数据的所有维度。例如，如果卖家需要找流量大的关键词，那么他只需要关心与关键词流量相关的维度即可，如搜索人气、商城点击占比、点击率、点击人气，其他维度则可以减去，不加入数据分析的维度。

2. 增维思维

既然有减维思维，就会有与之对应的增维思维。所谓增维思维就是指给因素增加数据维度。以图 2-48 为例，里面并没有包括所有的关键词维度，卖家的关键词分析目的不同，所需要的维度自然也不同。例如，如果卖家是一位竞争实力不够的小卖家，则会更关心关键词的竞争度，那么他需要找出关键词竞争方面的维度数据进行分析即可。与此相关的维度有搜索人气、点击率、在线宝贝数，其中在线宝贝数就是新增加的一个维度。

2.2.4　假说思维

在进行数据分析时，如果不知道结果，或者有多种策略选择时，卖家就可以适时运用假说分析思维，然后再根据假说结果进行逆向倒推。其方法是，假设有了一个结果，那么再进一步分析为什么会产生这种结果，要有哪些因素共同影响、怎么影响才会产生这种结果。然后再根据分析过程，去分析当下的店铺现状与产生结果的因素匹配度，匹配度越高，最终产生相同结果的可能性就越大。利用假说思维，卖家可以找到问题解决的最佳决策。

以商品选择为例，当卖家通过市场分析找出 A、B 两款表现不错的商品时，以卖家的店铺条件不能

同时销售这两款商品，只能选择其一。卖家不知如何取舍，就可以使用假说数据分析法，假设选择了A商品会有什么样的影响和发展，假设选择了B商品又会有什么样的影响和发展。根据这个逆向思维进行倒推，如图2-49所示，其分析结果是A、B两款商品各有利弊。此时，卖家再进行店铺实际情况的匹配，如果店铺希望打造长期品牌，并且一时资金周转没有大问题，那么可以选择B商品。如果店铺本身并无品牌可言，卖家销售商品的策略是"多个短期快速赚钱"，那么可以选择A商品。

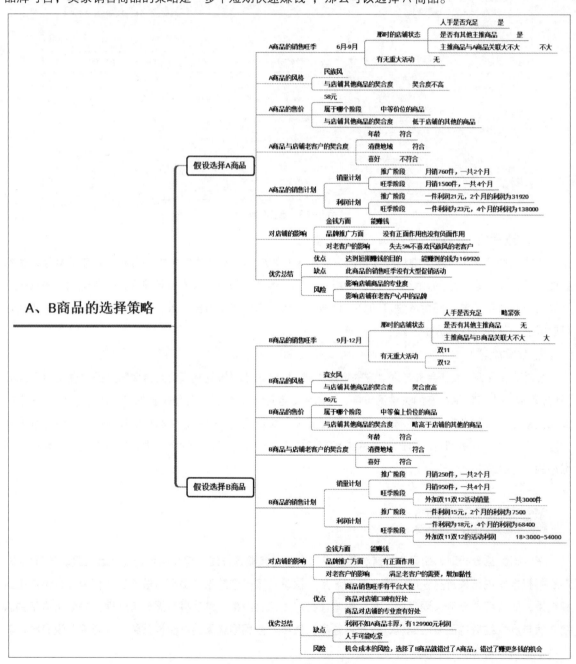

图2-49　商品的选择策略

大师点拨4：双11什么样的商品最好卖

网店数据运营，卖家需要具备数据分析归纳功能。例如，卖家想要打造爆款商品，就要去总结归纳网店中同类目商品下热卖的商品价格、风格、材质、款式等特征。将这些特点集中在一起，就是热卖商品的特质。下面将以分析双11热卖商品为例进行讲解。

双11是网店卖家一年一度的盛典，很多卖家的销量在这一天得到了突破。但是商品卖爆不是偶然，必然是一些元素的集合让商品得以占据市场。卖家可以使用生意参谋分析双11这天热卖商品的特征，也可以使用生e经，其分析方法是相同的。只不过生e经只能选择整月的数据，但是参考性依然很大。以生e经为例，如图2-50所示，将数据时间调整到11月，并选择"热销宝贝TOP100"选项，然后下载这张数据表。

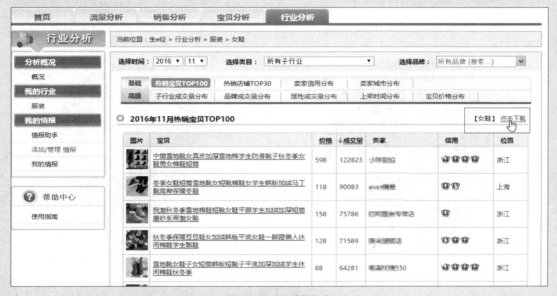

图2-50 下载数据表

数据表下载以后，卖家需要归纳总结出这些热销商品的价格区间分布。如图2-51所示，选中"价格"单元格再单击"排序和筛选"下的"筛选"按钮，为"价格"行添加筛选按钮。然后如图2-52所示，单击"价格"单元格的筛选按钮，从弹出的下拉菜单中选择"数字筛选"选项，再在级联菜单中选择"介于"选项。用这种方法卖家可以筛选出不同价格区间的商品，分析其商品数量和成交量。

图2-53所示为根据数据分析制作出的图表。结果发现双11热卖的女鞋商品中，价格在100～150元和150～200元的商品数量最多，一共占据了46%。再看图2-54中，商品价格在100～150元和150～200元的成交量也是最多的，一共占据了43%。也就是说，这个价格区间是双11女鞋商品较受欢迎的。

图 2-51　添加"筛选"按钮

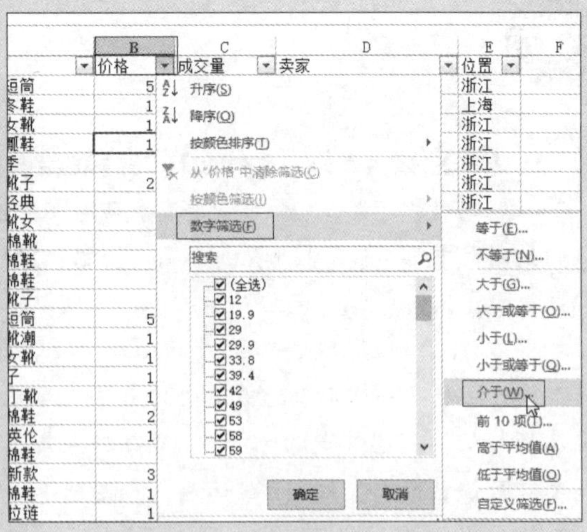

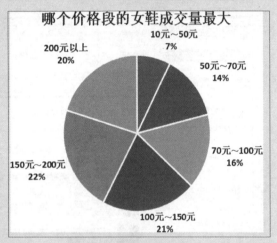

图 2-52　设置筛选选项

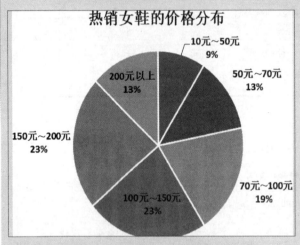

图 2-53　女鞋商品的价格分布

图 2-54　女鞋商品的成交量分布

按照同样的方法，卖家可以分别打开这100件热销商品的详情页，如图2-55所示，分析其属性。在这里，卖家不是将商品的所有属性都进行统计，而是只分析对消费者购物决策有影响的属性，如风格属性、颜色属性、筒高属性、跟高属性、材质属性、鞋头款式等。

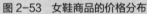

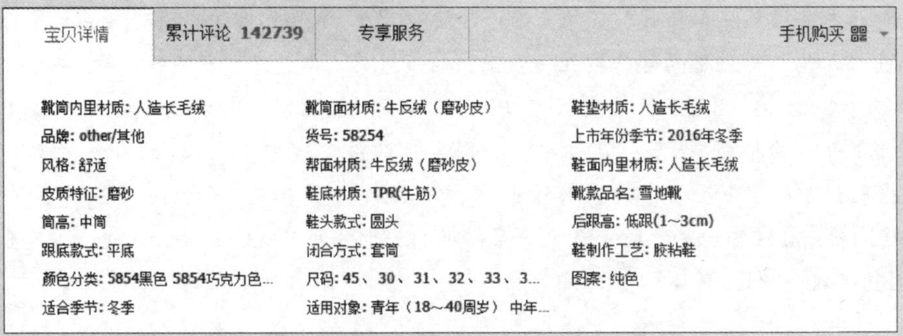

图 2-55　商品的属性介绍

最后，卖家需要将分析结果进行归纳汇总，如双11热卖的女鞋商品的特征是价格位于100～200元内、韩版风格、黑色、短筒、平底、磨砂材质、圆头鞋。有了这些信息后，卖家便知道如何在这种大促活动时准备商品类型了。

本章小结

本章讲解的目的在于让卖家在理解什么是网店数据分析的基础上，学会有方向地对待网店数据。在数据分析时不是一团乱麻，而是有策略、有方法地根据分析目的的不同使用不同的分析思维，并且知道不同的分析思维要使用不同的数据处理技能。

网店大数据分析工具和方法

本章导读

不少卖家都知道,找数据要到百度指数、阿里指数、生意参谋等渠道中进行寻找,但是找到这些数据后如何分析却说不出所以然。所以本章不仅对数据源的寻找方法进行了讲解,还涉及如何看懂这些数据,以及如何在 Excel 表中利用最简单的方法进行数据分析。

知识要点

通过本章内容的学习,大家能够掌握数据寻找的方法及 Excel 数据分析操作法。学习完本章后需要掌握的相关技能如下。

- 数据寻找的渠道有哪些
- 如何从简单的数据中分析出有价值的信息
- 利用 Excel 收集处理数据的方法
- Excel 的数据分析工具怎么用
- 网店数据分析常用的 3 种方法

3.1 获取数据源的四大主要渠道

在第 1 章中已经讲到过,大数据有容量特征,数据分析的数据容量越大,可靠性就越高。为了打破局限性,卖家需要从多个渠道获取数据源,多渠道数据对比既可以帮助卖家核对数据的准确性,也能从不同的角度分析网店运营,以宽阔的思维模式进行网店数据分析。

网店运营获取数据源主要可以从百度指数(分析网络消费者)、阿里指数(分析进货数据)、店铺工具(分析店铺数据)、数据小插件中获取数据,不同的渠道有不同的数据类型及分析优势。

3.1.1 百度指数获取数据源

百度搜索引擎是国内用户数量最多的搜索引擎之一。百度指数是根据百度搜索引擎的用户搜索行为数据为基础,进行数据分享的平台。百度的网民中,有很大一部分人同时也是网店消费者,因此百度指数是研究网民消费者动向,让网店卖家正确决策的重要数据依据。

利用百度指数卖家可以知道网民对关键词的搜索量和搜索趋势变化、网民在关注什么、搜索某个关键词的网民分布在哪里、网民同时还搜索了哪些词,从而帮助卖家进行数字化营销活动方案的策划。

1. 分析消费者对关键词的搜索动向

在百度指数中的"趋势研究"中,卖家可以研究网民的对关键词的搜索热度及趋势,还可以进行关键词的搜索动向对比,如"棉衣"和"羽绒服"两个关键词的搜索动向对比。如图 3-1 所示,从"指数概况"中可以看出最近 7 天内,"羽绒服"的搜索指数是高于"棉衣"的,并且"棉衣"的搜索同比和环比有下降趋势。

再来看两个关键词的整体趋势走向,如图 3-2 所示,"羽绒服"整体搜索趋势都高于"棉衣",并且没有下降趋势。可见"羽绒服"关键词受到了更多消费者的关注。

羽绒服和棉衣是两个不同品类的商品关键词,如果是同一商品的不同关键词,也可以在百度指数中检验其搜索热度。因为网民在网页中对某种事物的搜索用语有一定的偏好,如棉衣商品,有的网友会输入"棉衣",而有的网友会输入"棉服",卖家需要选择更具搜索优势的关键词添加到商品标题中。如图 3-3 所示,进行"棉衣"和"棉服"关键词的搜索趋势对比,发现"棉衣"的搜索趋势总体是大于"棉服"的,因此"棉衣"关键词更具搜索优势。

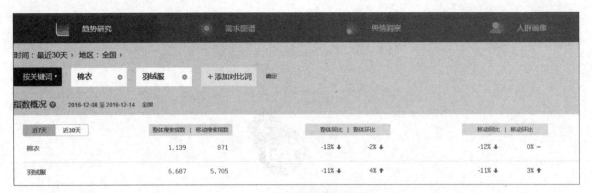

图 3-1　对比关键词的搜索指数

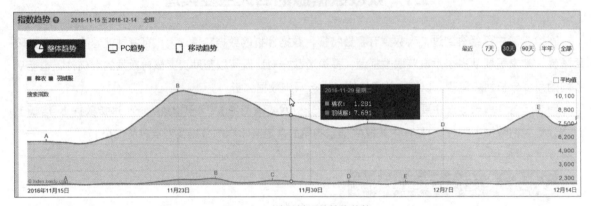

图 3-2　对比关键词的搜索趋势

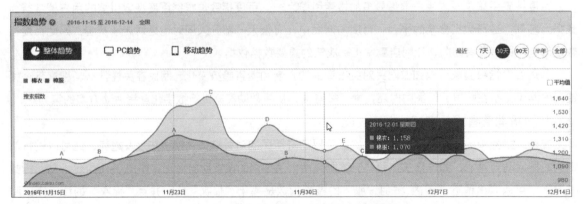

图 3-3　对比同一商品不同关键词的搜索趋势

2. 分析消费者的需求动向

网民在搜索某个关键词前后，可能还有其他的相关词搜索。研究网民的这些搜索行为，可以知道网民的搜索需求究竟是什么。在百度指数中，有"需求图谱"页面。如图 3-4 和图 3-5 所示，分别是网民对关键词"棉衣"和"羽绒服"的搜索需求图谱。

从图 3-4 和图 3-5 中可以发现,搜索"棉衣"的消费者,更关心的是具有"女装""新款""高档""中老年"性质的棉衣。但是搜索"羽绒服"的消费者,更关心羽绒服的清洗方法、填充物、品牌。这样的信息可以给卖家一些详情页优化的启示。销售棉衣的卖家,就要抓住"新款""高档"的卖点来进行商品描述。而销售羽绒服的卖家,需要在详情页中重点描述羽绒服的填充物、清洗方法及品牌介绍。只有满足消费者的购物需求,才能有效提高商品的转化率。

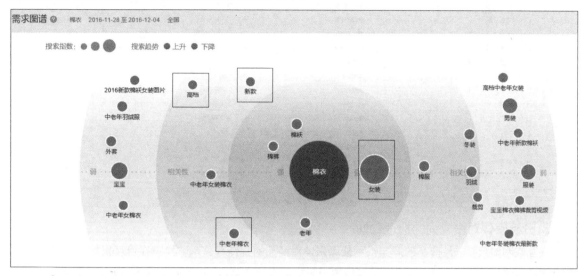

图 3-4　棉衣商品的需求分析

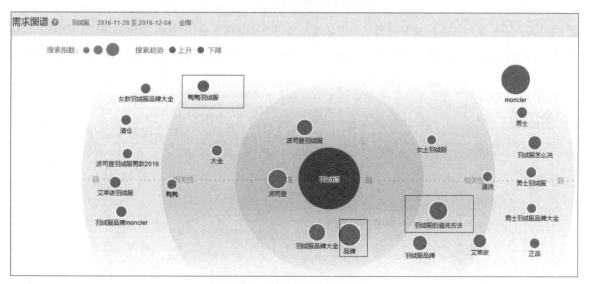

图 3-5　羽绒服商品的需求分析

在百度指数"需求图谱"页面下方,还有根据网民的搜索行为细分出来的来源检测词、去向检测词,以及搜索热门词和搜索上升快的词。如图 3-6 所示,通过分析这些词,卖家可以进一步了解商品的潜在消费者关心的是什么。

图 3-6　商品的相关词分析

3. 分析媒体对搜索词的报道动向

在互联网时代，一件商品的爆卖很可能跟媒体对商品的宣传有关系。卖家在百度指数的"舆情洞察"中观察媒体对关键词的报道程度，可以及时追上与商品有关的热点，利用媒体来促进商品的销售。图 3-7 所示的是媒体对"打底裤"关键词的相关报道。从 A 条报道可以看出，媒体在肯定黑色打底裤对美观程度的影响。从 E 条和 F 条报道可以看出，媒体在报道打底裤美观穿着的方法。卖家可以关注这样的媒体报道，从而优化详情页。例如，媒体大肆报道某打底裤的特定穿法，卖家可以将这样的元素设计到商品详情页中。

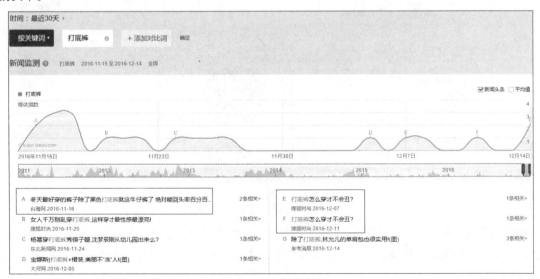

图 3-7　媒体对商品的报道趋势

在"舆情洞察"的"百度知道"页面中，卖家可以根据网民提出的问题，发现网民的困惑和需求，如果卖家发现了这些困惑和需求，并在详情页中进行了解决，商品的转化率自然会有所提高。图 3-8 所示的是网民对打底裤商品的提问，大家的关心点在于打底裤如何搭配、打底裤的厚度单位，等等。尤其是打底裤的厚度单位，十分有意义。很多卖家在打底裤商品的详情页上会介绍这款打底裤的厚度是多少，但是消费者并不明白这个单位的意义所在，这样的抽象描述对于消费者来说是毫无意义的。聪明的卖家会进行类比，放一枚硬币来比较打底裤的厚度，并进行这样的描述"加厚绒毛，抵御零下25°的寒冷"。

综上所述，通过百度指数分析，解决消费者的问题。消费者浏览详情页的目的无非就是想找一个购买的理由，详情页解决了消费者的所有疑问，还怕转化率不能提高吗？

图3-8　网民对商品的关注问题

4. 分析消费者的人群画像

在百度指数的"人群画像"页面中，显示了关键词的搜索用户来自于哪些地区、年龄和性别。有助于卖家了解目标消费者的特征，进行个性化营销。

卖家首先可以进行关键词的搜索用户地域研究。如图3-9所示，可以发现"棉裤"和"羽绒裤"的搜索用户省份分布是不一样的。毕竟中国地域广阔，不同的地区有不同的气候特征，消费者需要的商品自然就不一样。这能帮助卖家更精准地投放广告，如淘宝和天猫卖家投放的直通车广告，按地域投放将更精准。

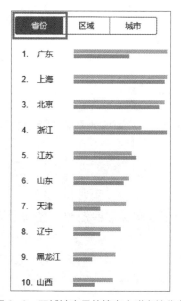

图3-9　羽绒裤商品的搜索人群省份分布

并且卖家还可以将地域分布精准到城市，如图 3-10 所示，图中显示了"棉裤"和"羽绒裤"关键词的搜索用户分别来自哪些城市。这正好匹配了直通车广告推广能精准到城市的营销功能。

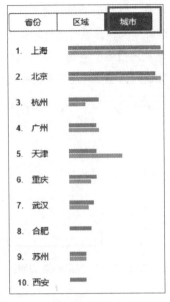

图 3-10　棉裤商品的搜索人群城市分布

在"人群画像"页面中，卖家还需要关注关键词搜索用户的年龄和性别。如图 3-11 所示，图中显示搜索"奶茶"和"咖啡"关键词的人群年龄分布及性别分布，其中有 70% 的男性偏好搜索"奶茶"。

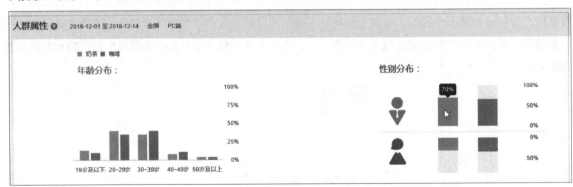

图 3-11　奶茶和咖啡商品的搜索人群画像

问：生意参谋中也有与百度指数类似的信息，还有必要关注百度指数吗？

答： 在生意参谋中同样可以查看关键词的搜索量及搜索趋势，也可以研究关键词搜索者的人群画像，并且数据更针对于电商消费者，于是有的卖家认为没有必要关注百度指数了。其实不然。

（1）与百度相比，生意参谋具有局限性

百度指数中的数据基础是用户数量庞大的百度网民，网民的搜索动向很可能预示了接下来的市场动向，可以说百度指数的数据显示是一个起点，能帮助卖家预测未来的市场动向。但是生意参谋中的数据基础就是淘宝和天猫的消费者搜索动向，淘宝和天猫的消费者的搜索动向在很大程度上会受到淘宝和天猫市场的引导，可以说生意参谋的数据是一个结果，能帮助卖家分析为什么出现这种结果。

（2）卖家应该保持信息接收的广度

电商卖家不能只关注电商市场的数据，很多爆款卖家都是因为有眼界，才能及时跟上市场的脚步。所以卖家应该随时关注整个网络动态，以便调整经营策略。

3.1.2 阿里指数获取数据源

阿里指数是电商卖家了解电商市场走向的必要数据分析平台。其后台数据是根据阿里巴巴网站每日网站浏览量、供求商品等经营指标统计出来的数据结果。阿里指数主要可以帮助卖家了解行业市场，找到热门的市场，并且对各个市场进行对比分析。随着数据的进步，阿里指数推出了新版平台，目前新版和旧版平台的数据各有优势，都对卖家有用，本小节将讲解新旧两版阿里指数中，需要卖家重点关注的数据内容。

1. 旧版——关注买卖双方市场的趋势

在阿里指数的旧版中，卖家需要关注"行业大盘"中不同类目买卖双方市场的趋势。图 3-12 所示的是"男式风衣"类目商品的行业趋势。其中"淘宝采购指数"指的是淘宝和天猫的成交量趋势，指数越高表示该类目商品在淘宝和天猫中的销量越高。"1688 采购指数"指的是在 1688 批发市场中的销量。因为不少网店卖家的网上进货渠道是 1688 批发网，所以关注"1688 采购指数"可以知道卖家们在批发网站中对某类目商品的采购量变化。"1688 供应指数"指的是 1688 批发网站的货源供应量。

如此一来，关注"行业大盘"中的数据趋势，卖家就能了解某款商品在电商市场中的销量变化、同行卖家的采购量变化、供货市场的供应量变化，从而判断某类目商品的供需关系。比较理想的行业商品是淘宝采购指数高、1688 采购指数低、1688 供应指数高的商品，这种商品销量大，且竞争少，货源又充足，这便是卖家分析行业大盘的意义所在。

2. 旧版——关注类目商品的热销属性

在阿里指数的"属性细分"中，卖家可以找到类目商品的热销属性是什么。图 3-13 所示的是"男式风衣"类目商品的"厚薄"属性。观察这里的数据，可以帮助卖家找到符合市场需求的商品属性，从而有针对性地进货。但需要注意的是，卖家应该将重点放在会影响消费者决策的属性上，至于消费者并不关心的属性类型，卖家可以不做过多的研究。

图 3-12 男式风衣的数据概况

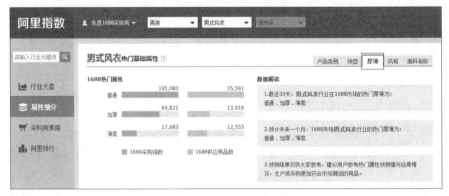

图 3-13 男式风衣的热门基础属性

3. 旧版——关注类目商品的采购商身份

卖家可以在"采购商素描"页面中关注采购这类商品的卖家身份信息。图 3-14 所示的是"男式风衣"的采购商身份信息，其中淘宝店主的采购占比达到 59.29%，说明确实有不少淘宝同行卖家在这里进货。

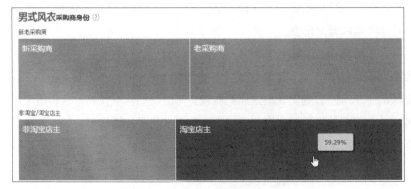

图 3-14 男式风衣的采购商身份

4. 旧版——关注商品排行榜

在阿里指数的旧版平台中，有"阿里排行"页面，这里显示阿里市场商品排行榜。图 3-15 所示的是卖家需要重点关注的商品"搜索排行榜"，其中有商品的关键词搜索上升榜、关键词热搜榜、关键词转化率榜和关键词新词榜。这些榜单对卖家进行关键词分析意义重大。除此之外，卖家还需要关注"产品排行榜"，看看当下热销的是什么商品。

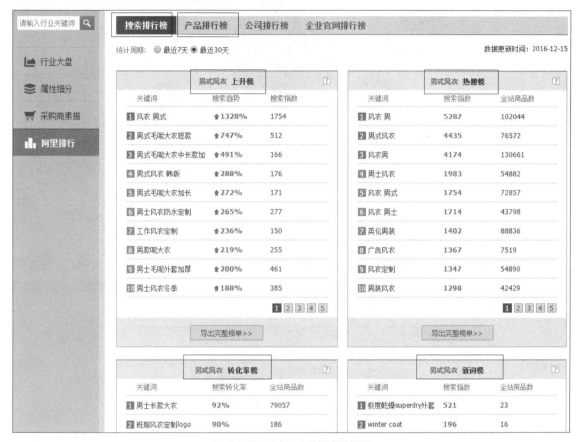

图 3-15　男式风衣的搜索关键词

5. 新版——关注商品的贸易往来信息

网店卖家如果研究过商品的卖家集中地和买家集中地，就会发现，很多商品的卖家都会集中在一些地方，买家也会集中在一些地方。这并不是巧合，这说明商品类目具有货源的地方是固定的，热爱此类商品的买家聚集地也是固定的。研究商品的贸易往来，有助于卖家分析商品的货源地及自身卖货优势，并找到目标消费者的集中地。

图 3-16 所示的是新版阿里指数显示的"贸易往来"信息，设置的往来地区是浙江输出商品到四川。根据图中信息显示，浙江卖家向四川消费者销售得最多的商品是羽绒服，其次是毛呢外套。

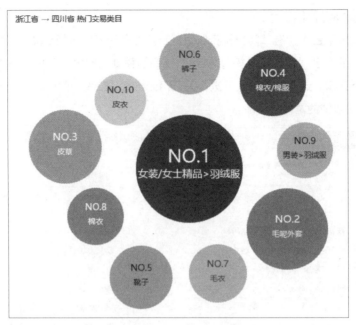

图 3-16　商品的贸易往来数据

6. 新版——关注不同地区的热门类目

在新版的阿里指数中，卖家还可以从"热门类目"板块了解到某一地区热买和热卖的商品是什么。如图 3-17 所示，图中显示浙江省热卖的商品是羽绒服、毛呢外套和皮草，其中羽绒服和毛呢外套主要是销售到杭州地区的，而皮草主要是销售到嘉兴地区的。

排名	类目	交易指数	热卖地区
1	羽绒服	2,499,549	杭州
2	毛呢外套	2,378,585	杭州
3	皮草	2,141,457	嘉兴
4	棉衣/棉服	1,948,011	杭州
5	裤子	1,822,048	金华
6	靴子	1,767,055	温州
7	毛衣	1,650,781	嘉兴
8	卫浴用品	1,312,742	杭州
9	毛针织衫	1,310,038	杭州
10	棉衣	1,216,251	杭州

图 3-17　不同地区的热销商品类目

7. 新版——关注区域搜索词排行榜

在新版的阿里指数中，卖家不仅可以查看区域的热门搜索词，还可以关注搜索词的搜索趋势。如图 3-18 所示，卖家关注了搜索词的搜索指数后，可以单击"操作"列下面的图标，打开搜索趋势进行查看。

搜索词排行榜 搜索榜 涨幅榜

排名	搜索词	搜索指数	搜索涨幅	操作
1	毛衣	33,578	4.04% ↑	
2	羽绒服	32,828	16.79% ↑	
3	毛呢外套	25,258	2% ↓	
4	毛衣女	24,375	6.22% ↑	
5	棉衣	24,294	11.98% ↑	
6	羽绒服女	23,477	6.01% ↑	
7	打底裤	22,122	8.54% ↑	
8	手机	21,589	6.34% ↑	
9	打底衫	21,582	4.21% ↑	
10	圣诞节礼物	21,475	60.13% ↑	

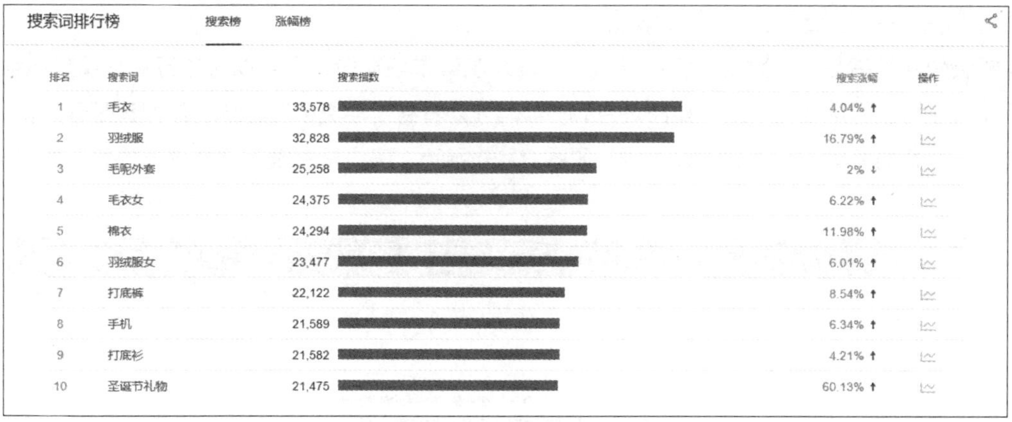

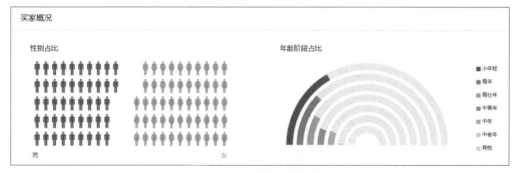

图 3-18　商品搜索词排行榜

8. 新版——关注区域的买家和卖家概况

根据所选区域的不同，卖家可以关注这个区域的买家和卖家概况，如图 3-19 和图 3-20 所示。通过“买家概况”页面，卖家可以确定这个区域的目标消费者是什么样的人群，从而有针对性地制定地区营销策略。通过“卖家概况”页面，卖家可以确定这个区域的竞争对手情况，从而判断自己的竞争力处于哪个水平。

图 3-19　买家人群画像

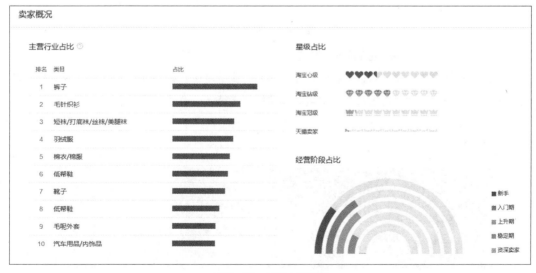

图 3-20　卖家人群画像

9. 新版——关注商品行业的搜索情况

在新版的阿里指数中，卖家不仅可以通过区域来观察市场动向，还可以通过行业来观察市场动向。首先可以关注行业的搜索词动向，如图3-21所示，可以看到"连衣裙"行业的热搜词是什么。并且找到需要重点分析的关键词，查看搜索趋势，如图3-22所示，图中是关键词"蕾丝连衣裙"的搜索趋势变化。

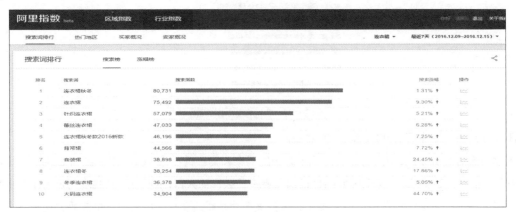

图3-21　商品行业的搜索情况

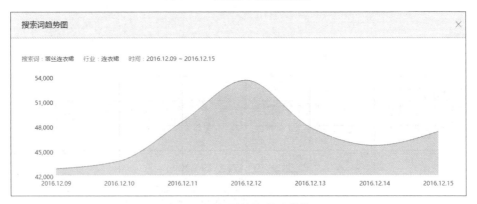

图3-22　商品关键词搜索趋势

10. 新版——关注商品行业的热门地区

在商品的行业指数中，卖家可以分析该行业热买和热卖的地区。如图3-23所示，"连衣裙"商品热买的地区是广东、浙江、北京和上海，这对卖家调整销售策略十分有用。

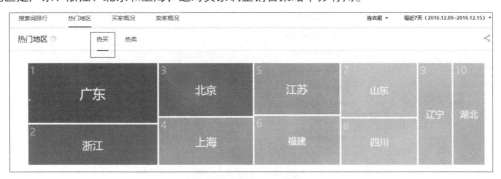

图3-23　商品的热销地

3.1.3 店铺工具获取数据源

获取网店数据，最不可忽视的便是卖家店铺工具获取到的数据源。虽说过去的电商数据并不丰富，但是随着电商行业的发展，卖家对大数据的重视，电商市场中出现了专门针对于卖家的服务市场，其中就有专门的数据服务工具。利用这些数据工具，卖家可以轻松获取到相应的数据。图3-24所示的是淘宝和天猫的服务市场，卖家选择"数据分析"服务，便出现了能获取数据的店铺工具，在这些工具中，使用范围较广的是生意参谋和生e经。

图3-24 服务市场的数据分析工具

1．利用生意参谋获取数据

虽然生意参谋在前面的章节中已经有所介绍，但是卖家需要系统地认识生意参谋这个数据量丰富的店铺工具。

生意参谋是最早应用于阿里巴巴市场的数据工具，并且整合了量子恒道和数据魔方，成为目前淘宝和天猫卖家查询数据范围最广的店铺工具。

图3-25所示的是生意参谋的"实时直播"页面，该页面以店铺实时的动态数据为切入点，向卖家提供实时的数据查询与分析。除了"实时直播"页面，生意参谋还有以下页面。

"首页"页面：是指专属于卖家的个性化页面，集合了卖家常用的数据功能模块，让卖家在首页中快速了解店铺的经营数据动态。

"经营分析"页面：以卖家的经营布局为切入点，并且结合整个电商环境，对经营的各个环节进行分析、诊断、建议、优化、预测。

"市场行情"页面：以行业为切入点，提供行业的分析数据、竞争数据，帮助卖家精确监控市场行情。

"自助取数"页面：提供数据定制、查询、导出功能，方便卖家灵活地导出不同指标选项、不同时段下的数据。

"专题工具"页面：着重专题分析和一站式优化工具，含竞争情报、选词助手、行业排行、单品分析、商品温度计、销量预测等专项功能。

"数据学院"页面：提供门户及产品功能引导、数据答疑解惑、门户运营与推荐、用户互动学习等。

图 3-25　用生意参谋查看店铺实时概况

2. 利用生 e 经获取数据

生 e 经是一款对淘宝和天猫店铺都十分有用的数据工具。生 e 经中有对本店流量、销售、宝贝、行业等进行全方位的数据分析，可以帮助掌柜优化宝贝标题、做好关联营销、找准上架时间、合理制定价格、追踪广告来源效果、提升搜索排名等。

图 3-26 所示的是生 e 经的"流量分析"页面，显示了卖家店铺在不同时间内的流量大小和流量趋势。在这个页面中，卖家还可以查看流量具体的指标分析数据、流量访问页面数据、流量来源分析数据。

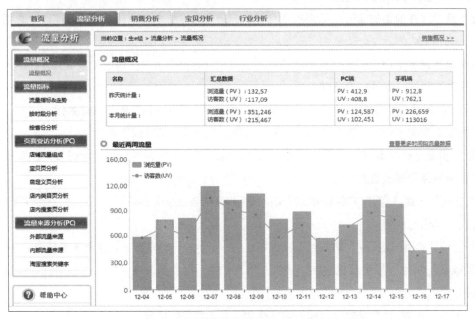

图 3-26　用生 e 经查看商品的流量概况

在生 e 经中,除了"流量分析"页面,还有其他页面。例如,"首页"页面,可以让卖家快速一览店铺的销售近况;"销售分析"页面,显示了与店铺销售相关的数据;"宝贝分析"页面,以商品为切入点,进行商品数据分析;"行业分析"页面,显示了与行业成交量、高质宝贝数等相关的数据。

问:店铺工具很多是付费使用的,有必要使用费用较高的工具吗?

答: 在店铺工具中,不少工具都是付费使用,并且其中一部分工具的使用费用不菲,如生意参谋中,订购"数据作战室"功能的费用是 6888 元 / 年。对于小卖家来说,工具使用费用太贵,有的卖家难免感觉不值。事实上,订购工具所获得的数据价值是绝对超过工具的使用费用的。有的数据工具价格较低,但是数据精准性有待考虑。

如果卖家担心入不敷出,可以在网店开业初期,使用价格相对较低的店铺工具,或者多找一些替代工具,如店侦探可以替代生意参谋中的部分工具精准地进行竞争同行数据分析。卖家也可以找身边开网店朋友,借用他们的店铺工具来查看商品的市场行情数据。

当卖家的营业走入正轨,业绩有了提升,建议卖家订购比较靠谱的专业数据工具。并且店铺的数据工具不在于多,而在于精,有 1 ~ 3 个专业的数据分析工具即可。

3.1.4 小插件获取数据源

网店的数据工具中,有不少是付费使用的,有的工具费用太高,卖家难以负担,这时卖家可以安装一些数据查看软件来查看数据。例如,"店侦探"在安装后,可以监控竞争对手的数据,其中不少功能是免费使用的。店侦探的安装方法如下。

如图 3-27 所示,搜索"店侦探"进入其官网页面,然后单击页面右上角的"淘宝运营神器"按钮。

图 3-27 店侦探官网

接着在打开的页面中,单击"一键在线安装"按钮,如图 3-28 所示,为自己的浏览器安装一个插件。

图 3-28 安装"店侦探"

"店侦探"安装成功后,卖家在浏览器中打开淘宝就能监控到许多免费数据。

1. 监控竞争商品的上下架时间

首先店侦探可以让卖家监控到竞争商品的上下架时间。如图 3-29 所示,卖家输入关键词进行商品查询后,就会显示出每一款商品的上下架时间是什么时候,同时在线人数有多少。如果一款商品离下架时间还有 3 天,但是在线人数已经很多,那么在接下来的 3 天中,这款商品的在线人数只会更多。卖家由此可以判断需要避开哪些强大竞争商品,上架自己的商品。

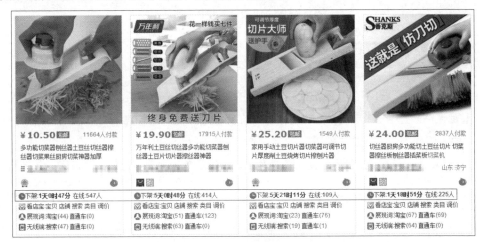

图 3-29 比较商品的上下架时间

2. 分析竞争商品的调价情况

网店卖家都讲究布局,在商品销售的不同时期内,为商品制定不同的价格。例如,商品在淡季时,低价销售为商品的销售打好基础,而在旺季时,高价销售保证利润。卖家利用店侦探,可以精准地进行同行竞争商品的比价,分析对手卖家针对商品的调价策略。如图 3-30 所示,这款价格为 68 元的商品在最近一段时间内就经过了多次调价。

卖家还需要随时关注排名靠前的商品价格,看同行商品是涨价了还是降价了。尤其是降价时,卖家需要考虑自己的商品是否也要降价。毕竟高性价比的商品对买家的吸引力是比较大的。

图 3-30 分析竞品的调价情况

3. 分析竞争商品的搜索关键词

使用店侦探，卖家还可以查看竞争商品使用的搜索引流关键词。图 3-31 所示的是在某商品详情页面查看到的这款窗帘商品的"淘宝展现"关键词，从图中可以发现，关键词"绣花窗帘布"，其淘宝展现排名趋势呈上升趋势。利用这样的方法，监控竞争对手的用词情况，尤其是优秀的竞争对手，卖家可以进行模仿学习，将对方卖家搜索趋势上升的关键词使用到自己的商品标题中。

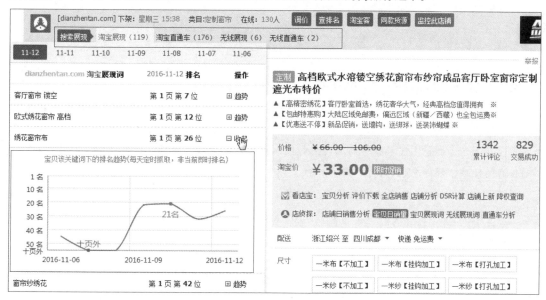

图 3-31 商品关键词的排名

不仅如此，卖家还可以查看"淘宝直通车"各关键词排名趋势、"无线展现"各关键词排名趋势、"无线直通车"各关键词排名趋势。如图 3-32 所示，可以看到这款商品目前的直通车推广词，以及每个词的推广排名。甚至还可以单击页面最下方"导出 Excel"按钮，直接在导出的 Excel 表中分析对手商品的直通车词。使用这样的方法，卖家可以轻易地知道对手卖家使用的直通车推广词是什么，从而调整自己的直通车选词。

图 3-32　商品直通车推广词的排名

大师点拨 5：活动相关数据的获取

电商平台的各种活动是网店卖家不可错过的提升销量的好机会，尤其是官方举办的大型活动，拥有基础可观的消费者，如聚划算、淘抢购等。但是卖家盲目地让商品上活动，结果往往不理想。卖家需要在上活动之前去了解竞争商品的海报图、卖点、销量、售罄率等数据信息。通过这些商品活动信息的比较，规划自己的商品活动方案。

为了查看到大型官方活动的商品销售数据，淘宝和天猫卖家可以使用 58tu，网址是"58tu.com"。该网站中记录了大型活动中商品的销售历史数据，让卖家从竞品中总结经验教训，为自己的商品更好地参加下一次活动做准备。

1. 利用 58tu 查看竞品海报信息

在第 1 章中讲解过，大数据分析的数据信息不仅包括了显而易见的数据信息，还包括了文字、图形等信息。卖家利用 58tu 首先可以查看竞争商品参加活动时的海报信息，留意这些竞品使用了什么主色调、什么卖点、几个模特、商品的摆拍角度等信息。通过比较这些信息，找出最有利的海报设计方案，并且突出差异化，让自己的商品海报与众不同。

如图 3-33 所示，在"竞品图库"中，卖家可以分平台查看竞品的活动海报。卖家完全可以统计竞品海报的设计特点，如在统计的 20 款竞品海报中，有 15 款海报使用了红色调、12 款海报使用了"加绒保暖"的卖点、17 款海报使用了 1 个模特，以及 11 款海报的商品摆拍角度是正面拍摄。统计到这些信息后，卖家需区分哪些信息是优点可以加以利用，哪些信息是可以改进的。例如海报使用了红色，说明红色调比较适合这类商品，在不更改色调的前提下，卖家选用了橘红色，更能突出自己的商品差异性。而"加绒保暖"的卖点可以保留并且优化成"加绒保暖，抵御 -20℃的低温"。

在 58tu 中，卖家还可以分促销活动的类型选择查看活动海报，如图 3-34 所示，卖家可以选择"唯品会""双 11 专题"等多种活动。

3-33 查看竞品图库

图 3-34 查看促销商品图库

2. 利用 58tu 查看聚划算商品数据

聚划算是淘宝和天猫的重要活动之一，上聚划算的商品销量能得到大幅度提升。卖家可以在 58tu 中查看往期聚划算商品的销售情况。如图 3-35 所示，卖家查看了"羽绒服"商品在 2016 年

11月20日的聚划算活动情况。其中"单坑产出"指的是一个活动坑位达成的交易额。单击其中一款商品，还可以看到更详细的活动数据，如图3-36所示，是某款聚划算羽绒服商品的售价、销量等数据信息。通过观察这些聚划算活动商品的信息，卖家再将其与自己的店铺商品相比较，就能大致判断出自己的商品是否适合参加聚划算、要定价多少、如何设计首图、备货量设置多少了。

图 3-35　聚划算商品的数据

图 3-36　聚划算商品的详细数据

3. 利用 58tu 查看淘抢购商品数据

淘抢购是淘宝无线端的重要活动营销方式，由于手机端与 PC 端营销的不同，卖家需要查看淘抢购商品的活动信息，更有针对性地设计无线端商品首图，并为商品定价。如图 3-37 所示，在 58tu 中查看淘抢购商品活动信息，可以比较精准地选择具体时间下的抢购活动，如这里选择了"2016-12-09""22点"的淘抢购，分析食品类目下的商品活动信息。从图中可以看到不同食品商品在淘抢购中的单坑产出额度、售罄率及首图设计等信息。通过比较判断来策划好自己店铺商品的淘抢购活动。

图 3-37　淘抢购商品数据

3.2　大数据分析的常用工具

进行数据分析时可选择的工具较多。例如，Hadoop 是一款对大数据进行分布式处理的软件框架；SPSS 是一款采用图形菜单驱动界面的统计软件；Excel 是一款普及性较强且容易入门的数据分析软件。考虑到大多数网店卖家没有数据分析的经验，推荐卖家采用 Excel 数据分析工具。利用 Excel，并为其添加数据挖掘插件，基本上能实现大多数卖家的数据分析需求。

3.2.1　利用 Excel 建立数据源及进行基础分析

利用 Excel 建立数据源，卖家需要区分数据的类型，对数据进行正确收集并初步加工，否则后续数据分析将难以进行。具体方法如下。

1.Excel 收集数据的方法

利用 Excel 收集数据，有 3 种方法，①是卖家可以直接在店铺工具中将数据导出成 Excel 表中的数据；②是将网页中、数据工具中等不同渠道的数据复制粘贴到 Excel 表中，形成自己的数据库表；③是收集到零散的数据后，手动输入到 Excel 表中。

无论是用哪种方法收集数据，卖家都需要为数据建立好字段名。如图 3-38 所示，每一列数据都清楚地写上数字的字段名。其中，第一列数据的名称是"所属终端"，第二列数据的名称是"日期"。以此类推，才能保证建立的数据库有条不紊。

卖家需要学会用 Excel 的语言寻找单元格。在 Excel 中，单元格的地址是由列所在的字母加行所在的数字组成的。如图 3-38 中，访客数大小为"8457"的这个单元格其所在列的字母是"C"，所在行的数字是“5”，那么该单元格的地址就是“C5”。明白了这一地址命名方法后，卖家在后期就可以轻松输入公式来分析数据了。

	A	B	C	D	E	F
1	所属终端	日期	访客数	停留时间	下单转化率	支付商品件数
2	所有终端	2016/12/1	2154	28.06	2.72%	59
3	所有终端	2016/12/2	3215	43.87	2.39%	77
4	所有终端	2016/12/3	6845	18.94	1.87%	128
5	所有终端	2016/12/4	8457	23.88	1.70%	144
6	所有终端	2016/12/5	9658	34.39	2.19%	212
7	所有终端	2016/12/6	12456	22.96	2.70%	336
8	所有终端	2016/12/7	25416	26.52	3.36%	854
9	所有终端	2016/12/8	15246	30.43	2.28%	348
10	所有终端	2016/12/9	10972	18.22	1.45%	159
11	所有终端	2016/12/10	12154	22.17	3.62%	440
12	所有终端	2016/12/11	9425	50.06	4.30%	405
13	所有终端	2016/12/12	8451	21.42	2.55%	216
14	所有终端	2016/12/13	7546	14.71	2.91%	220
15	所有终端	2016/12/14	7012	18.61	1.49%	104

图 3-38　Excel 表的单元格命名

如果卖家选择在其他渠道复制数据粘贴到 Excel 表中时，需要注意数据粘贴的格式。如图 3-39 所示，卖家可以单击“剪贴板”中“粘贴”下三角按钮，从弹出的下拉菜单中选择需要粘贴的选项。通常情况下，建议卖家选择“值”选项，表示将数据以纯数值不带格式和公式的方法粘贴到表中。

卖家也可以单击图 3-39 中的“选择性粘贴”按钮，打开如图 3-40 所示的对话框，选择更多的粘贴方式。其中“转置”复选框可以帮助卖家将横向的数据快速粘贴为竖向，反之亦可。

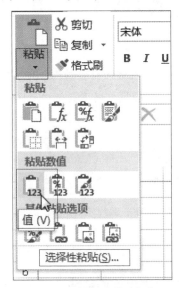

图 3-39　数据的粘贴方式

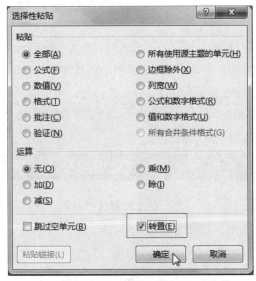

图 3-40　“选择性粘贴”对话框

2. 对 Excel 中收集到的数据简单处理

利用 Excel 收集到的数据可能与店铺卖家工具中的数据不同，Excel 中的数据可能有重复项、不符合要求的项，重点数据也没有被标注出来，并且没有进行分组处理。为了方便后续的数据分析，卖家需要对 Excel 中的数据进行简单处理。

(1) 快速去重

在 Excel 中可以对原始数据进行快速去重处理。如图 3-41 所示，需要对重复的关键词进行处理，选中“关键词”列数据，单击“数据”选项卡下“数据工具”组中“删除重复项”按钮，即可对数据快速去重。

图 3-41　快速删除重复数据

（2）快速标注数据

在 Excel 中收集到的数据量比较大，为了方便后续分析，卖家需要对一些重点数据进行标注，避免遗漏。如图 3-42 所示，需要对"搜索指数"中指数介于 500 ~ 1500 的数据进行标注，选中"搜索指数"列，然后单击"样式"组中的"条件格式"下三角按钮，从弹出的下拉菜单中选择"突出显示单元格规则"选项，再在级联菜单中选择"介于"选项。然后在弹出的"介于"对话框中设置条件规则，如图 3-43 所示。

图 3-42　使用条件格式命令

图 3-43　设置数据区间

（3）数据分组处理

卖家所获得的数据量往往比较大，可能包括了几个月的数据也可能包括了多种流量和转化率数据，等等。然而面对这些毫无组织规律的数据，如果卖家对其进行分组整理，分析起来就相对容易找到头绪。这里介绍建立数据透视表的方法来对数据进行分组管理。

第 1 步　单击"数据透视表"按钮。卖家发现每个月前 5 天店铺中宝贝的销量数据会有所不同，于是卖家统计了 1-3 月每个月前 5 天的宝贝数据。如图 3-44 所示，卖家想要对数据按月份进行分析，为便于进行下一步分析，于是选中这些数据，单击"插入"选项卡下"表格"组中的"数据透视表"按钮。

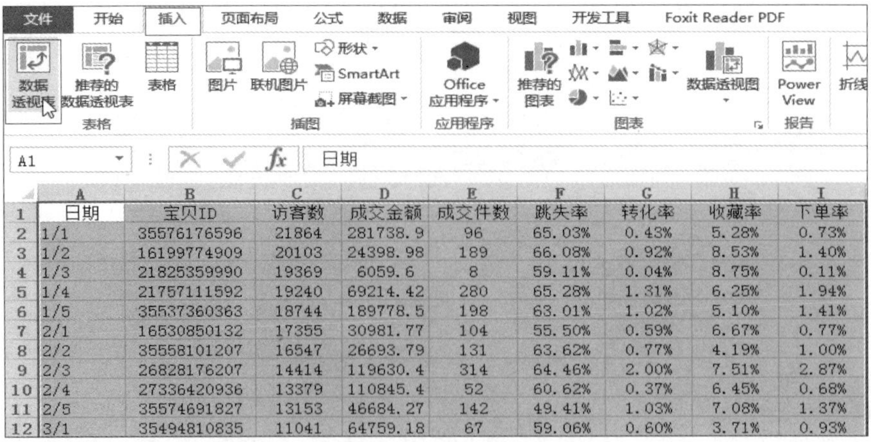

图 3-44 插入数据透视表

第2步 设置"创建数据透视表"对话框。这时就会弹出"创建数据透视表"对话框,选中"新工作表"单选按钮，然后单击"确定"按钮，如图 3-45 所示。

第3步 选中需要显示的字段。这时在新创建的数据透视中没有字段显示，于是在 Excel 表工作区域的右边，"数据透视表字段"窗格中选中需要显示的字段，如下图 3-46 所示，选中全部字段。

图 3-45 "创建数据透视表"对话框

图 3-46 选择透视表字段

第4步 为1月份数据建组。这时数据透视表就显示了选中的字段。选中"行标签"列1月份的5个工作日单元格，再单击"数据透视表–工具"选项卡下"分组"组中的"组选择"按钮，如图 3-47 所示。然后1月份的数据就会分到一个组合中，将这个组合的名称修改为"1月份数据"。

第5步 为2月份数据建组。这时的2月份和3月份的数据依然没有进行正确的组合。于是用同样的方法，选中2月份的5个工作日单元格，再单击"组选择"按钮，如图 3-48 所示。然后再修改组的名称为"2月份数据"。

第6步 完成表格分组。按照同样的方法将3月份的数据组合成一个组，并修改组的名称。最后完成分析的数据如图 3-49 所示，每个月的数据分在一起，并且单击组名称前面的"–"或"+"按钮就可以收缩或展开该组下的数据。

图 3-47 为 1 月份数据添加分组

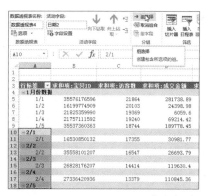

图 3-48 为 2 月份数据添加分组

行标签	求和项:宝贝ID	求和项:访客数	求和项:成交金额	求和项:成交件数	求和项:跳失率	求和项:转化率	求和项:收藏率	求和项:下单率
1月份数据								
1/1	35576176596	21864	281738.89	96	0.6503	0.004345042	0.052826564	0.007272228
1/2	16199774909	20103	24398.98	189	0.6608	0.009202607	0.08531065	0.014027757
1/3	21825359990	19369	6059.6	8	0.5911	0.000361402	0.087510971	0.001135836
1/4	21757111592	19240	69214.42	280	0.6528	0.013149688	0.062474012	0.019438669
1/5	35537360363	18744	189778.45	198	0.6301	0.010189927	0.051002988	0.014137857
2月份数据								
2/1	16530850132	17355	30981.77	104	0.555	0.005877269	0.066724287	0.007663498
2/2	35558101207	16547	26693.79	131	0.6362	0.007675107	0.041880703	0.01003203
2/3	26828176207	14414	119630.4	314	0.6446	0.020049951	0.075135285	0.028722076
2/4	27336420936	13379	110845.36	52	0.6062	0.003662456	0.064504074	0.006801704
2/5	35574691827	13153	46684.27	142	0.4941	0.010263818	0.070782331	0.013685091
3月份数据								
3/1	35494810835	11041	64759.18	67	0.5906	0.005977719	0.037134318	0.009328865
3/2	22416507010	10916	50436.48	221	0.7013	0.018688164	0.056339318	0.025192378
3/3	35538743579	10193	128240.24	183	0.5929	0.016874326	0.060531737	0.023643677
3/4	19097029871	10083	28775.38	95	0.6186	0.008925915	0.046414758	0.01219875
3/5	35551933434	10017	35006.95	90	0.5889	0.008685235	0.04512329	0.011680144

图 3-49 查看已分组的数据

问：Excel 进行数据分析，为什么总会出现大大小小的问题？

答：很多网店卖家学习 Excel 数据分析教程，或者是阅读相关书籍，会发现按照别人的操作方法却得不到相同的结果，这主要是操作基础的问题。出现这样的情况，卖家可以按照下列步骤解决问题。

第 1 步 查看数据的格式。

卖家在分析数据时，可能不小心将收集到的数据设置成了"文本"格式，自然不能进行数据计算，这时卖家需要在选中数据后，在"开始"选项卡"数字"组中重新设定数据的格式。

第 2 步 数据格式没有错误，却不能得到想要的结果。

卖家还需要检查数据分析的目的区域是否正确。在 Excel 中，对数据的操作都有区域限定，如果卖家只想分析其中一部分数据，却选中了所有数据，结果自然不理想。

第 3 步 解决了以上两个问题，操作仍然不能顺利进行。

这时卖家需要去理解每一步操作步骤的意义，而不是单纯地模仿操作方法。在理解了为什么这样操作后，就能灵活地调整操作方法，达到最终目的了。

3.2.2 为Excel添加数据分析工具做深度分析

在Excel中有数据分析工具库,其中包括了数据的相关系数分析、直方图分析等多种分析方法。卖家需要学会如何在Excel中添加数据分析工具,才能继续进行后期的分析。

为Excel添加数据工具,以Excel 2016为例,单击"开始"按钮,然后在打开的菜单中选择"选项",如图3-50所示。

接着会弹出"Excel选项"对话框,如图3-51所示,选择"加载项"选项卡,然后在"管理"列表框中选择"Excel加载项"选项,最后单击"转到"按钮。

图3-50 选择"选项"

图3-51 设置"Excel加载项"

此时会弹出"加载宏"对话框,如图3-52所示,选中"分析工具库"复选框后单击"确定"按钮,就可以成功为Excel添加数据分析工具了。

添加了数据分析工具,就可以在"数据"选项卡的"分析"组中看到"数据分析"按钮,如图3-53所示,单击"数据分析"按钮就会弹出"数据分析"对话框,卖家可以在这里选择不同类型的数据分析工具。

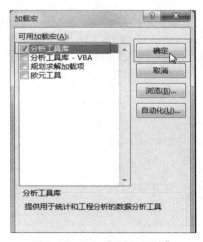

图3-52 添加"分析工具库"

图3-53 打开"数据分析"

3.3 大数据分析的3种常用方法

网店数据分析根据分析目的的不同，使用的方法也不同。数据分析的方法比较多，网店卖家常用的方法主要有3种，分别用来预测数据、检测异常、探索不同因素之间的影响关系。

3.3.1 预测法

预测法就是用来预测未来数据的方法。预测法的作用很大，如卖家在经营网店的过程中，商品一旦上架销售进入稳定期，卖家就可以采集商品之前的销售数据来预测后期的销售数据，以便提早安排人手、备货、准备其他商品的销售。

预测数据发展趋势，卖家可以将数据绘制成折线图，通过折线图的趋势来预测数据的走向。如图3-54和图3-55所示，虽然两张图的趋势不同，但是都可以找出规律，前者总体趋势是上升，而后者的趋势是每3天进行一次升降。

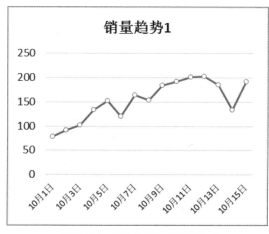

图3-54 保持增长的销量趋势

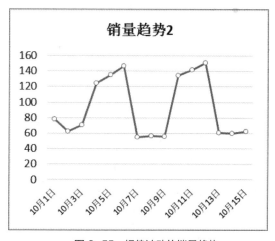

图3-55 规律波动的销量趋势

绘制折线图，只能看出数据的大致走势，如果想再利用现在的数据，预测出未来时间段较为具体的数据表现，可以使用TREND函数，根据已知x序列的值和y序列的值，构造线性回归直线方程，然后根据构造好的直线方程，计算x值序列对应的y值序列。具体方法如下。

在Excel表中建立好数据，如这里要进行销量预测，将销量和对应的日期数据录入Excel表中。如图3-56所示，这里有10月份前15天的销量数据，要预测16日及之后的销量，卖家需要在16日对应的单元格中输入公式"TREND(b2:b16)"，表示用"b2"单元格到"b16"单元格中的数据进行预测。

公式输入完成后，按【Enter】键，再将鼠标指针移动到完成计算的单元格右下角，当鼠标指针变成黑色十字形状时，向下拖动完成公式复制，如图3-57所示。

公式复制完成后，销售预测也完成了。图3-58所示的是根据10月份前15天的销量数据预测出的后期销量。

| 图 3-56 输入公式 | 图 3-57 复制公式 | 图 3-58 完成销售预测 |

问：Excel 进行销量预测，误差大吗？要如何减小误差？

答： 在 Excel 中无论是使用 TREND 函数，还是使用其他的预测方法进行数据预测，都存在误差，误差的大小与卖家使用的基础分析数据有关。为了减小误差，卖家可以按以下的方法操作。

（1）尽量使用更多的数据基础，进行预测的数据量越大，误差会越小

例如，使用 10 天销量数据预测销量，其误差会大于使用 20 天的销量数据预测销量。数据量越多，越能计算出其中的规律。

（2）尽量减小变动因素

网店数据是有波动性的，如商品的销量与是否进行关联销售、是否在做活动都有关系。卖家在预测销量大小时，不能使用活动时的销量来预测没有活动时的销量，即保证数据预测前后的因素统一。

3.3.2 异常检测法

网店数据分析，卖家常常会发现异常数据，异常数据的出现有两种可能，要么是数据统计错误，要么是经营环节中出现了异常，如果是负面的异常情况，卖家就需要及时发现，将异常扼杀在摇篮中。

异常数据的检测，常用的方法是衡量各数据偏离平均值的大小，偏离得越大，数据异常的可能性就越大。

异常值的检测，可以使用的方法如下。

在 Excel 中计算出数据的平均值。如图 3-59 所示，选中需要计算平均值的数据，然后输入函数"AVERAGE(F2:F31)"，表示计算"F2"单元格到"F31"单元格数据的平均数。公式输入完成后，按【Enter】键即可完成计算，结果如图 3-60 所示。

此时再将原始数据和计算所得到的平均数据绘制成折线图和散点图的组合图表，如图 3-61 所示，直线代表的是平均值，散点代表的是不同日期下的流量大小。散点偏离直线越远，越说明这是一个异常数据，如图中 12 月 27 日这天的散点数据，偏离度最大，卖家需要研究这天的流量情况，看是否出现异常。

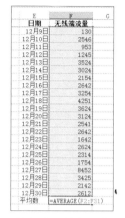
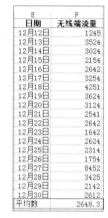
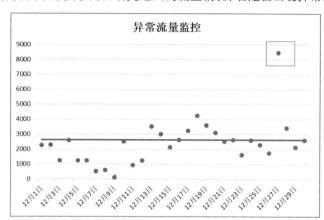

图 3-59　输入公式　　　图 3-60　完成计算　　　图 3-61　分析数据点

3.3.3　关系探索法

在前面的章节中讲到过，通过观察图表中数据的趋势来分析不同因素之间的影响大小。但是如果因素项太多，或者是数据项太多，卖家就需要使用更高级的数据分析方法，来探索数据项之间的关系，以此来判断相互之间的影响大小。

如图 3-62 所示，有多项影响因素，卖家需要判断是哪一项因素影响了销量。那么如图 3-63 所示，单击"分析"组中的"数据分析"按钮，从弹出的对话框选择"相关系数"。

日期	流量大小	客服转化率	点击率	销量
9月1日	641	2.21%	1.24%	26
9月2日	524	3.14%	3.33%	57
9月3日	265	3.84%	5.12%	84
9月4日	425	3.59%	2.34%	86
9月5日	521	4.12%	3.21%	95
9月6日	325	3.01%	3.61%	64
9月7日	642	2.98%	2.52%	52
9月8日	142	1.01%	6.12%	23
9月9日	521	0.98%	1.13%	15
9月10日	425	2.01%	3.25%	42
9月11日	152	3.00%	4.15%	65
9月12日	111	2.03%	5.21%	48
9月13日	214	3.34%	4.26%	75
9月14日	234	3.89%	3.41%	84
9月15日	215	0.88%	4.00%	12
9月16日	854	1.95%	4.12%	35
9月17日	459	2.01%	3.12%	42
9月18日	654	3.02%	2.12%	56
9月19日	412	4.01%	2.33%	95
9月20日	351	3.88%	5.17%	85
9月21日	425	3.00%	3.11%	74
9月22日	421	3.51%	3.42%	85
9月23日	125	3.59%	1.26%	86
9月24日	421	3.32%	1.22%	74

图 3-62　影响因素　　　　　图 3-63　"数据分析"对话框

在打开的"相关系数"对话框中进行参数设置，如图 3-64 所示。首先选择"输入区域"，这里选择了需要进行因素分析的所有数据区域，包括区域的字段名称。然后选中"逐列"，表示每一列数据为一组。接着再选中"标志位于第一行"，保留字段名称。最后再选择一个空白的"输出区域"，单击"确定"按钮即可。

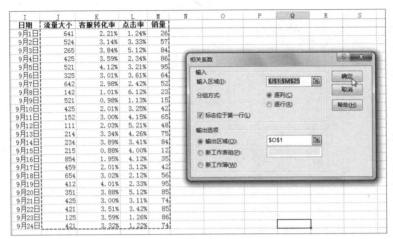

图 3-64 "相关系数"对话框

在相关系数的分析结果中，系数越大表示相关性越大，反之则相关性越小。为图 3-65 所示的是各因素之间的相关系数大小。例如，"销量"与"流量大小"的相关系数为"-0.18749802"，是负数，说明相关性不大。又如，与"点击率"的相关系数为"-0.036790479"，也是负数。但是"销量"与"客服转化率"之间的相关系数却是"0.961743619"，是正数，且远远大于"流量大小"和"点击率"的相关系数。说明这款商品的销量大小，最主要的影响因素是客服，卖家需要对客服进行话术培训，进一步提高商品的转化率。

O	P	Q	R	S
	流量大小	客服转化率	点击率	销量
流量大小	1			
客服转化率	-0.036851622	1		
点击率	-0.435027451	-0.115372856	1	
销量	-0.18749802	0.961743619	-0.036790479	1

图 3-65 分析相关系数

大师点拨 6：数据驱动运营的四大好处

数据驱动网店运营，显而易见的作用就在于用数据来帮助卖家实现利润最大化，那么更具体、更细化的作用主要有 4 个方面。了解这 4 个作用，有助于卖家有方向地利用数据。

1. 流量运营：优化网店流量渠道

网店流量渠道并不单一，流量的数据化运营，其作用在于帮助卖家掌握店铺和商品的消费者从哪里来，知道消费者的来源渠道还不够。在流量数据精准运营的时代，卖家还需要具体地掌握PC端的流量大小、无线端的流量大小、不同渠道的流量大小，如站内流量、站外流量、直通车流量，等等。知道了流量大小后，还需要知道不同渠道流量的质量，即转化率大小、成交量大小、不同渠道访客的停留时间长短、跳出率大小。如此才能全方位掌握流量的指标，进行流量趋势的预测和流量大小的调整。总的原则是，高质量的渠道流量要加大引流力度，低质量的流量渠道要控制引流力度，否则会影响商品及店铺转化率。

2. 客户运营：维护好老客户

数据驱动运营，除了做流量运营外，还需要用数据驱动客户运营，帮助卖家建立与客户之间的关系，增强老客户数量。众所周知，老客户又是转化率最高的人群，老客户数量越多说明店铺积累的优质流量越大。

在电商市场中，每一个客户都会产出多种行为，包括访问行为、浏览行为、页面跳转行为、购买行为、评论行为，等等。根据这些行为为客户建立数据库，并贴上标签，重点找到优质客户，卖家就能更为精准地进行老客户维护和营销。

3. 商品运营：从全店的角度来考虑

网店运营，几乎所有的行为都围绕着商品来进行，所有运营的最终目的都在于卖出商品。商品运营时，卖家需要从全店的角度来考虑，而不是从单一商品的角度来考虑。这就是为什么要通过数据分析将店铺商品分为引流款、利润款、销量款等不同类型的原因所在。整个网店的商品只有相互配合，全店运营才能将店铺的销量和利润提升到最大。

4. 查缺补漏：增加"额外"收入

数据驱动网店运营，还有一个作用便是查缺补漏作用，如发现客服可改进的方面、减小退货率、提高下单－支付率、精准补货节约库存等。这些运营方面，如果不用数据进行分析，卖家很难凭经验找出正确的优化方法。尤其是对于销量大的店铺来说，查缺补漏工作尤为重要。举个例子，某店铺的日销量是7500件，下单－支付率是75%，倘若将下单－支付率提高5个百分点，该店铺的日销量将增加500件，以一个月30天来算，店铺的月销量将增加500×30=15 000件，这是一个十分可观的销量优化。

本章小结

本章讲解的目的在于帮助卖家找到网店运营所需的数据，并且学会分析这些数据。同时还讲解了最简单有效的数据分析工具Excel的操作方法，希望卖家对照本章内容进行数据分析实操，并将知识运用到自己的网店经营中。

第2篇
淘宝和天猫网店数据分析与运营篇

随着现代社会的进步，网店的高速发展以及市场竞争的加剧，无论做哪一行业，都需要对所在行业进行数据、指标体系、市场环境及实现商业预测等系列的分析。数据分析作为当今社会一种卓有成效的新武器，已经开始逐渐进入淘宝、天猫商家的视野中，所谓"想要做好一件事，就需要对它周围的事有足够的了解"，处于21世纪互联网时代，数据的分析与运营策略就显得尤为重要。

第4章
利用大数据分析确定店铺和产品定位

本章导读	知识要点
无论是在线上还是线下，作为商家，都需要对所销售的产品进行一定的分析，如卖女装，是针对女童装、青少年女装还是中老年女装，以及每个年龄阶段针对的不同层次。每个商家都需要对自己的店铺进行定位，从而对产品进行定位，此时，进行数据分析就非常有必要。什么是数据分析？数据分析其实是把一大堆看起来杂乱无章的数据集中、萃取和提炼出来，以找出所研究对象的内在规律。那么，如何才能更好地定位目标人群及店铺的整体发展趋势呢？大家带着这些问题来进行本章内容的学习。	通过本章内容的学习，大家能够把握目标人群的定位，以及店铺风格、定位产品、产品定价，并且能够根据顾客的"思维模式"进行分析，迎合顾客的需求，对症下药，不盲目跟风，从而更好地经营自己的店铺。学习完本章后需要重点掌握的相关技能如下。 ● 利用店铺的消费人群锁定潜在顾客 ● 利用大数据挖掘潜力爆款 ● 利用大数据分析提升店铺页面装修

4.1　消费人群数据分析定位店铺和产品

网店的店铺定位和产品定位，直接影响到消费人群是否会在店铺中购买产品。说通俗点，即消费人群的"气质"要与店铺和产品的"气质"相符，才能成功销售出商品。卖家要做的是，根据目标消费人群的数据分析，找出最精准的店铺定位，销售最符合目标消费者需求的产品。

4.1.1　根据目标消费人群定位店铺风格

网店风格可以说是店铺的脸，决定了消费者是否能记住店铺、是否继续购物行为。如图 4-1 和图 4-2 所示，同样是女装商品，却有着不同的店铺风格。前者给人以浓郁的民族风，在装修配色上使用的是淡雅风格，且附上了极具诗意的文字，文字的字体也选用了飘逸风格的文青字体，很明显这家店铺的目标消费者是有文艺气质、追求理想情怀的人群。而后者在配色上十分鲜艳有活力，字体使用了比较洒脱的奔放字体，其主要消费人群是追求个性、喜欢欧美风的独立青少年。

店铺的风格影响到了商品销售，如果追求欧美风和个性的青少年进入了第一家店铺，就会立刻觉察到这不是他的"菜"，于是关闭页面退出浏览。

图 4-1　复古民族风店铺

图 4-2 欧美时尚风店铺

根据消费人群定位店铺风格，目的就在于让店铺符合目标消费者的需求，在进入店铺后产生"找对地儿"的念头，增加交易成功的可能性。根据目标消费人群定位店铺的方法有两种。

1. 在生意参谋中根据店铺访客定位店铺

对于订购了生意参谋的淘宝或天猫卖家可以方便地使用生意参谋中的"访客分析"，了解自己店铺的目标消费人群，定位店铺装修。

在生意参谋的"访客分析"数据中，将访客分为"未支付访客""支付新买家""支付老买家"3种类型进行数据统计，卖家可以有方向地分析这3种类型访客。分析未支付访客的数据，可以知道哪些访客进店了却没有购买，分析是否是店铺风格不符合他们的需求，导致了客户流失；分析支付新买家的访客数据，需要研究这类访客喜欢的店铺风格是什么，强化这种风格，以挽留更多的买家形成支付；分析支付老买家的访客数据，可以知道在老买家心中店铺的风格定位究竟是什么。尤其是当这3种类型访客的数据统计不一致时，很可能说明卖家的店铺风格定位不明确，需要进行调整。

图 4-3 所示的是某女鞋店铺的访客消费层级数据、性别数据、年龄数据。从支付新买家和老买家的消费层级可以看出，在消费者心中这家店铺的商品区间为"150～275元"，在鞋类中，这个价位属于中等价位的消费。因此店铺风格可以略显"亲民"一些，不用设计成华丽、高贵的风格。但是如果支付买家的消费层级属于高等消费水平，店铺风格就需要让消费者感受到品质。这就像实体购物一样，消费者更愿意在风格华丽的店铺中进行更高的消费。

在图 4-3 中，通过访客的性别可以确定店铺的风格，因为男性和女性的审美是不一样的。女性访客偏多的店铺可以使用的风格有"妩媚""女人味""浪漫"等，而男性访客偏多的店铺可以使用"阳刚""高质量""科技"等风格。

分析访客的年龄，可以根据不同年龄段的人群喜好设计店铺风格。在图 4-3 中，3种类型访客的年龄是一致的，都是"18～25岁"，是青年人群。那么店铺风格就应该符合青年的口味，显得更活泼、时尚。如果这里的年龄段不一致，如未支付访客的年龄段是"31～35岁"，而支付访客的年龄段是"15～25岁"，卖家需要分情况来调整店铺风格。情况一，店铺转化率低，大多数访客进店未达成交易就离开，那么卖家可以试着调整店铺风格，使其符合"31～35岁"人群的喜好；情况二，店铺定位明确，并且店铺转化率高，那么卖家可以强化风格，使其符合"18～25岁"人群的喜好。

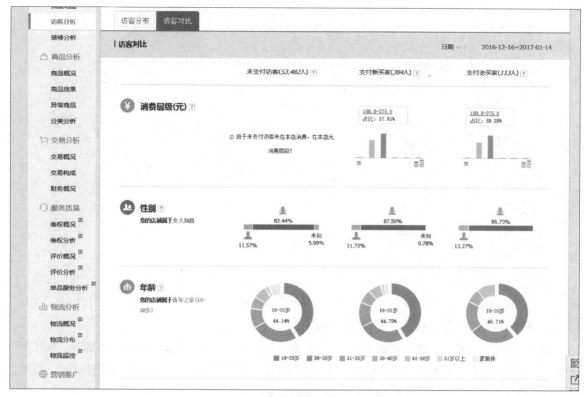

图 4-3 店铺的访客数据

图 4-4 所示的是这家店铺的访客地域、营销偏好、关键词 TOP 数据统计。

根据访客地域分析店铺风格的原理是，不同的地域人群有不同的性格特征、购物喜好。例如，上海消费者喜欢精致、华贵的店铺风格，南方地区的消费者则更喜欢小资情调的店铺风格。在图4-4中，这家店铺未支付访客中，云南省占比最大，云南省消费者的特征多多少少与民族风相关，如果云南省未支付的访客持续增长，卖家可以考虑往民族风方向优化店铺风格，使其更符合消费者喜好，促成转化。同样的道理，如果店铺的支付买家人群分布地域比较稳定，卖家就需要根据这几个地域的人群特征，强化店铺风格。如果有必要，卖家还可以打出地域感情牌，将某地区特有的文化元素、地域元素设计到店铺中，增加消费者的好感。

分析消费人群的营销偏好，可以决定在店铺页面添加什么样的风格元素。如图 4-4 中，未支付访客的营销偏好是宝贝优惠券，为了促进这部分访客达成交易，卖家可以在店铺首页中设置显眼的优惠券领取入口，商品海报风格也可以添加上优惠券相关元素。

分析访客的搜索关键词，尤其是与风格相关的关键词，同样可以找到店铺风格的可优化点。在图 4-4 中，未支付访客的搜索词是"文艺范""典雅气质"，而支付访客的搜索词是"长靴显瘦""休闲长靴"，前者是浪漫风格，后者是实用风格。卖家可以根据不同类型访客数量的占比、访客来源稳定与否，选择其中一种风格进行强化或改变。

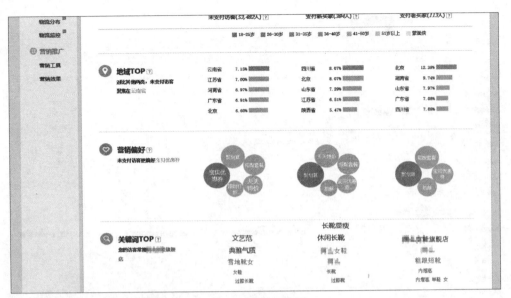

图 4-4 店铺的访客数据

2. 在生意参谋中根据搜索人群定位店铺

在第 1 章中讲到过,数据具有容量特征,所分析的数据基数越大,数据的准确性越高。如果网店开张不久,访客不稳定,积累的访客数据也不多,就不能依靠生意参谋中的访客数据来定位店铺。而是应该从行业的高度出发,分析该行业的搜索人群,进行店铺定位。

图 4-5 和图 4-6 所示的是生意参谋中靴子商品的搜索人群画像,该数据分析思路与店铺访客人群的分析思路一致,核心在于分析商品中的消费者是什么人群,从而设计店铺风格。

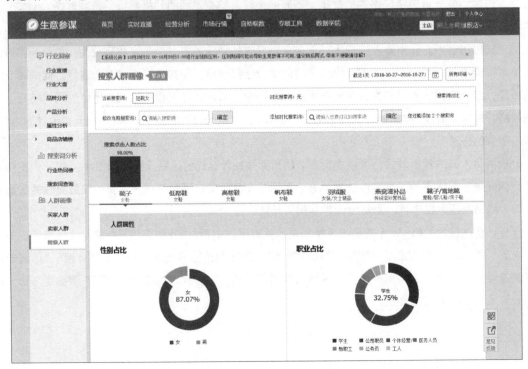

图 4-5 搜索人群画像(一)

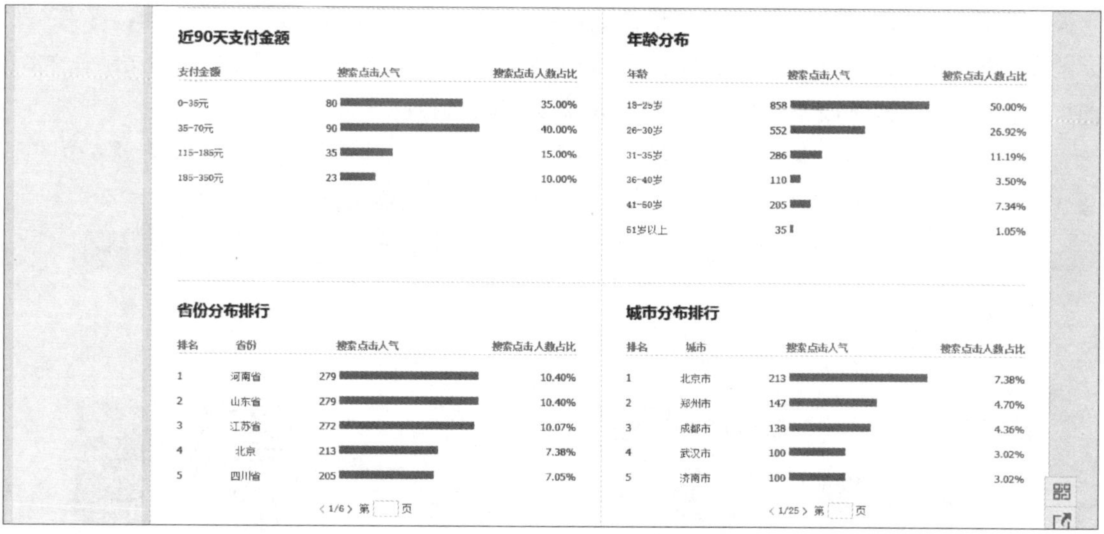

图 4-6 搜索人群画像（二）

问：分析店铺访客数据和行业搜索人群数据，数据的时间选择有何讲究？

答：在本小节中，细心的读者会发现，分析店铺访客数据时，数据的时间选择是 30 天，而分析行业搜索人群数据时，数据的时间选择是某一天。其实这里面是有讲究的。

（1）店铺的访客数据时间选择最好超过 30 天

数据具有容量特征，数据容量太小不容易看出数据规律。因此店铺的访客分析需要选择较长的时间，综合评判一段时间内访客的行为特征。

（2）行业搜索人群数据时间选择可以只为一天

电商行业中，一个行业的搜索人群数量是庞大的，尤其是稳定的大类目行业。因此只看一天的数据信息便能得知行业的消费者人群画像。

4.1.2 根据目标消费人群定位产品

根据目标消费人群定位产品，其目的在于找出目标消费者心中的理想商品，提升商品转化率。很简单，当消费者进入宝贝详情页时，看到的商品正好符合他的需求，转化率自然会增加。根据消费人群定位产品的方法有两种。

1. 分析目标消费者心中的商品模样

卖家经营网店，最好不要凭自己的经验揣测消费者的喜好。例如，一款淑女鞋在卖家心中的理想样子是 A 款式，但是在消费者心中的理想样子却是 B 款式。在这种情况下，卖家盲目销售 A 款式鞋，并定位为淑女鞋，销量自然不会太高。

要想分析商品在消费者心中的理想样子，最直接的方法是到淘宝网站中进行搜索分析。这里需要注意，搜索关键词不能是"女鞋"这种行业大词，因为这种行业大词包含的款式太多，搜索结果多种多样。而是要搜索如"淑女鞋 平底 学生韩版"这种有两个以上限定词的长尾关键词。

图 4-7 所示的是搜索"淑女鞋 平底 学生韩版"关键词后，在人气排序模式下的排名前 4 位的商品结果。从结果中可以得知，学生人群的消费者如果购买平底淑女鞋会买什么样的商品。

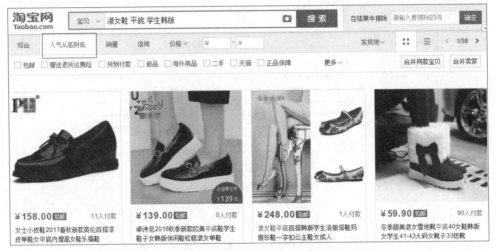

图 4-7　人气排序模式下分析商品在消费者心中的样子

卖家还可以再切换到销量排序模式下，查看销量多的商品款式。如图 4-8 所示，在销量排序模式下，可以看到排名前 4 位的鞋的款式比较统一，说明这个款式的鞋容易被学生消费者购买。

将人气排序和销量排序的结果综合在一起选择既有人气又有销量的商品款式进行销售。

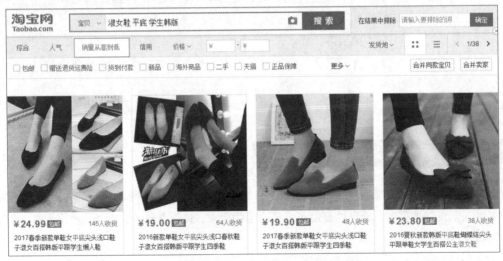

图 4-8　销量排序模式下分析消费者心中的商品模样

2. 分析搜索人群的品牌偏好商品

通常情况下，销售行情稳定的商品类目，其搜索消费者都有品牌、类目等偏好，这种偏好决定了消费者最终会购买的商品，如果能分析清楚消费者的偏好，产品定位也就明晰了。

如图 4-9 所示，在生意参谋的搜索人群画像中，显示的是"靴子"商品的搜索人群品牌购买偏好。根据数据可知女靴商品的消费者更喜欢的靴子品牌。同时也能看到该品牌下的商品款式，有助于产品定位。

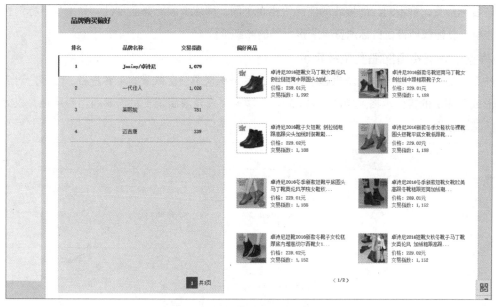

图 4-9　搜索人群的品牌购买偏好

商品的定位不同，所优先选择的类目也不同。所以消费者还需要考察目标消费人群对商品类目的偏好。图 4-10 所示的是"靴子"商品搜索人群的类目偏好。可见靴子的目标消费人群更喜欢在"靴子"类目下购买商品，并且可以看到该类目下交易指数较高的商品款式。如果卖家放在"靴子"类目下的商品款式与这里的商品款式相差太大，很可能就是产品定位有误。

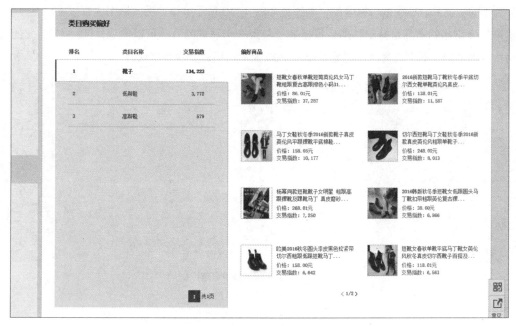

图 4-10　搜索人群的类目购买偏好

4.1.3 根据目标消费人群定位定价

网店目标消费人群不同,能接收的商品价格也不同。网店卖家给商品定价,如果从目标消费者的属性开始分析,就能找到符合目标消费者消费水平的商品价位。

1. 根据店铺消费者的消费金额定价

成熟稳定的网店,其客户资源也趋于稳定,尤其是积累了一定数量的老客户后,老客户对店铺的商品已经形成了固定的接受价格。如图 4-11 所示,卖家需要查看店铺支付访客的消费层级,以此作为商品定价的基本依据。

图 4-11 店铺支付访客的消费层级

如果卖家没有订购生意参谋,也可以通过店铺的订单数据统计出店铺消费者的消费金额分布。图 4-12 所示的是某店铺的部分订单数据,卖家需要关注的是"买家实际支付金额"列,将支付金额中的数据分为不同的商品、不同的价格区间,制作成如图 4-13 所示的统计图。从图中可以发现这家店铺中,如果卖家定位价格的商品是裤子,那么根据裤子最近一个季度的订单可以发现,50 ~ 100 元的价格是最受消费者欢迎的。而毛衣商品,则是 150 ~ 200 元的价格最受消费者欢迎。

	A	B	C	D	E	F	G	H	I
1	订单编号	买家会员名	买家支付宝账号	买家应付货款	买家应付邮费	买家支付积分	总金额	返点积分	买家实际支付金额
2	99410032845			79.00	0	25	79.00	0	79
3	99224584869			128.00	0	30	128.00	0	128
4	88733452284			264.00	0	45	264.00	0	264
5	7.18203E+11			153.00	0	0	153.00	0	153
6	7.18195E+11			15.00	0	0	15.00	10	0
7	7.01042E+11			15.00	0	0	15.00	10	0
8	2.03318E+11			65.00	0	0	65.00	15	65
9	5.0677E+12			45.00	0	0	45.00	15	45
10	5.68239E+11			88.00	0	50	88.00	0	88
11	3183657283			45.00	0	20	45.00	15	45
12	6340079814			87.00	0	30	87.00	15	87
13	5.68543E+11			49.00	0	3	49.00	0	49
14	3151820625			76.00	0	3	76.00	0	76
15	7299070114			85.00	0	0	85.00	10	85
16	2267076943			15.00	0	30	15.00	10	15
17	7.18188E+11			55.00	0	30	55.00	0	55
18	6350028189			32.00	0	3	32.00	0	32

图 4-12 某店铺的部分订单数据

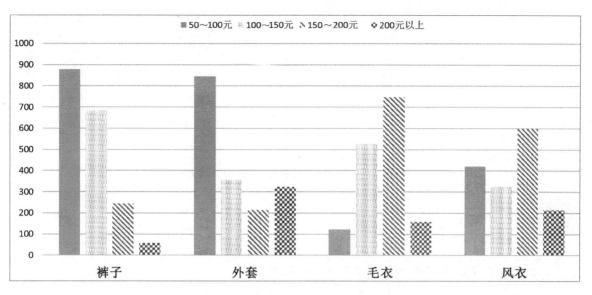

图 4-13 最近一个季度，商品订单价格统计

2. 根据目标消费者的职业定价

如果卖家的店铺没有稳定的消费者，那么可以查看行业的目标消费人群都有什么样的职业特征，毕竟职业决定了消费者的收入，消费者的收入又决定了购买力。如图 4-14 所示，可以看到"低帮鞋"这个商品类目中，"学生"占比最多。由此可以判断，该行业的商品售价不能过高，否则会超出学生消费人群的购买力，从而失去该客户群体。

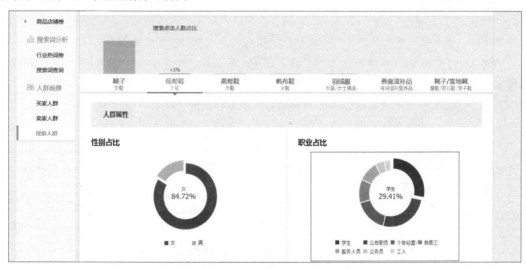

图 4-14 目标消费者的年龄、职业占比

在图 4-14 中，卖家可以继续查看目标消费人群的支付金额大小和年龄分布，如图 4-15 所示，这再次证明"低帮鞋"的主要消费群体是学生，因为年龄偏小，且消费金额较低。大多数消费者的消费金额为"35～70 元"。有了这样的数据分析，卖家就大概知道低帮鞋的定价段位了。

图4-15　查看目标消费人群的支付金额大小和年龄分布

大师点拨7:"用户思维"在网店运营中的重要性

经营网店,最离不开的就是用户,只有用户认为你的东西好,才会买你的产品,从而提高店铺的销量,促使店铺盈利。但是有很多商家在运作店铺时,都是采用"见招拆招"的思路,这样就很难把握住消费者的购物心理,久而久之,就很难再让用户认同他们的产品。消费者在购物过程中是寻求自己所需的产品,商家只有把握好用户的这种心理,才能成功地做好产品的营销工作。那么什么才是消费者需求的产品呢?这就需要商家了解用户的思维,根据用户的需求卖他们所想要的产品,最终达到营销目的。

网店针对的目标消费群体不同,那么面对的需求也自然不同,这也就决定了所卖产品的不同。例如,如果卖高端品牌的女性职业装,那么这部分群体则会比较看重衣服的款式和质地,针对这样的消费群体,商家就应该更注重在产品的材质和样式方面,找到符合这些消费群体的款式,而在价格的取舍上,尽量选取价格稍高一点的产品。但是如果商家卖的是低端的女性T恤,那就要考虑消费者的实际消费能力,尽量选择一些性价比比较高的产品。

因此,通过了解用户的需求,去思考他们到底是怎样想的,他们到底想买一件什么样的产品,最终来确定自己店铺的产品构成。大家经常听到的一句话"顾客就是上帝",虽然顾客不一定全是上帝,但是这句话是有一定道理的,作为商家,目的就是把产品销售出去,而只有当用户对产品产生需求时,才能把产品卖出去。所以,想要将店铺长久做下去,商家就需要不断地了解用户的心态、想法,这样才能更好地抓住更多的用户。

4.2 利用大数据挖掘店铺的潜力爆款

相信很多商家都想打造属于自己店铺的产品爆款,刚开始,可能由于比较心急,就随意选择了一些产品作为爆款打造,然后上架销售后发现,这样的产品通常很难打造成爆款,为什么呢?因为打造爆款也是需要遵循市场规律的,也就是要迎合大众的喜爱和需求。有的商家会问,那怎样才能知道用户喜欢什么样的产品呢?这就需要根据现有的数据来分析市场,从数据中推测出哪些能够成为爆款产品,这样打造出来成为爆款产品的概率就会高很多。

4.2.1 潜在爆款的基本要素

在打造爆款前,有很多的步骤是需要商家去操作的;如在这之前就有选款、测款、定款的步骤,那如何做好选款、测款、定款呢?下面就给大家进行讲解。

1. 选款的时间

选款时间要早,越早选好款就越好销售,切勿等到竞争的产品都已经进入热销的状态,这时候再去选款,要知道,(爆款也是有一定的周期性的),那时候就很难再抢到优质的流量了。

市场上销售的产品,一般是分成两大类。一类是极受季节因素影响的产品,如服装类。针对不同的天气,热销产品的时间段也是不同的,夏季,短袖比较畅销,冬季,羽绒服、加厚毛衣比较畅销。这一类的产品就具有明显的周期性和明显的淡旺季。而另一类产品,如女包、灯具等,销售时受季节性的影响就会少很多,几乎没有明显的销售淡旺季,年度销售趋势也相对较平稳。

对于有明显季节性的产品,选择的时间就必须在产品准备销售之前完成。例如,每年6月左右是T恤最热销的时间段,那么商家就应该在二三月的时候做好相关准备,越早做准备,就有越多的时间来测试选择的产品是否能够打造为爆款。对于季节性不是很明显的产品,选款时间是没有明确限定的。

2. 选款的阶段

产品选款一般分为3个阶段,分别是初选、测款和定款。

(1)初选

初选指的是在店铺内或市场的众多产品中,选择几款产品作为主推潜力款。在初选时,需要注意选款的方式。

① 可通过钻展投放、店内集中推荐、老客户投票等方式进行初步选择;还可以用其他方式或从其他维度进行初选,如产品的流行元素设计,通过评判不同产品的点击率、收藏率、投票数等方式,筛选出一部分具有潜力的产品。

② 在初选阶段,利用数据进行潜力爆款选择是比较靠谱的方式。如果卖家店铺中没有理想的候选商品,可以通过市场数据分析,分析不同商品的市场容量、销量、消费者的购物态度等指标来进行选择。如果卖家的网店是一家成熟稳定的店铺,且商品经营状态好,那么可以从中选择潜力爆款进行打造,其思路是分析商品的跳失率、转化率、收藏率、销量等指标,综合评定出潜力爆款。从市场和店铺中找到理想商品是本小节要重点讲解的内容。

(2)测款

测款,指的是对之前的选款产品进行销售测试。可以通过直通车测款,或者通过用户的消费反馈对产品进行综合评估,为最终的定款提供一定的数据支持。在测款时,卖家需要关注的是商品在销售过程中的收藏量趋势(代表了潜在客户人群的数量)、销量趋势(代表了商品的销售潜力)、客单价趋势(代表了客户是否愿意一次性购买多件商品)、转化率趋势(代表了商品的销售潜力)。如果这些指标的趋势是上升的,那么按照这样的节奏打造爆款问题不大,反之卖家就要思考是选款出了问题,还是销售策略出了问题。

(3)定款

定款指的是根据测款积累下来的数据指标,然后再进行综合的筛选,对其中哪些产品的表现是比较好的，哪些产品在未来更具有成长的空间，都是需要网店商家们思考的，然后再进行综合排序，最终选择1～2款产品作为店铺的主力产品进行推广销售。这是选款不能缺漏的要点。

3. 选款的六大核心指标

通常情况下，不同品牌、店铺的定款维度都会有所不同，但是以下六大核心指标需要引起商家的重视。

（1）点击率

点击率是点击量与展现量之间的比例。点击率直接反应了买家对这款宝贝的兴趣度。点击率越高的宝贝，在相同的展现量下，可以带来更多的流量，更容易推广。

（2）收藏率

收藏率是收藏量与访客数之间的比例。收藏率反映了这款宝贝的潜力，收藏率越高说明潜在的买家越多。后期转化为成交的客户的可能性就越大，为中后期的产品爆发形成铺垫。

（3）转化率

转化率是所有到达淘宝店铺并产生购买行为的人数和所有到达淘宝店铺人数的比率。转化率直接反映了买家对这款宝贝的接受度。想要获得更高的转化率，就需要利用不同的推广方式来获得更多的销量，形成转化率，这也就意味着该产品更容易卖出去。

（4）好评度

客户每购买一个产品，待确认收货后对该产品进行分值的评分，包括评价、退换货比率、客户感官体验等，都是会直接影响到后期的转化率、回头率的关键要素。

（5）流量价值

流量价值能体现一个产品对于流量的使用效应。流量价值越高的宝贝，其对于店铺的销售与成长意义就越大。

（6）流量成本

流量成本与行业竞争度有直接关系，流量成本越低的宝贝，其单品打造时的投入越可控，利润率也越高。

4.2.2 从市场容量开始分析

其实，很多卖家都是凭借着自己在整个运营操作环节中一点一滴的积累才走到今天。对于影响收益的各个环节需要进行严格的控制，无论是在团队建设，还是在产品运营中，都需要有明确的方向，然后在日常运营中，通过对数据的抓取发现问题，并想办法解决问题。在经营某个行业类目中，商家需要对该类目在整个行业的发展趋势进行分析。

一款商品能够打造成爆款，与它的市场容量是分不开的。所谓市场容量指的是商品在市场中的人群需求量，容量越大，需求量越大。如图4-16和图4-17所示，同样是鞋类商品，销量却大大不同。靴子商品由于需求的人群大、有市场容量，所以销量动辄上万。而木屐商品的消费人群就不如靴子商品多，即使销量靠前的商品，销量也不过数百件。也就是说，如果卖家选择的潜力爆款商品是靴子，可以期望销量上万，但是如果选择了木屐商品，行业最优秀的卖家也仅有338件的销量，要想打造出销量上万的木屐商品，可能性接近于零。

再看"黄钻爱买店铺"的商品数量，靴子商品超过了 500 件，而木屐商品只有 57 件。这就说明很多卖家在选择商品销售前是调查过市场的，卖家会更倾向于选择有市场容量的商品。

图 4-16 销量靠前的"靴子"商品

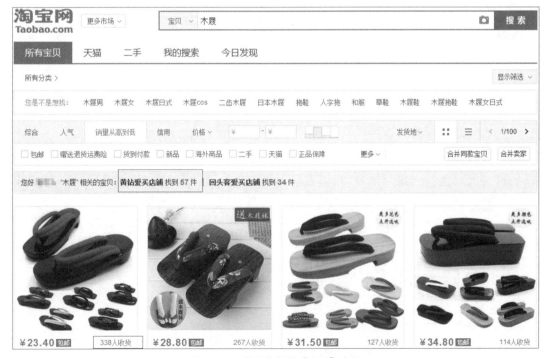

图 4-17 销量靠前的"木屐"商品

分析商品的市场容量，在第 1 章中有过比较详细的讲解，下面进行一些补充。卖家除了可以在生 e 经中大致了解不同类目商品市场总销量外，还可以通过生意参谋观察市场容量的走势。毕竟商品一时有市场不代表一直会有市场，找到市场容量趋势向上的商品，是打造爆款的基本法则。图4-18和图4-19所示的是吊灯商品的部分指标趋势，这些指标数据显示了这类商品的市场容量走势。

分析商品的搜索人气趋势，可以了解消费者对这款吊灯商品的关注程度，从图4-18中看出，搜索人气略有下降，不是好兆头。分析商品的交易指数和卖家数，可以了解销量趋势，从图中可以看到，交易指数下降，卖家数略微上升。

再看图4-19中的访客数和搜索点击人数，均呈下降趋势，而收藏人数略微上升。访客数和搜索点击人数下降，说明商品的消费人群在减少，收藏人数略微上升说明有少量消费者会在将来的时间段关注吊灯商品。综合来看，收藏人数的上升幅度小于访客数和搜索点击人数的下降幅度。吊灯商品的市场容量并不理想。

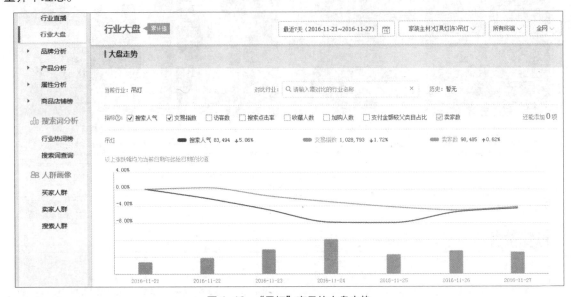

图4-18 "吊灯"商品的大盘走势

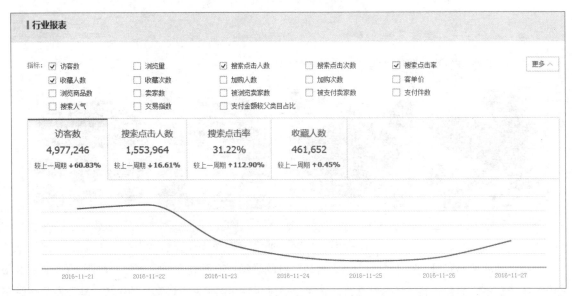

图4-19 "吊灯"商品的行业报表

问：找到市场容量大且趋势上升的商品，是否可以开始进货打造爆款？

答：有的网店卖家在分析商品的市场后，发现容量大且容量趋势上升的商品就会立刻进货开始爆款打造。事实上，卖家还需要考虑进货渠道，分析自己有无货源优势。

（1）离货源的距离。

网店的物流决定了爆款的成败，尤其是新兴的商品市场，哪位卖家离货源近，能第一时间上架销售商品，就能抢占爆款商品的先机。反之，离货源较远的卖家由于物流时间、补货时间过长，会导致竞争力缺失。在网店市场中，存在"羊群效应"，即一款商品卖爆，后面的卖家会跟着购买这款商品，对其他销量较低的商品则不考虑。

（2）进货的成本。

销售同一款商品的卖家，进货成本不同，售价也不同。在网上市场中，消费者比价容易，售价更低的卖家会相对更有优势。因此卖家发现有市场容量的商品，要去分析自己是否能找到厂家生产商品，或者自己的厂家是否能生产商品。卖家的成本优势越大，爆款打造的成功性也就越大。

4.2.3 分析产品销售趋势

分析产品的销售趋势需要商家从产品的信息统计、价格指标、加购指标、下单指标、支付指标等方面进行分析，从而更清晰地了解产品目前的销售状况，还可以了解消费者对价格、颜色、功能等方面的喜好，为店铺在价格策略、营销策略、产品库存管控等方面提供判断依据。帮助商家找准商品定位、目标消费人群、优化商品结构、提升整店单品转化率。

以前，商家想要知道哪个产品的颜色、价格、款式会更受消费者欢迎，常常是一件很头疼的事情。但现在在淘宝后台数据"生意参谋"中，商家可以通过某个单品数据的分析，轻松地了解到这些信息，这极大地提升了商家对商品的把控能力。现在淘宝上的新功能越来越多，无论是给买家还是卖家都提供了一定的便利，数据的清晰化给商家带来更具体的产品数据，从而更好地找对方向，向前冲刺。

产品销售分析由数据来源、订单指标、加购指标三部分组成，可以全方位了解单个产品整体的销售、价格、颜色、结构等，并了解消费者的购物趋势，如图 4-20 所示。

那商家应该如何查询单个产品呢？首先进入专题工具下的单品分析模块，生意参谋提供了 3 种查询的方式：单品链接查询、系统推荐查询、最近浏览查询，如图 4-21 所示。

接下来，给大家解释一下这 3 种查询方式的具体由来。

① 单品链接查询，商家可以通过复制本店铺宝贝链接查看到该宝贝下所有产品的数据。

② 系统推荐查询，这是系统依据最近浏览量排名前三的宝贝显示的页面，可以快速查看该宝贝的相关数据。

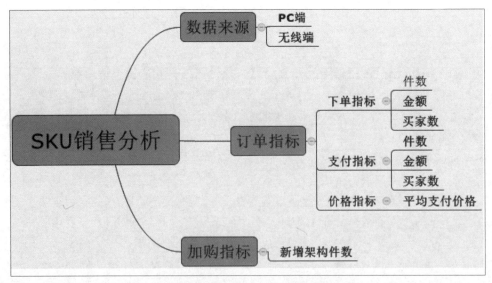

图 4-20 单个产品分析的相关指标

图 4-21 查询单个产品的界面展示

③最近浏览查询,这是系统依据最近浏览的宝贝记录显示的页面,可以快速查看该宝贝下的相关数据。

接下来商家就可以分析单个产品的销售情况,现在以"台灯"为例,如图4-22所示,可以看到这款产品这7天的销售情况有明显的变化(时间段自己是可以调整的)。从图4-23中更能清晰地看到这款产品每个SKU的销售数据。

通过以上产品及产品各个SKU销售数据分析,可以验证该产品的开发策略是否有效、单品营销策略是否对引流起到作用、价格体系是否合理。还可以帮助商家发现产品中的潜力爆款,为足够多的产品提供强有力的市场依据,从而进一步提升整店商品的动销率。

前面讲到过单个产品的SKU数据指标分为3个部分:数据来源、订单指标、加购指标。下面就给大家讲解一下各个指标的具体含义。

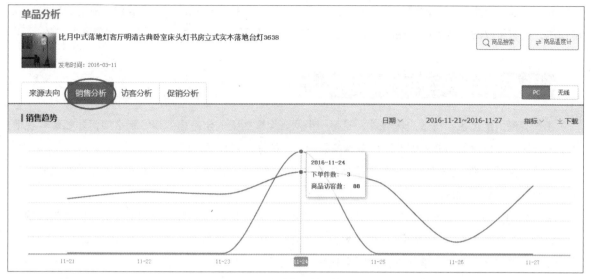

图 4-22　单个产品销售情况分析

SKU信息	价格	当前库存	新增加购件数	下单件数	下单买家数	支付件数	支付买家数	操作
落地灯	2,760	45	31	3	1	3	1	查看趋势
台灯	1,196	10	4	0	0	0	0	查看趋势

图 4-23　单个产品 SKU 销售数据

（1）数据来源

淘宝、天猫目前的后台系统把总体流量分成了 PC 端和无线端。商家可以对 PC 和无线两个终端上各个指标进行统计和分析，以及进行数据对比，从而可以对单个产品的 SKU 销售趋势进行跟踪和优化。

（2）订单指标

订单指标总体分为 3 个部分：加购指标、下单指标、支付指标。

● 加购指标，指的是消费者加入购物车的宝贝件数。

● 下单指标，指的是系统记录的消费者提交购买单个产品 SKU 的下单件数、下单金额、下单买家数。

● 支付指标，指的是系统记录的购买单个产品 SKU 后完成支付的订单件数、支付金额和支付买家。

生意参谋中单个产品的 SKU 销售情况，统计了多个方面的数据，供商家进行该产品的发展趋势分析及决策判断。在进行单个产品 SKU 分析时，商家要依据不同的运营问题结合多个指标数据进行分析判定，才能够对产品打造爆款提供更多的依据。那么，多个指标数据中是哪些指标数据需要让商家去分析呢？对产品的定价问题是否合理、颜色是否受欢迎、结构是否合理、营销是否足够有效、销售趋势的分析、访客行为等都需要进行有力的分析。例如，该产品加购人数和下单人数都是比较多的，但是支付人数却很少，那这个时候就需要去分析，为什么支付的人数会很少呢？是因为价格原因还是其他的原因呢？商家可以结合平均支付的价格指标来佐证判定，如果是价格高，就说明消费者对产品的价格是比较敏感的，商家可以适当地调低价格，或者通过送满减、优惠券等促销方式，促成消费者最终的付款。

4.2.4 指标综合分析找出店铺爆款

挑选有潜力的商品，打造店铺爆款，是每一个网店卖家需要周全考虑的事。那么如何才能最客观地挑选出最能打造成爆款的商品呢？同样要靠商品的多个指标进行数据分析。

在分析数据之前，先来思考一下宝贝要成为爆款需要有哪些条件。图 4-24 所示的是挑选爆款宝贝需要分析的 5 个数据维度。

首先是浏览量。没有流量的宝贝是具备爆款宝贝基本潜质的，但是流量越大的宝贝就能成为爆款宝贝吗？换一个角度思考，一款宝贝，它的流量已经是全店宝贝中流量最大的了，但是销量却处于中下水平，也就说明了这款宝贝的转化能力在流量达到顶峰的情况下也只能处于全店的中下水平，是不适合用来打造爆款的。所以爆款宝贝不应该是全店流量最大的那款宝贝。由于浏览量数据具有很大的权重，所以流量数据将最后分析。

人均停留时长代表了访客对这款宝贝的感兴趣程度，人均停留时长越长，证明这款宝贝越能吸引访客。

跳出率与转化率同样都说明了宝贝被销售出去的概率。爆款宝贝一定选择跳出率低、转化率高的宝贝。

收藏量则代表了一款宝贝被多少买家关注，关注的买家越多，这款宝贝就越有可能在后期增加销量。所以选择潜力爆款宝贝不得不看它的收藏量大小。

图 4-24　挑选爆款宝贝进行分析的数据维度

利用宝贝的浏览量、人均停留时长、跳出率、转化率、收藏量 5 个维度的数据分析爆款宝贝的方法步骤如下。

第1步 降序排序人均停留时长数据并标识。由于人均停留时长越长越好，因此现在先筛选出停留时长较长的宝贝。如图 4-25 所示，右击"人均停留时长"单元格，在弹出的快捷菜单中选择"排序"选项，接着再在级联菜单中选择"降序"选项。

对于降序排序后的"人均停留时长"数据列，卖家可以根据自己店铺的平均数据进行选择。例如，这里选择那些停留时长大于 100 秒的数据作为优质数据，将这些数据的单元格用显眼的颜色进行填充，如图 4-26 所示。

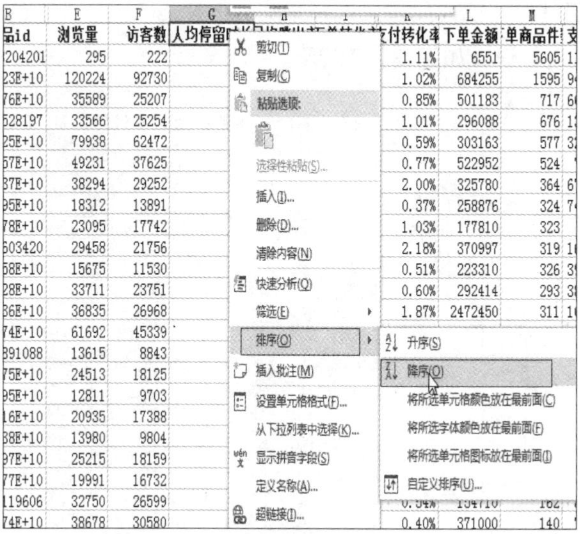

图 4-25 对人均停留时长降序排序

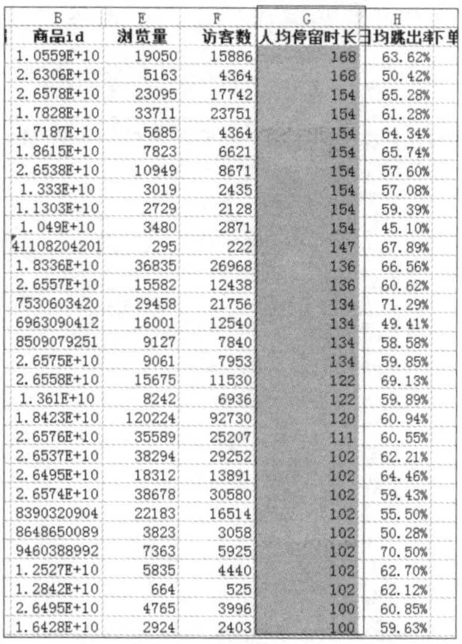

图 4-26 选择数据范围进行标识

第2步 升序排序跳出率数据并标识。跳出率数据自然是越小越好，所以要进行然后升序排序。如图 4-27 所示，右击"日均跳出率"单元格，在弹出的快捷菜单中选择"排序"选项，然后再在级联菜单中选择"升序"选项。

对于升序排序后的跳出率数据，卖家同样要根据自己店铺平均水平进行优质数据范围的选择。例如，这里选择跳出率小于 60% 的数据为优质数据，所以这里将"日均跳出率"小于 60% 的单元格用显眼颜色填充，如图 4-28 所示。

图 4-27 对跳出率进行升序排序

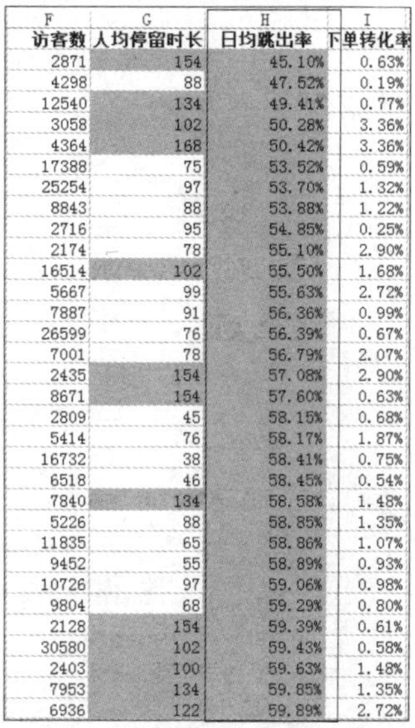

图 4-28 选择数据范围标识（日均跳出率）

第3步 对转化率数据进行降序排序并标识。宝贝的转化率数据越大越好，所以这里需要进行降序排序。如图 4-29 所示，对"支付转化率"数据所在列进行降序排序。

转化率数据降序排序后，选择优质数据范围进行标识，如这里选择那些支付转化率大于 1% 的数据为优质数据。将这些数据所在单元格使用显眼颜色标识，如图 4-30 所示。

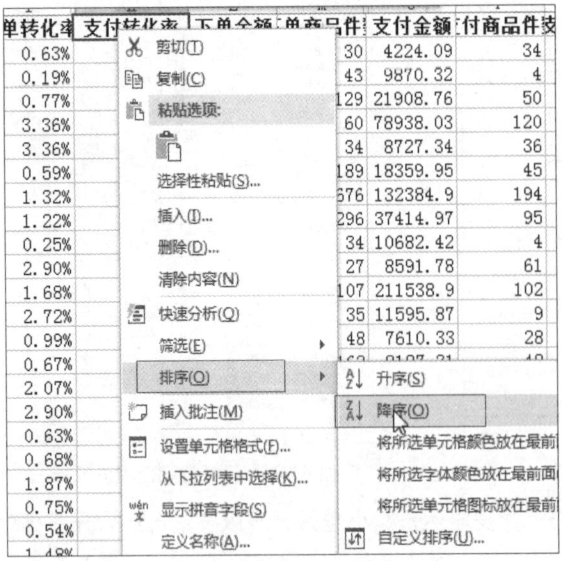

图 4-29　对转化率数据进行降序排序 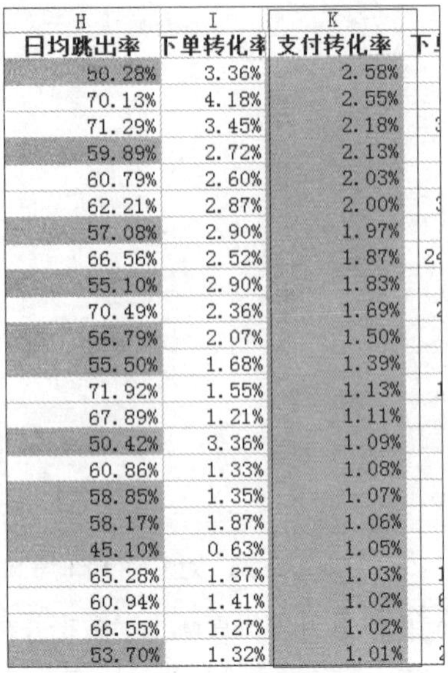　　　　　　图 4-30　选择数据范围标识（支付转化率）

第 4 步 对宝贝收藏数据进行降序排序并标识。宝贝的收藏量自然是越大越好，所以这里还需要对收藏数据进行降序排序。如图 4-31 所示，右击"收藏数"所在单元格，在弹出的快捷菜单中选择"排序"→"降序"选项，对其进行降序排序。

对于排序后的收藏量数据，卖家同样要根据全店平均水平选择优质数据范围。例如，这里选择收藏量大于 1000 的宝贝为优质宝贝，那么就将"收藏数"大于 1000 的单元格使用鲜艳颜色（如橙色）标识，如图 4-32 所示。

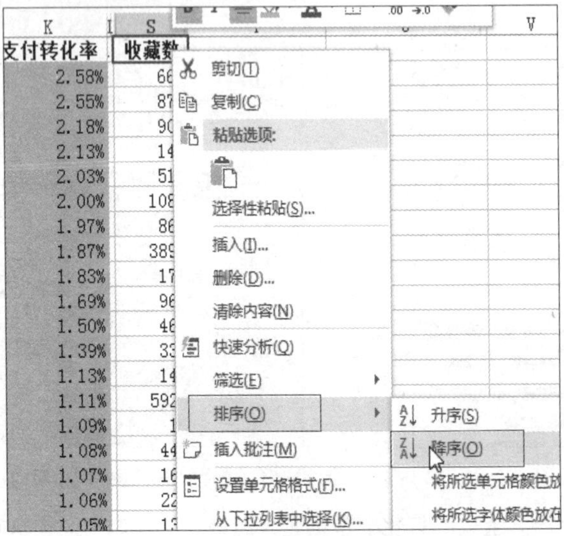

图 4-31　对收藏数降序排序 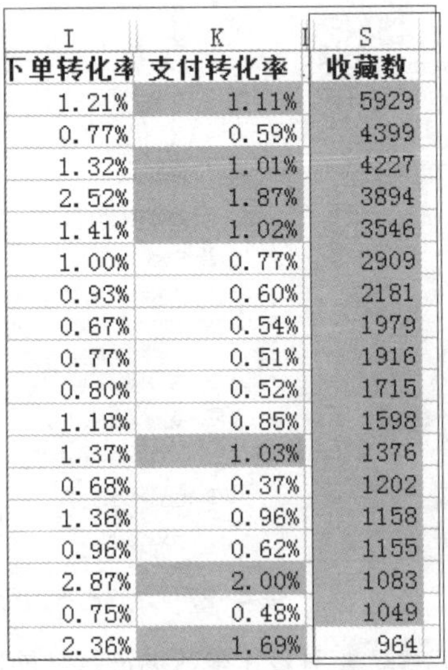　　　　　　图 4-32　选择数据范围标识（收藏量）

第 5 步 计算权重分数。现在已经完成了人均停留时长、日均跳出率、支付转化率、收藏数 4 个维度的数据筛选。那么这4个维度数据都符合要求的宝贝，自然就是优质宝贝了。但是现实与理想差距很大，很多中小卖家店铺中很难找到同时符合各个维度数据要求的宝贝，这时就加入了一个"权重分数"的概念。假设在这4个维度中，有一个维度符合要求，权重计分为1，按照同样的道理，有两个维度符合要求，权重计分为2。图4-33所示的是进行权重分数计算的数据列。

F	G	H	I	K	S	T
访客数	人均停留时长	日均跳出率	下单转化率	支付转化率	收藏数	权重分数
222	147	67.89%	1.21%	1.11%	5929	3
62472	65	62.66%	0.77%	0.59%	4399	1
25254	97	53.70%	1.32%	1.01%	4227	2
26968	136	66.56%	2.52%	1.87%	3894	3
92730	120	60.94%	1.41%	1.02%	3546	3
37625	88	68.90%	1.00%	0.77%	2909	1
23751	154	61.28%	0.93%	0.60%	2181	2
26599	76	56.39%	0.67%	0.54%	1979	2
11530	122	69.13%	0.77%	0.51%	1916	2
9804	68	59.29%	0.80%	0.52%	1715	2
25207	111	60.55%	1.18%	0.85%	1598	2
17742	154	65.28%	1.37%	1.03%	1376	3
13891	102	64.46%	0.68%	0.37%	1202	2
15886	168	63.62%	1.36%	0.96%	1158	2

图4-33 计算权重分数

第6步 降序排序权重分数。由于权重分数越大越好，所以这里将计算出来的权重分数进行降序排序，如图4-34所示。然后将超过3分的权重分数单元格进行标识。

第7步 升序排序流量数据列。到这一步已经完成了除流量数据外的所有数据维度筛选，所以这时就可以将流量数据考虑进来，筛选优质宝贝了。而前面说过流量最大的宝贝，可提升的空间很小，所以流量数据要进行升序排序。如图4-35所示，对"浏览量"数据所在列进行升序排序。

图4-34 对权重分数降序排序

图4-35 对流量数据升序排序

第8步 找出潜力款宝贝。通过前面的步骤筛选后的数据图表如图4-36所示。这时可以看到，第2行和第3行的宝贝浏览量均在500以下，尤其是第2行的宝贝，它的权重分数是3分，属于比较高的分数。但是这样的宝贝并不是潜力款宝贝，因为流量太小。这就是为什么"浏览量"数据是要最后进行排序的数据，它没有一个标准来说明流量是越大越好，还是越小越好。所以需要卖家根据店铺实际的经营状况，人工进行筛选。

总的来说，浏览量不算大、人均停留时长长、跳出率低、支付转化率高、收藏数大的宝贝自然是首选。例如，图中第 7 行的数据，它就满足这 5 项数据维度的要求，所以这款宝贝可以进行重点跟进监督，打造成爆款宝贝。

除此之外，就是选择那些流量不算大，但是也不是太小，而权重分数又比较大的数据，如图 4-36 中的第 10、12、18 行的宝贝，权重分数都比较高。这些宝贝都很有可能被打造成爆款。

	A	B	E	F	G	H	I	K	S	T
1	所属终端	商品id	浏览量	访客数	人均停留时长	日均跳出率	下单转化率	支付转化率	收藏数	权重分数
2	所有终端	41108204201	200	222	147	55.23%	1.21%	1.11%	150	3
3	所有终端	1.2842E+10	432	525	102	62.12%	0.88%	0.44%	155	1
4	所有终端	1.1303E+10	2729	2128	154	59.39%	0.61%	0.37%	271	2
5	所有终端	1.0775E+10	2864	2174	78	55.10%	2.90%	1.83%	177	2
6	所有终端	1.6428E+10	2924	2403	100	59.63%	1.48%	0.57%	314	2
7	所有终端	1.333E+10	3019	2435	154	57.08%	2.90%	1.97%	2500	4
8	所有终端	1.7394E+10	3407	2716	95	54.85%	0.25%	0.13%	109	1
9	所有终端	1.05E+10	3470	2809	45	58.15%	0.68%	0.44%	327	1
10	所有终端	1.049E+10	3480	2871	154	45.10%	0.63%	1.05%	132	3
11	所有终端	1.254E+10	3597	2986	68	60.47%	0.78%	0.69%	101	0
12	所有终端	8648650089	3823	3058	102	50.28%	3.36%	2.58%	660	3
13	所有终端	1.8476E+10	3978	3244	84	66.55%	1.27%	1.02%	452	1
14	所有终端	2.6088E+10	4401	3484	59	65.09%	0.39%	0.20%	454	0
15	所有终端	2.6495E+10	4765	3996	100	63.36%	0.32%	0.19%	179	1
16	所有终端	2.654E+10	4767	3689	99	61.09%	0.35%	0.21%	410	0
17	所有终端	1.8109E+10	5087	4298	88	47.52%	0.19%	0.11%	248	1
18	所有终端	2.6306E+10	5163	4364	168	50.42%	3.36%	1.09%	17	3
19	所有终端	1.8615E+10	5208	3911	38	60.79%	2.60%	2.03%	512	1
20	所有终端	1.7187E+10	5685	4364	154	64.34%	0.52%	0.32%	931	1
21	所有终端	1.2527E+10	5835	4440	102	62.70%	0.00%	0.00%	83	1
22	所有终端	1.7849E+10	6232	4886	65	71.92%	1.55%	1.13%	145	1
23	所有终端	2.6554E+10	6504	5226	88	58.85%	1.35%	1.07%	163	2
24	所有终端	9275779251	6721	5667	99	55.63%	2.72%	0.29%	124	1
25	所有终端	2.6512E+10	7024	5414	76	58.17%	1.87%	1.06%	228	2

图 4-36　进行筛选后的宝贝结果

问：挑选潜力爆款商品的误区是什么？

答：网店卖家选择潜力爆款商品，最终以失败结束，很可能是走入了爆款挑选的常见误区。

（1）认为流量大、销量大的商品是潜力爆款商品

很多网店卖家会从店铺中挑选商品进行爆款打造，卖家通常的思路是寻找流量最大、销量最大的商品。事实上，用这种思路很容易选到处于"瓶颈"期的商品。对于网店卖家来说，每一款商品都是店铺的核心，都需要倾注心血。那么在倾注了大量心血的前提下，不少商品的流量和销量已达峰值，这时要想再提高，将其打造成爆款，十分困难。

（2）忽视转化率、收藏量、人均停留时长

商品的转化率、收藏量、人均停留时长代表了消费者对商品的感兴趣程度。新品上架之初，流量和销量与店铺其他商品相比，都不算最大。这时卖家要分析商品的转化率、收藏量和人均停留时长。这3项指标均比较高的商品才是有潜力的商品。试想一下，一款上架不久的商品，其转化率、收藏量和人均停留时长都是店铺最高，那么卖家再努把力为这款商品引入更多流量，销量岂不水是涨船高。

4.3 利用大数据分析提升店铺页面装修

网店门面装修是非常重要的，好的门面装修不仅可以给商家带来巨大的流量，还能够给顾客传达店铺的特色、风格及产品理念。一个装修质量好的店铺，能够在视觉上提高品牌价值，进而提升客户的黏性。装修店铺并不是弄的五颜六色、绚丽多姿就是好的，商家需要通过数据分析来证明如此装修是否有效果，因为通过数据可以发现更多问题，如哪些模块是用户比较感兴趣的，哪种颜色更适合店铺装修等。因此，装修店铺已经是网店商家需要考虑的事情，考虑什么呢，应该考虑的是店铺风格、细节如何才能吸引更多的消费者。而店铺装修绝不仅仅与审美相关，还与数据相关，卖家可以通过数据分析出装修中的可优化之处。本小节给大家讲解如何通过大数据分析提升店铺的装修，从而给店铺带来更多的浏览量，促使店铺转化率提升。

4.3.1 店铺页面分类

在淘宝网店中，可以把店铺的首页装修得非常漂亮，对于同类型、同风格的产品，还可以单独制作属于这一风格的页面，这就是自定义页面，商家可以通过后台的卖家中心——店铺装修（店铺管理模块）进入页面，然后单击"新建页面"按钮就可以设置出多个二级页面，如图 4-37 所示。设置二级页面，可以让店铺同类型风格的产品形成统一，顾客能够更方便地了解店铺特色。例如，创建二级页面，可以在首页放置一张图片，并附带链接，导入想导入的二级页面。如图 4-38 所示，在店铺首页可以通过图片链接点击进入二级页面。

图 4-37 店铺自定义页面装修

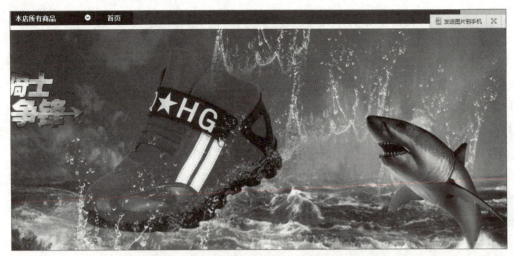

图 4-38　通过首页的图片链接点击进入二级页面

现在，不仅可以在 PC 端设置二级页面，无线端同样也可以设置二级页面，随着社会的发展进步，越来越多的人和手机形影不离，手机店铺的销量在整体店铺销量中的占比也在不断增加。所以，商家应该注重无线端的流量，而且应该考虑到增加客户访问店铺的深度关键点就在于店铺中各个页面之间的跳转要符合买家的需求。所以，卖家在装修无线端淘宝店铺时，一定要设置装修二级页面。并且在设置二级页面中，商家一定要注意坚守一个原则，那就是所设置二级页面的产品需要匹配特定的信息，如节日、主题、活动等。相关的二级页面才能更有效地将浏览量转化为销量，从而提升转化率。

如图 4-39 所示，图中展示的是一家主营“家居主材”类目的店铺，该店铺就设置了多个自定义的二级页面，分别有性感夜 – 布艺灯专区、巢居风 – 东南亚专区、陶瓷专题等，这充分地展现了该店铺明确的分类。那么商家应该如何设置二级页面，才能够给店铺带来更多的流量，从而增加销量呢?

已定制自定义页&承接页

页面名称	页面链接	定制时间	操	
默认 首页	http://shop68648345.taobao.com	默认	点击分布	页面数据
自定义 性感夜-布艺灯专区	http://shop68648345.taobao.com/p/rd372836.htm	2014-01-07	点击分布	页面数据
自定义 巢居风-东南亚专区	http://shop68648345.taobao.com/p/rd257443.htm	2014-01-07	点击分布	页面数据
自定义 陶瓷专题	http://shop68648345.taobao.com//p/rd032658.htm	2015-01-27	点击分布	页面数据
自定义 竹编专题	http://shop68648345.taobao.com//p/rd891274.htm	2015-01-27	点击分布	页面数据

图 4-39　店铺多个自定义页面展示

其一，商家应当把所卖产品的分类做好，不要把不相同的风格、产品等堆砌在一起，这会给顾客造成一种没有统一、杂乱无章的感觉。

其二，商家可以把一些互补性的二级页面放在一起，给客户更多的选择，促成销量的提升。也许有些商家认为，装修 PC 端已经耗费了大量的时间，已经没有更多的精力和时间花费在无线端上了，并且有很多商家认为装修无线端只是为了提升搜索的权重，没有其他用处。事实上，卖家如果把无线端装修做好，并认真设置二级页面，则可以在无线端形成更有效的购物引导，促成买家的二次购买，极大地提升产品的转化率。

4.3.2 店铺页面需要关注的数据指标

如今的互联网时代，早已步入了数据化运营的时期，所以数据化运营成了网店商家的必修课。一般来说，分析店铺页面的数据，需要先采集店铺及整个行业的基础数据，这样才能更好地与自己店铺的数据作对比，如页面的流量情况、跳失率、访客数、点击次数、平均停留时长、引导下单的买家数及引导支付金额等，采集数据不是很难，但是让商家头疼的是"怎么看"数据。许多数据是可以直接在生意参谋中查看到的，但是有很多的数据是在不同的页面里，不能够完整地按照趋势变化去呈现，全凭大脑记忆，对于大部分商家来讲，这是不太现实的，那么应该如何具体分析这些数据呢？其实商家可以稍微地学习下 Excel 的基础操作，然后利用 Excel 对这些基础数据进行加工、提取、组合，从而得到他们需要的结果。

在网店店铺中可以制作多个自定义页面，那么这些页面并不是把它装修好之后，就不去管了，商家需要分析每个页面的访客数有多少，点击率怎么样，平均停留时间多长，等等。

店铺中有多个自定义页面，图 4-40 所示的是某店铺"首页"的相关数据。图中展示的是该店铺近 30 天 PC 端首页的点击效果，从图中可以看到每个数据的数据指标是多少，重点是看访客数、点击人数、

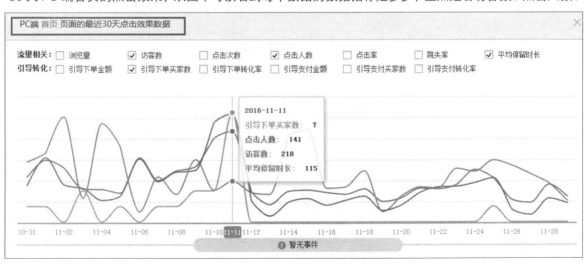

图 4-40 分析首页的数据指标展示

平均停留时长、引导下单买家数。当发现首页访客数下降，首先需要分析的是店铺引流效果是否出了问题，

或者是引流力度下降。当发现点击人数下降时，需要说明店铺首页的设计不够吸引人，需要优化。当发现平均停留时长下降，需要检查首页装修是否最近改动过，如果是，那么这样的改动起到了反作用。当发现引导下单的买家数下降，说明首页的商品广告图设计不够吸引人，首页对买家的购物引导不起作用，需要优化。

4.3.3　店铺页面跳失率深度解析

店铺页面的跳失率原因有多种，不仅仅是因为一个点而导致客户的流失，现在仍以"家居主材"类目的店铺为例给大家解析。图4-41和图4-42所示的是无线端首页店铺的跳失率情况，从图中可以看到，该店铺最近30天的跳失率波动性是极不稳定的，最高达到78.46%，最低为48.96%。

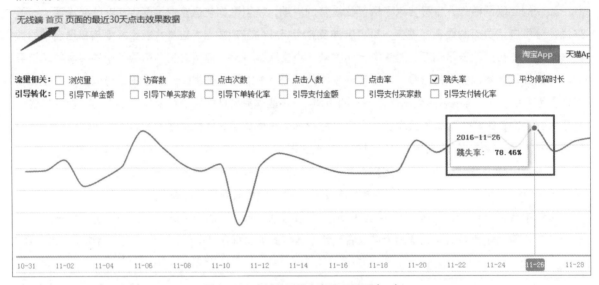

图4-41　店铺首页跳失率页面展示（一）

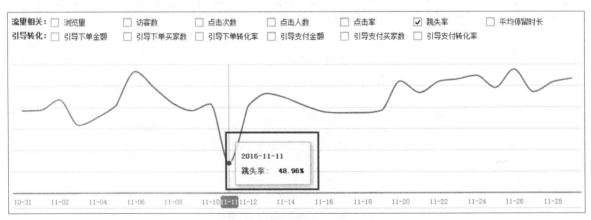

图4-42　店铺首页跳失率页面展示（二）

店铺页面的跳失率，商家需要辨别流量的质量问题，当客户进入店铺时，若只访问了两个页面或更少，说明这种流量基本属于无效流量，没有大的作用；当客户访问店铺时，若最少打开了 5 个页面，说明这种流量属于有效流量，若客户访问 10 个及更多的页面，那这种流量就属于高质量流量，这些都是需要商家了解的。那么商家应如何让客户在网店中打开 5 个页面，甚至提升到 10 个及以上的页面呢？这就需要商家抓住以下核心原则。

（1）客户在网店中的访问深度指的是访问的页面数量多少、访问的停留时间长短。访问深度越高，说明网店的装修对客户越有吸引力，跳失率越低。因此，解决访问深度问题，增加客户的停留时间，才会产生更多的浏览量，从而提高深度访问用户的平均访问页数。

（2）把握 3 个维度，店铺首页及所售产品的视觉、修饰、品质能否给客户营造出一种特定的购物氛围，这将直接影响到客户点击的访问次数。

（3）用创意写故事，在店铺宣传的策划中注入灵性、创意，用语境留客，制造出客户愿意花时间来阅读的效果。

但是，在解决这些问题时，有以下几点需要注意。

（1）品牌故事可长可短，但一定要透着灵性。

（2）配合商品陈列的故事需与品牌风格一致，切勿粗俗、乏味。

（3）注意各元素组合的配置，不要盲目地追求美观，应静态图片、动态图片、文字合理地结合起来。

（4）建立简洁明了、实用易辨识的分类导航。

（5）宝贝详情描述除了固定模块外，还可以自由组合，但内容切勿过长，既要引起买家的兴趣又要考虑其顾客的耐性极限问题。

（6）关联推荐要尽可能丰富，提高顾客的点击率和店铺的停留时间，不要出现虚假促销信息。

本章小结

本章是根据大数据分析确定店铺及产品定位的知识部分，通过本章内容可以了解到什么是大数据，如何定位好目标人群、店铺整体的发展趋势，以及产品及店铺的跳失率等相关问题。

利用大数据分析做好营销优化

本章导读

营销策略在经商的过程中,显得尤为重要,有的商家产品质量、款式都非常好,但就是卖不出去,而有的商家质量及款式都不是很好,但消费者就愿意去购买,这究竟是什么原因呢?本章就依据大数据来分析如何做好店铺整体的营销策划、影响产品的权重因素是哪些,以及如何利用活动促销等方式提升店铺销量。大家带着这些问题来进行本章内容的学习。

知识要点

通过本章内容的学习,读者更能够清晰地知道一个店铺应该怎样去做营销。利用促销手段提升店铺整体的销售量,不能盲目降价促进销量,长时间如此,则会让店铺出现亏损。好的营销方案,足以让店铺长存,学习完本章后,需要重点掌握的相关技能如下。

- 影响产品权重的因素有哪些
- 通过促销活动提升店铺的销售量

5.1　影响产品权重的重要因素

淘宝上有这么多产品,如何决定哪个产品的排名在前,哪个产品的排名在后呢?这就离不开其中的一个因素,那就是权重。店铺有店铺的权重,而店铺的产品也有产品的权重,因为有了相应的权重,店铺、产品的排名才会靠前,才能够有更多的展现量出现在消费者眼前。权重越高,排名越靠前,产品的流量自然就会增多,转化率自然也会提高,因此,店铺中产品的搜索排名权重非常重要,许多商家也为增强产品的搜索权重做了许多准备,但是由于影响产品搜索排名权重的因素有多种,因此,许多商家通常都是盲目地针对一种因素去调整,但调整的结果一般都不理想。

一个产品的综合权重是由店铺权重和该产品权重组成,产品的排名权重也会受此影响,而产品权重是由产品成交记录和收藏量组成的。产品的成交量就是消费者购买产品的数量,产品的成交量越高,该产品的排名就会越靠前,权重就会相应增加。因此,商家还要做好产品的推广,提高店铺的成交量。并且可以利用各种具有吸引力的条件来吸引消费者收藏自己店铺的宝贝,如优惠价、打折、包邮等,收藏量越高的宝贝排名就会越靠前。今天就跟大家分享一下影响产品搜索排名权重的所有因素。大家可以根据每个产品重要程度的不同,逐条优化。

5.1.1　影响产品权重的相关因素

影响产品权重的因素有很多,只有大家清楚相关的搜索影响因素,才能知道如何针对相关因素去解决出现的问题,从而对店铺及产品进行优化,促进产品销售量的提升。影响产品权重的因素主要有以下5点。

1. 产品情况

(1) 关键词是否与产品属性保持一致。

(2) 浏览量及访客量有多少?产品浏览量和访客越多,排名就越靠前(注意浏览量与访客量不同,同一访客多次浏览会产生多个浏览量)。

(3) 产品平均7天增长率有多少?增长率越高,产品排名就越靠前。

(4) 30天销售数据如何?销售量越多,产品排名就越靠前。

(5) 收藏人数、加购人数、好评率越多,产品排名就越靠前。

（6）产品被客户分享的次数越多，排名就越靠前。

（7）每个产品都有一定的上下架周期，离下架时间越短，排名就越靠前。

（8）产品是否开通直通车，开通直通车的产品会比没有开通直通车的产品排名靠前。

（9）产品发货速度、服务态度（动态评分）越好，排名就越靠前。

2. 交易因素

（1）产品二次回购率及二次转化率。

（2）产品退款率及纠纷退款率。退款率越低越好。

（3）退货速度。当客户退货时，需要快速给客户解决退货问题。

（4）投诉率。投诉率最好没有，尽量不要与客户起冲突。

（5）支付宝使用率。一直以来淘宝上最常用的支付方式是支付宝，如果在一个季度内卖家店铺支付宝支付的使用率低于50%，淘宝有权关闭店铺。

3. 旺旺在线时间

旺旺在线时间及旺旺回复时间，客户询问产品，最好能够快速回复客户，使客户能够获得良好的用户体验。

4. 违规

是否有发布禁售信息、虚假交易、滥发信息、出售假冒商品等相关情况，店铺中最好不要出现这种违规情况，否则很容易影响店铺的权重。

5. 宝贝标签

店铺中有标签也是可以增加权重的，如店铺中的公益宝贝、运费险、7天无理由退货、金牌卖家、中国制造、企业店铺、极有家、全球购等，如图5-1所示。产品页面的标签也会影响一定的权重，所以能够加权加标签的，可以去设置下。

图5-1 单品加权的标签展示

以上5点是影响产品权重的相关因素，因此，卖家需要注意不足之处要尽快改善，提高产品性价比，服务好每一位顾客，并且增加旺旺在线时间，注意不要违规，能够添加宝贝标签的要尽量设置，保证产品的基础权重。

5.1.2 影响店铺权重的相关因素

下面讲解影响店铺权重的相关因素,商家可针对这些相关的因素去分析,改善不足之处。

1. 店铺本身资质情况

店铺的资质也是会受一定影响的,对于天猫店来讲,旗舰店 > 专卖店 > 专营店(店铺权重排名情况);对于淘宝店来讲,则是企业店铺 > 金牌卖家 > 普通 C 店(店铺权重排名情况),因此,针对店铺资质,商家都需要有所了解。

2. 是否缴纳消费者保障服务保证金

缴纳消费者保障服务有两种方式:一种是一次性缴纳 1000 元,等到店铺不做的时候,可以申请退还保证金;另一种是直接缴纳 30 元保险服务,不用一次性缴纳 1000 元,但是这种保险服务每年都需要缴纳(针对经营类目不同,保证金的金额也会有些不同),大多数卖家缴纳 1000 元的保证金,如图 5-2 所示。

3. 金牌卖家

销量高的店铺,淘宝会给金牌卖家标志,这也会使店铺的排名靠前,如图 5-2 所示。

4. 店铺信用等级

店铺的信用等级越高,排名就会越靠前,如图 5-2 所示。

5. 动态评分及综合好评率

综合好评率越高,动态评分就越高,店铺排名就越靠前,如图 5-2 所示。

图 5-2 各种标志的展示页面

6. 店铺是否开通直通车推广

淘宝直通车是由阿里巴巴集团下的雅虎中国和淘宝网进行资源整合,联合推出的一种全新的搜索竞价模式。直通车的竞价结果不仅可以在雅虎搜索引擎上显示，还可以在淘宝网（以全新的图片＋文字的形式显示）上充分展示。淘宝直通车目前推出"个性化搜索"服务，所谓个性化搜索，就是搜索同一关键词，搜索结果将根据不同消费者的特征，将商品进行个性化展示投放。直通车以消费者点击图片的次数来收取相应的费用。店铺开启了淘宝直通车，店铺就会加权，排名就会靠前。

7. 店铺销量

店铺销量越多，浏览的人数就会越多，浏览量也就会增多，店铺的排名就会越靠前。

8. 店铺访问深度

店铺访问的深度越深，店铺排名就越靠前。

9. 店铺动销率 = 有销量的商品数 ÷ 店铺总商品数

店铺整体的动销率越高，对店铺的排名就越好。例如，店铺只有一个产品有销量，其他产品都没有销量，那这个店铺就不属于热销店铺。淘宝对于中小卖家有相应的扶持，如新上架的产品，第一周会查看该产品的点击率，点击率高的，排名就会靠前；第二周会查看客户在该产品页面停留时间，停留时间长，说明客户对产品感兴趣，排名就会靠前；第三周会查看该产品的转化率，也就是客户看到该产品是否有购买；第四周会查看该产品的好评率、服务态度（动态评分）。这几项指标都好的话，排名就会靠前。

10. 店铺运营的能力

店铺的装修、主图的修改、标题的优化，以及发货物流服务等，都会作为排名的考查。

11. 投诉

店铺纠纷退款及店铺投诉不允许出现。

12. 店铺二次回购率

客户第一次在店铺中购买了产品，第二次再进行购买，这样就会促成店铺的回购率，回购率越高，店铺排名就会越靠前。

13. 主营占比

店铺经营的主营占比需要大于其他类目占比，店铺排名才会靠前。查看店铺的主营占比，可以单击"店铺的信用等级"按钮，在打开页面的下方，就可以查看到相应的主营占比是多少，如图 5-3 所示。

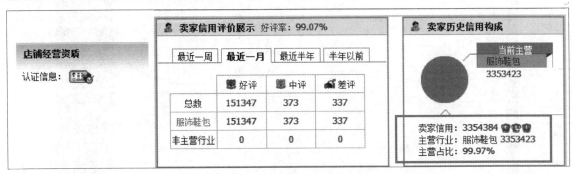

图 5-3　店铺主营占比的展示页面

综上所述，无论是影响店铺权重的相关因素，还是影响产品权重的相关因素，以上就是影响店铺权重的相关因素，都是商家需要掌握的，要针对店铺的不足之处，及时纠正。

问：店铺权重是否会影响新品权重？

答： 商品权重与店铺权重相比，店铺的权重更为重要，卖家不能将精力花在某款商品培养上，而忽视了店铺权重。事实上，权重高的店铺，其新品权重也会随之提高。这就是 A、B 两家店铺同时新上一款同类商品，A 店铺的新品迅速获得好排名，而 B 店铺商品却排名靠后的原因。

分析淘宝的运营机制，会发现淘宝平台一直在鼓励优秀商家销售高质量商品，因此对于表现好的店铺，平台自然会给予支持。

大师点拨 8：利用热点话题吸引进店流量

21 世纪的舆论力量，不容小觑，往往一件很小的事情，通过网络的力量将会无限放大，就好比，"小马云"事件（不清楚"小马云"事件的商家可以百度搜索下），让一个农村的孩子迅速出现在人们的视野中，并且大家都想要了解这个事件。同样，在经营淘宝店铺时，商家同样可以利用热点话题，调动消费者的好奇心，让消费者进入店铺了解产品，从而带来流量，甚至是销售量。淘宝中的"微淘"也是可以利用热点话题吸引消费者的。例如，你的店铺主要经营的类目是针对青年女性，那么发的微淘内容可以是关于娱乐明星、美容知识、时尚穿搭等相关知识及买家秀。如图 5-4 所示，该店铺经营的是女包类目，发送的微淘内容是关于店铺产品的买家秀，通过发布关于娱乐明星相关动态来吸引消费者。从发布的微淘动态来看，该店铺抓住了目标消费人群的喜好，针对消费者关注的热点，发送消费者感兴趣的话题，从而增加消费者对店铺的喜爱与依赖，给店铺带来了一定的流量。

图 5-4 女包店铺发布微淘动态页面展示

许多商家经常会兴致勃勃地准备好发微淘，但是发布微淘要有一定的方式和讲究，下面介绍微淘的发布方法。

1. 微淘发布界面入口

卖家进入后台的"无线运营中心"就可以看到微淘的后台了。如图5-5所示,在微淘后台显示了由微淘引导到店铺的买家数量、新增加的粉丝数量,以及累计的粉丝数量。卖家还可以发布广播、商品、活动、互动4种形式的微淘信息。

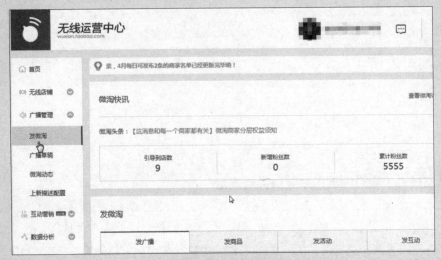

图5-5 进入微淘发布页面

2. 编写内容

如果卖家选择"发广播"则可以发布"图文广播""自定义链接""快速发微淘"3种形式的内容。图5-6所示的是"图文广播",卖家可以使用双"#"号来发布热门话题的内容,注意标题一定要简单直白,否则可能不会有买家点击。注意对于图片尺寸大小的要求。

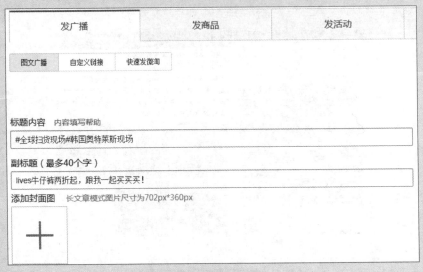

图5-6 编写微淘内容

3. 设定发布方式

当卖家编辑好微淘内容后，就可以进行发布了。如图 5-7 所示，卖家可以选择什么时候发布，图中还显示了卖家今天可以发布多少条微淘。这里需要注意，建议卖家选择"设为定时发送"选项，好让买家养成定时查看卖家微淘内容的习惯。

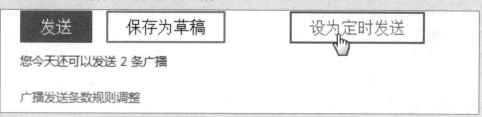

图 5-7　设置微淘发布方式

4. 发布新品微淘

如果卖家想要发布新品，那么需要选择"发商品"选项卡下的"发上新"选项，如图 5-8 所示。卖家在发布新品动态时，可以单击"上新描述配置"选项，进入图 5-9 所示的界面，设置新品动态模板。

图 5-8　选择"发上新"选项

图 5-9　编辑新品微淘

5.2　数据化营销活动提升店铺业绩

店铺想要吸引足够多的消费者购物，就需要利用消费者的心理活动，根据消费者所想，合理设计出营销策划，让消费者积极参与，最终促成产品的成交。但是活动怎么做，什么时候做，要用什么样的策略，都离不开数据分析，卖家需要通过市场交易数据来判断做活动的最佳时机，再利用数据工具精准规划活动，同时分析活动过程中的数据，及时找到可优化点，并利用完整的活动数据总结出活动效果，以便下一次活动做得更好。

5.2.1　精准的假日营销策划

随着时代的快速发展，人们越来越需要新鲜的东西来刺激眼球。网店的卖家如果一年 365 天，每天都用不变的方式销售商品，恐怕连老客户也要觉得店铺没有吸引力了。所以卖家的销售数据不乐观，可以试试节假日营销法，借用节日的热闹为店铺带来人气，拯救销售数据。

1. 找准假日营销点

爱逛街的人都会发现，在节假日时，大街上的商铺都会进行大促活动，热闹非凡。节假日是很好的商品大促的"借口"，因为客户在心理上会觉得这些东西在平时是不会降价的，所以一定要抓紧节日的机会购买。同时也因为不同的节日文化涉及不同的商品，相应的商品会随着节假日的到来而大卖。

如图 5-10 所示，在百度指数中分析 2016 年消费者对巧克力商品的关注趋势，会发现关注最高的日期是 2 月 14 日（情人节）、5 月 20 日、8 月 9 日（七夕节）等与爱情相关的节日。分析这些数据波动趋势还能发现，消费者并不是节日当天才开始关注巧克力商品，而是在节日到来的前 4 ~ 7 天便开始关注。

同样的道理，淘宝卖家做节假日营销，不能在节日当天才开始布局营销，而应该在节日到来前几天便开始营销活动。要想找准活动的时间点，卖家除了利用百度指数外，还可以利用生意参谋来查看商品在过去一年中，不同节日中的销量波动，从销量开始上升的时间点开始假日营销。

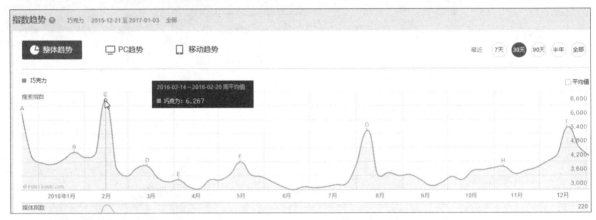

图 5-10　2016 年消费者对巧克力商品的关注趋势

2. 精确制定全年假日营销甘特图

甘特图是一种以活动项目列表和时间刻度的方式显示的图表，它可以用来表示一个项目各个细分活动的流程、耗时、完成情况。在网店的节假日营销活动的前期，卖家可以用甘特图来规划店铺的活动营销安排。在活动执行中对照甘特图来检查活动的进展情况。

虽然一年中有大大小小多个节日，但并不是每一个节日都适合经营各种类目商品的卖家来进行营销，所以在每年年初，卖家要做的事就是对照日历，选择适合自己店铺商品的节假日，再根据日期将这些节假日在 Excel 表中制作成甘特表。

图 5-11 所示的是一个甘特表示例。该表的制作方法很简单，在节假日、开始时间、结束时间、持续时间中输入内容，然后分割好一年 12 个月的单元格（注意不同的月份天数并不相同，所以组成格的数量也不相同），再对照持续时间，将对应的单元格进行底色填充即可。例如，图中所示的元旦节营销活动计划是从 1 月 1 日至 3 日，持续时间是 3 天，所以就将对应的元旦所在行的 1 月 1 日至 3 日这 3

个单元格用颜色标识出来，表示这段时间有节假日营销活动。

卖家在每年年初将当年的节假日营销活动计划出来后，就可以按照这张甘特表执行一整年的节假日营销活动了。并且每一个活动结束后，要进行总结，总结这个节假日营销活动开始和结束的时间是否合适，活动天数是长了还是短了，以便将下一年的节假日营销活动甘特图做得更好。

	A	B	C	D	E F G H I J K L M N O P Q R S T U V W X Y Z AA AB AC AD AE AF AG AH AI AJ AK AL AM AN AO AP BL BM BN BO BP BQ BR BS BT BU BV BW BX BY BZ CA CB C
1	节假日	开始时间	结束时间	持续时间（天）	1月　　　　　　　　　　　　　　　　　　　　2月　　　　　　　　　　　　　3月
2					1 2 3 4 5 6 7 8 9 10 11 12 13 14 15 16 17 18 19 20 21 22 23 24 25 26 27 28 29 30 31 1 2 3 4 5 6 7 8 9 10 11 12 13 14 15 16 17 1
3	元旦节	2016/1/1	2016/1/3	3	
4	情人节	2016/2/11	2015/2/15	5	
5	元宵节	2016/2/19	2016/2/24	6	
6	妇女节	2016/3/4	2016/3/9	6	

图 5-11　全年节假日营销活动甘特图

当卖家做好每一年的节假日营销活动甘特表后，还不能完全依靠这张表来执行各个营销活动。因为全年节假日营销活动甘特表只是一个大概的活动计划表，对于不同的节日活动还需要更加细化才行，这时卖家就需要做节假日营销活动甘特图了，如图 5-12 所示。从图中可以清楚地看到母亲节营销活动的项目流程，以及项目进行的先后顺序和时长。制作好了这张甘特图后，卖家就可以按照这张图来实施营销活动。并且在活动的最后进行总结，然后调整图中的项目组成及时长，以便在下一次相同的节假日营销活动中做得更好。

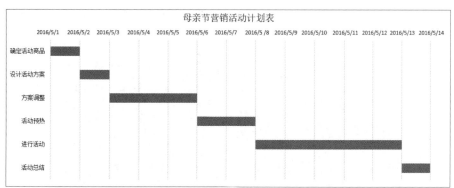

图 5-12　完成后的甘特图

问：卖家是否需要抓住一年中的所有节假日？

答：一年 365 天，有大大小小各类型的节假日，卖家不必全部抓住。这是因为不同的节日有不同的属性，对应不同的商品。网店销售的一大忌讳就是杂而不精，卖家不能什么都想销售却又什么都销售不好。

卖家在年初分析日历、制订节假日营销计划表时，只需要找出那些与自己店铺商品相关的节日即可，精心策划好这几个节日便能帮助卖家提升销量。

5.2.2 巧设竞品参照，捕获消费者

巧设竞品参照的方式可以从以下3个方面进行，从而分析出自己店铺主推款产品和其他店铺的优劣势，从而推动主推款的销量，提升产品的支付转化率。

（1）竞争对手产品与本店铺产品的参照对比

看到竞争对手店铺的某些产品销量比较好，自己店铺也有类似的产品，从而针对本店铺产品做一些修改。例如，竞争对手的产品价格偏高，本店铺产品可以相应地把价格调低一些，促使消费者心中产生疑虑，认为竞争对手的产品价格偏贵。

（2）本店产品与产品之间的竞争对比

当想要主推店铺里的一个产品时，可以上架类似于这款产品的宝贝，并不是说让店铺里的产品与产品"打架"，而是在一定程度上使消费者在逛本店铺的时候，心中会有一个对比，让消费者心中认为这两款产品哪个好，哪个稍微有一些不足。例如，店铺的A产品已经上架了一段时间，并且也有一定的销量，如果想要通过本店铺产品的竞争方式，就可以上架一款与A产品相似的宝贝，但是价格要比A产品价格高，这样就可以让消费者心中感受到A产品不但有销量，价格还不高，是比较实惠的。图5-13展示的是一家卖女装服饰的店铺，以下两款产品可以说是非常相似，并且两款产品的销量都比较好，但是价格稍低的产品，销量会更加好一些。

图5-13　本店铺产品的对比

（3）本店产品与劣质产品的PK对比图

本店铺产品与劣质商品的PK对比，目的就是要展示本店产品的优势，突出其他产品的劣势，是展示自家店铺产品最直接的表现形式。运用这种方式就能非常明显地突出该产品应该注重的几点在哪里，以及在消费者心中容易形成鲜明的对比。如图5-14所示，图中展示的是一家卖拉杆箱为主的店铺，该店铺在产品的详情页中，非常清晰地展示了他们家的产品与普通产品的优势与劣势。

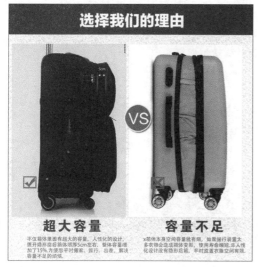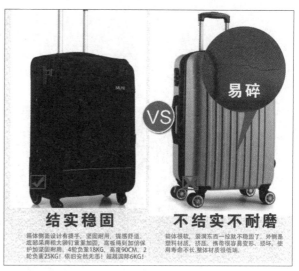

图 5-14 产品页面的 PK 对比

通过以上对比就很简明地了解到本店铺产品的优势,在这里需要告诫商家的是,在与本产品作对比的时候,不能把具体的某个产品拿来对比,如某品牌、哪家店铺的产品等,不能诋毁其他店铺的产品。

5.2.3 巧用套餐法,提升连带销售

连带销售也是目前网店店铺最常用的营销策略之一,利用这种营销策略可以有效地促进消费者购买。连带销售是指建立在买家和卖家之间互利互赢基础上的一种促销方式,在连带营销的基础之上,将事物、产品及品牌等所要营销的卖点上,寻找到它们互相之间的关联性,来实现客户深层次的多方面引导。

1. 套餐营销的基本方法

套餐营销属于成本较低的营销方式,也可称为关联销售,许多店铺目前已经采取了这样的促销方式,在一个产品页面同时放入了其他同类型、同品牌可搭配的关联产品,从而提升产品的转化率。下面以一家女装店铺为例,如图 5-15 所示,在产品详情页之前展示"搭配套餐"页面,图 5-16 所示的则是在详情页描述中展示了其他产品,从而增加其他产品的曝光率。

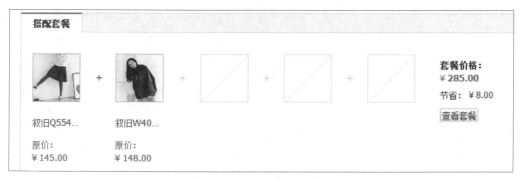

图 5-15 产品"搭配套餐"的页面

图 5-16　产品详情页中展示其他产品页面

2. 套餐营销的数据分析法

组合成套餐的商品可以放在页面不同的位置，位置的选择会影响营销活动的效果。卖家可以根据数据来选择营销位置。

（1）若页面的跳失率较高，那么应该将组合成套餐的商品放在页面上方，让消费者打算离开时，产生点击套餐其他商品进行浏览的意愿，最大限度地留住消费者。

（2）若页面的转化率较高，应该将组合成套餐的商品放在页面下方。这是因为根据消费者心理学发现，选择越多反而越不容易下购物决定，既然这款商品的转化率如此之高，那就适当降低其他商品对这款商品的成交干扰。

组合成套餐的商品要保持一致性或互补性。一致性指的是在价格、风格方面一致，目的在于多给消费者一种选择，挽留消费者，如风格统一的连衣裙。互补性指的是商品可以搭配使用，目的在于增加消费者的客单价，如碗具和勺子。

要想找到具有一致性和互补性的商品，卖家可以利用店铺的交易数据，分析购买过 A 款商品的消费者同时又购买过其他哪些商品，这些商品与 A 款商品很可能存在一致性或互补性。

5.2.4 让消费者占尽便宜——"赠送"促销法

"赠送"促销法对于目前网店店铺来讲,是比较普遍的,也是常用的促销方式之一,商家都知道,通过抓住消费者"物美价廉"这一心理特征,采用赠送法促进消费者购买,无疑能吸人眼球,所以大部分商家都采用了这种促销方式,但是这种方式并不是对于所有的商家都适用,这就需要对赠送法做进一步的分析,分析消费者、赠送的产品等,赠送法有多种方式可以呈现,可以在产品的淘宝搜索结果中展示,还有可以在店铺首页、产品详情页中展示等。图 5-17 所示的是淘宝搜索结果中展示的赠品营销活动,而图 5-18 所示的则是在产品详情页的赠品展示,两者都能达到吸引消费的目的。

图 5-17 在淘宝搜索结果中的赠品展示

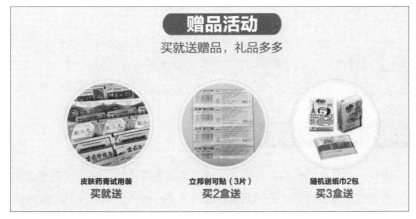

图 5-18 在宝贝详情页的赠品展示

从图 5-17 中可以清楚地看到,产品主图上展示了包邮,并且购买此款女包可以获赠右上角皮质的钱包,这就是采取了"赠送法",并且该店铺这款产品已经有超过 6800 人购买,说明获得了一定的成效,网店赠送法的优点有以下几方面。

（1）可以提升店铺及品牌的知名度。

（2）可以刺激消费者消费，增加商品的转化率。

（3）可以根据消费者索取赠品的热情程度，总结分析出最终所得到的营销效果和本身产品的反应情况等。

同时，赠送给消费者的赠品也不可马虎，若消费者对收到的赠品不满意，必然会对店铺留下不好的印象，因此，赠送给消费者的产品应该注意以下4点。

（1）不要选择劣质品、次品作为赠品。

（2）需明确网店店铺促销的目的性，选择合适的并且吸引消费者的产品或服务。

（3）注重赠送的时间和时机，注重赠品的时间性是指选择的赠品能在当下季节可以使用的最好。例如，在冬季就最好不要赠送只能在夏季才能使用的物品，这不能给消费者带来实用性，另外，在店铺遇到公关危机的情况下，也可以考虑通过赠品活动来挽回公关危机。

（4）注重预算和市场的需求，赠品要在店铺能够接受的预算内，不可过度赠予店铺不能承受范围内的赠品，从而造成商家的营销困惑。

问：只要有赠品就能吸引消费者吗？

答： 只要有赠品就能吸引消费者是卖家普遍存在一个误区。实际上，赠送质量差的赠品还不如没有赠品。差的赠品会影响消费者的购物体验，影响店铺的服务品质，消费者甚至有可能因为赠品的质量给出差评。赠品营销有以下两点诀窍。

（1）赠送消费者需要的赠品

赠品最好与消费者购买的商品相关，只有消费者需要的赠品才是好赠品。例如，购买鞋子赠送袜子，购买连衣裙赠送腰带，等等。

（2）选择性赠送赠品

如果卖家的赠品成本比较高，可以不必每位消费者都送，而是将权力下放到客服人员的手中，让客服在谈单时，选择那些只差一步便成交的顾客，通过赠品刺激消费。

5.2.5 如何判断营销数据的健康程度

营销活动方式多样，但是大部分卖家往往更注重参加这些活动为店铺带来的流量和销量的增加，而不去关注活动有没有达到最好的效果。好的活动效果并不在于一时，而在于活动效果的持续性如何。卖家应该学会判断活动数据的健康性，为下一次活动积累经验。

卖家让店铺商品参加各种营销活动，希望借助活动来涨流量、人气、销量，这当然是营销活动的一个重大作用。但是营销活动还有一项重要的意义就是为店铺带来持续性的流量和销量。

例如，卖家的店铺上新了一款宝贝，为了增加这款宝贝的人气，卖家参加了聚划算活动，活动期间这款宝贝的流量和销量都十分乐观。活动结束后，宝贝的搜索权重自然得到了提高，于是在排名上占有优势，在接下来的宝贝销售期间，宝贝的流量和销售都比活动之前要好，从而达到了参加营销活动的目的。

图 5-19 所示的是一个健康的活动流量趋势图。该店铺在 15 日、16 日、17 日参加了 3 天的营销活动，流量也随着活动的进行而增加。并且在 12 日、13 日、14 日时，店铺流量也有所增加，这是因为卖家提前进行了营销活动的预热，而预热期间流量的增加也暗示了这个活动比较适合店铺，很可能会取得较好的活动效果。而且在活动结束后，流量是缓缓下降而非迅速下降的，并且流量持续性高于活动前。

这样的活动数据趋势就是健康的趋势，能让卖家收获营销活动的最大效果。

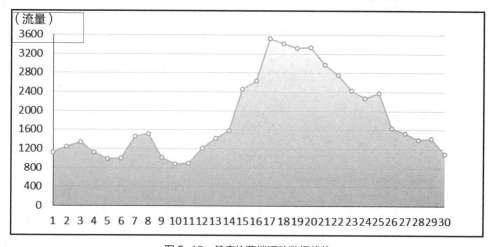

图 5-19　健康的营销活动数据趋势

图 5-20 所示的是不健康的活动流量趋势。该店铺同样是在 15、16、17 日参加了活动，流量数据确实也在 17 日达到了顶峰，但是活动一结束，流量数据就迅速下降，最后甚至下降到低于活动前的流量数据。这样的数据趋势显示该活动是一个不成功的营销活动，没有让店铺的营销数据随着活动而呈增长趋势。

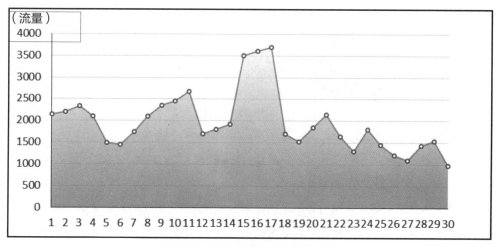

图 5-20　不健康的营销活动数据趋势

大师点拨 9：活动后期获得优质评价

评价有多重要相信这里不用多说卖家也会知道，它直接关系到商品的转化率大小。尤其是做活动，如果商品没有获得更多的优质评价，可能会让商品在活动后销量大大下降。为了获得优质评价，卖家需要使用引导策略，并通过分析消费者的等级数据来判断优质顾客。

相信很多人在淘宝上购物时都会有这样的经历：收到的包裹中含有一张券，上面写明买家确认收货并给五星好评后获得 2 元优惠券，但很多买家看到这样的信息会不屑一顾，根本不为所动，所以卖家想要通过这种方法得到好的评价，显然是收效甚微。

也有的卖家会不惜花钱去购买好的评价，也就是虚假交易。然而淘宝的打假机制是越来越完善的，这个方法也不可行。

在探索如何得到好的评价之前，让我们先来分析一下什么是好的评价，以及评价的显示机制。

所谓好的评价就是能展示商品卖点的评价，最好是包括了图片、字数恰当的评价。而评价的显示机制是评价者的等级越高、有图片、字数越多、评价时间越靠前，越能优先显示。所以卖家最理想的评价是等级较高的买家给出的有图片、字数多，能充分展现宝贝卖点的评价。分析到这里，卖家就可以根据商品买家的信息分析，有针对性地选择买家，以特殊的方式刺激买家给出好的评价，从而有效地提高商品转化率。

如图 5-21 所示，卖家可以在买家的个人主页中看到这个买家的等级信息，并且可以通过这个买家之前给出的评价，判断买家写评价的内容及风格。从而选择出那些等级较高、评价内容能恰到好处地展现商品优点的买家，然后在他们购买的商品包裹中放上一张 5 元现金红包及小卡片，卡片上写上这样的字样："亲爱的买家，您好！为了感谢您光临小店，特奉上现金红包一个。请给出 5 星好评和 15 字以上的评价后，联系客服领取红包获取码。"并且在发货后让客服贴心地提醒他们货物发送，以及售后的及时关心，尽量做到让他们满意。由于现金红包远比优惠券来得更加实在和有吸引力，再加上后期客服的关怀，他们给出给力好评的可能性就大大增加了。

图 5-21　客户级别

本章小结

本章是根据大数据分析做好店铺的营销优化，通过本章内容可以了解到影响网店的产品和店铺权重的相关因素的部分知识，以及如何利用热点话题吸引消费者的目光，增加店铺浏览量，利用多种促销方式让店铺增加访客数，提升店铺产品的转化率。

电商数据化运营是王道

本章导读

面对不同的消费者,就要用不同的方法去做好店铺的营销,可以说是"千人千面"的结果。因此,通过电商数据化运营,商家需要不断地分析数据,注意多个不同的细节,从而使店铺在首页、详情页、微淘、购物车、旺旺等多个渠道实现流量的承接,提高流量价值和复购率,使经营效率大幅度提升。

知识要点

通过本章内容的学习,大家能够知道数据化运营需要的四大转化率,以及关注支付率和店铺的退款率问题,了解淘宝直通车的投放,从而让店铺能够更加良性的发展下去。学习完本章后需要重点掌握的相关技能如下。

- 数据化运营必知的四大转化率
- 掌握好店铺支付转化率及控制好退款率
- 通过数据分析直通车及钻展的地域投放

6.1 数据化运营必知的四大转化率

流量的转化率 =（成交金额 ÷ 流量）× 100%，代表每一个流量能带来多少转化。但是想要提高店铺的转化率，只知道这样一个简单的公式就可以吗？当然不可以，店铺的转化率是一个关系到店铺内存功力的重大问题，所涉及的知识点也很多，如果卖家对转化率的类型不了解，对各项转化率数据背后的意义没有一个深刻的认识，想要提高店铺转化率，谈何容易？

6.1.1 店铺静默转化率

店铺静默转化率应该是许多店铺都想要的一种转化率，这种转化率其实是当客户进入店铺后看到产品，在没有询问店铺客服的情况下，直接将产品购买；这种转化率大大减少了客服的困扰，也避免了当多数顾客询问时，客服忙不过来，给顾客带来较慢的回复速度和不好的用户体验等，那应该如何让顾客看到产品后，就静默拍下呢？

当顾客看到产品，询问客服时，必定是对产品的某些项不是很清楚，如发货时间、发的物流快递、产品质量等信息，其实这些信息都是可以在商品页面或店铺页面直接展现出来的。当顾客对产品产生了购买的欲望，并且也没有疑惑的时候，必然会直接购买，可以在一定程度上形成静默转化率，要特别注意产品详情页的描述，客户看到感兴趣的产品时，必然会对产品想要进行更深层次的了解，在这种情况下，如果店铺对产品的介绍十分详细并且解决了客户心中的疑问，就会形成静默转化率。因此，产品详情页，需要有效地针对该产品的特色，展示在消费者的眼前，如图 6-1 所示，图中展示的是一家销售"电饭煲"产品的首页，直接就告知顾客购买本店铺产品可以获得本店哪些售后服务，并且展示产品本身的 8 个特点，非常的简洁明了，如图 6-2 所示。最后在产品详情页中直接把大多数顾客想要询问的问题，都一一回答，如图 6-3 所示。这就降低了顾客再次询问客服的概率，提升了静默转化率。

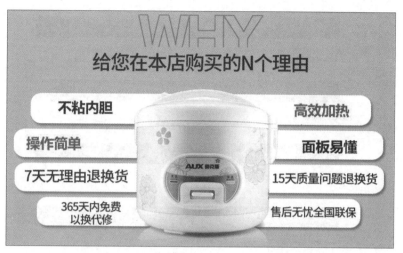

图 6-1 产品详情页展示该店铺的多个售后服务

图 6-2 产品详情页展示产品的八大特点

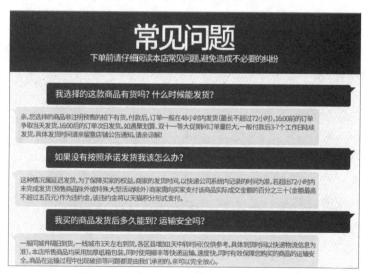

图 6-3 产品详情页展示顾客常问的问题解答

发票和商品同一时期寄出吗？若不是，我该如何追踪发票物流？

由于每月月底企业经营报税，开票过程需要一定时间申请流程，因此我们会先给亲发货，如需要发票，请亲在确认收货后联系在线客服登记，后续发票以快递的形式给您寄出，亲只需要联系我们在线客服即可为你查询发票的物流信息。

该怎么收货，应该注意哪些事项？

收货前请亲保持电话畅通。收货时，检查外包装箱是否完好，封口处有无二次封装痕迹，并当快递员面拆箱验货，如发现商品破损、配件缺失等请拒签退回并联系我们。如需他人代签，请务必交代好签收注意事项，一经签收即表示您对产品的外观完好，配件等无异议，之后一律不以商品破损、缺失配件作为理由要求退还。请亲谅解！

15天后的质量问题该如何处理？

本店所售商品自签收当天起15天后出现质量问题，亲可选择换货，只需承担退回运费即可，二次发出由我们承担。

为什么煮粥时间会比煮饭时间长？

由于煮粥放入的水和米比煮饭多很多，所以煮粥时间通常是煮饭时间的2倍。

为什么蒸汽阀有水冒出（溢锅）？

亲，这不是溢锅(由于沸腾后米汤产生丰富的泡沫，和蒸汽一起排出)是正常煮饭排水和蒸汽现象。建议不要煮太多就会减少排出的水和蒸汽。

为什么内胆很薄？

奥克斯创新品锅内胆持续硬质氧化表面处理技术，在内胆表面形成致密的阳极氧化膜层，HV硬度值达到300-600，是HB铅笔硬度8-9倍，在硬度和耐磨性方面远超其他普通内胆。

为什么第一次使用有点味道？

由于新机是从工厂流水线直接发到亲的手里，第一次使用，发热盘初次受热会产生点异味，还有所有品牌新电饭煲都有一件塑胶味，这是正常现象，亲们不必担心安全健康问题。新电饭煲要用水煮过几次或醋加水煮，或用茶叶加水煮沸再用。之后使用时不会再发生以上现象，请放心使用。

为什么有些功能不能用预约？

快煮、煲仔饭、蛋糕功能都是不能预约的。具体使用详情请参照说明书。

图6-3 产品详情页展示顾客常问的问题解答（续）

问：提高静默转化率的核心是什么？

答：影响静默转化率的因素有很多，很多卖家找不到门路，觉得做了很多优化还是无用。其实卖家需要明白提高静默转化率的核心是什么。

分析消费者的心理，会发现消费者进网店消费，浏览商品详情页，其实都在找一个离开的理由，他们在挑商品的毛病，一旦发现就中止购物。所以提高静默转化率，核心要点是不要让消费者找到离开的理由。卖家可以做的是，分析消费者购买某款商品普遍的疑惑是什么。例如，鞋子商品，消费者普遍会担心尺码问题，那么对尺码的描述一定要做得尽善尽美，不仅要有详细的尺码图，还要考虑到看不懂尺码的消费者如何选择尺码的问题，将尺码换算成厘米。

6.1.2 询单转化率

有人静默拍下商品，必然会有人询问商品，因为面对的消费者千千万万，每一个消费者也是不一样的，所以，即使把详情页做得非常好，也会有消费者询问商品其他的问题，当顾客看到感兴趣的商品，询问客服，从而购买产品，这就形成了产品的询单转化率，询单转化率 = 付款订单数 ÷ 有效咨询量。影响询单转化率的因素有很多，不能一概而论，下面给大家讲解一下影响询单转化率的几类因素。

1. 客服对业务的熟悉度

客服是要直接与顾客交流的人员，所以客服的服务质量是直接促成询单转化率影响因素的重中之重，一个好的客服可以在很大程度上促使店铺达成非常高的成单率。

（1）客服的专业知识

一个好的客服首先需要对自家产品有足够的了解，当顾客询问时，才可以更清楚地对顾客阐述出产品的特点，所以客服对产品的专业知识必须有足够的了解，图6-4中非常清晰地展示了一位好的客服，应该具备哪些专业知识。

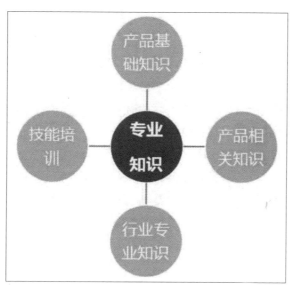

图6-4 客服应具备的专业知识展示图

（2）店铺促销信息的掌握

需要提前让客服知道店铺将有哪些促销及活动的规则，才能使客服更好地传达给消费者，避免引起不必要的误会。

2. 是否设置了快捷短语

在淘宝旺旺上设置客服的快捷短语是非常有必要的，可以避免当客户众多，客服回复不过来的尴尬局面，也可以降低顾客的不良好体验；设置好客服回答顾客的开头语，开头语可以让顾客提前感受到店铺的氛围，如图6-5所示。可以把旺旺的个性签名改成活动信息，如"全场满200元减10元包邮，仅此一天"，个性签名可以设置成自己想要的信息，以此获得顾客的眼球聚焦点。如图6-6所示，卖家可以在客服旺旺号这里输入修改签名,签名可以是顾客最需要了解的信息。

^_^欢迎光临AMH官方旗舰店,池昌旭顶力推荐,只因有你~客服【范范】很高兴为您服务~

图 6-5　客服开头语设置展示图

图 6-6　个性签名设置展示图

3. 客服的销售技巧

客服的销售技巧也是同样重要,需要随时了解到顾客的需求,针对顾客需求告知顾客想要的答案,不清楚顾客需求的时候,可以采用提问的方式寻求顾客需求。

（1）了解顾客需求

不同顾客的需求和机会是不一样的。例如,顾客说"我想换一个新的斜跨女包,以前那个太旧了",那么,这给就是顾客想要的需求,顾客想要的是一款可以斜跨的女包;又如,顾客说"我家里的那个加湿器有问题,加湿过程一会儿停一会儿又好,买了也有 4 年的时间了",那么,这个就是顾客需求,借着这样的机会,合理地给顾客推荐店铺比较适合的加湿器。

一般商家会把顾客分成 3 类,有需求的顾客、无需求的顾客、有机会的顾客。有需求的顾客是指需求比较明确或需求不明确的顾客,这类顾客就需要客服推荐合适的产品,并且有望以后成为店铺的老顾客;无需求的顾客是指只是想要了解下或随便看看产品的顾客,也就是可以待开发的顾客;有机会的顾客是指有用过同类型的产品,但是由于之前产品的一些问题或其他问题,想要考虑换购其他产品,这样的顾客就是有机会的顾客。因此要从消费者的需求出发,推荐合适的产品。

（2）掌握提问技巧

当客户没有主动说出需求时,客服就需要采用开放式或封闭式的提问技巧,找到顾客的需求。对于不同需求的消费者,采用的方式也会有所不同。对于有明确需求的顾客,多采用封闭式提问;对于无需求的顾客,多采用开放式提问;有机会的顾客,同样也是采用开放式提问。通常有效的提问方式是少用封闭式的提问,多采用开放式的提问,所以,店铺客服应该掌握提问的相关技巧。

（3）提高客单价及产品客单件数

在与顾客交谈的过程中,可适当地给顾客提供建议来提高客单价和客单件数。例如,当顾客询问"这款还有货吗?",如果这款已经没货了,应当告知顾客"不好意思,这款没货了哦,不过我们有一款比较类似的产品,我发个链接给您看下";又如,当顾客说到"这款太贵了",客服可以适当告知"这款产品您可以使用 2 年,平摊下来您每天只需要花不到 1 元呢",顾客这时候的心理,就会想是比较划算的,从而提高顾客购买产品的兴趣。

（4）帮助顾客尽快做决定

在一定程度上，顾客可能会因产品价格、质量、售后等因素产生犹豫，不会立即购买，客服应从以下 4 个方面进行考虑。

① 从心理上暗示顾客马上做出决定。比如告知顾客"今天 16:00 之前付款的产品，当天是可以发货的，那样您就能够早点收到货了呢"。

② 从商品本身的优势及热销程度上忠告顾客。比如"这是我们店铺最热销的款式，目前就只剩下 XX 件了"。

③ 从客人的立场角度出发询问。比如"看到您有一笔订单还未付款，请问您是遇到什么问题了吗，如果需要我们帮您的，请您联系我们"。

④ 从促销活动的时效上提醒顾客。比如"我们店铺举行满百包邮活动，活动今天是最后一天了哦"；从这几个角度可以适当地提醒顾客，不要再犹豫了，不然优惠就没有了。

（5）完美的售后可以带来更多的顾客

当消费者在店铺中购物成功后，如果卖家能提供优质的售后服务，就能加深消费者对店铺的印象，获得好评。一般来说，有过一次购物体验的消费者，对店铺已经建立起了信任，再加上对售后服务的好评，再次进店消费的可能性增大，这种客户非常容易二次上门产生静默转化率。同时客户也可能将店铺推荐给自己身边的人，要知道，每位顾客的背后，其实都隐藏着很多的潜在客户，当失去一位顾客，将意味着失去不止一位顾客，而是更多……

6.1.3 免费流量的转化率

与付费流量相比，免费流量因为成本低，是最受卖家欢迎的流量。但是如果免费流量不能带来转化，流量再大，对卖家来说也等于零。提高免费流量的转化率，卖家需要明白免费流量有哪些，影响免费流量转化率的因素又有哪些，按照这个思路运营，方能有效提高免费流量转化率。

1. 免费流量的分类

网店免费流量的入口比较多，如图 6-7 所示，可以在生意参谋中看到店铺 PC 端的免费流量来源入口。同样的也可以进行切换看到无线端的免费流量来源入口，如图 6-8 所示。观察这里的数据，卖家需要分析，自己的网店在 PC 端和无线端分别有哪些免费的流量入口，各个入口的具体流量大小。并且经过长时间的运营分析，明白自己的网店在不同端口上，哪些免费流量入口较大，各个入口的趋势怎么样。

在网店流量中，还有一类流量也是免费流量，那就是自主访问流量，如图 6-9 所示的是某店铺的自主访问流量数据。这里流量的产生是由客户点击自己的购物车、已买到的宝贝而来，或者是直接搜索店铺名称访问得来。

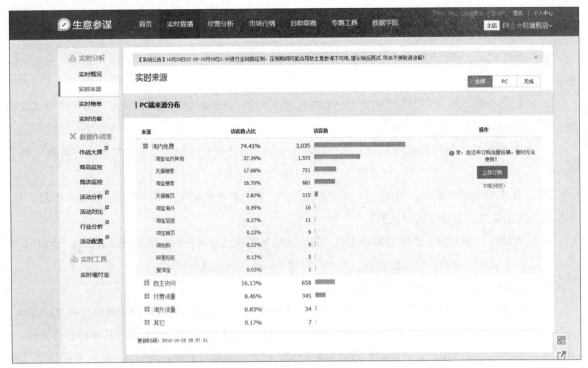

图 6-7　PC 端的免费流量来源

图 6-8　无线端的免费流量来源

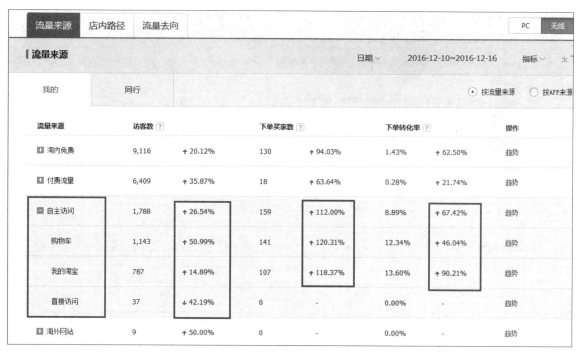

图 6-9　自主访问流量

2. 从影响因素出发提高转化率

不同免费流量的转化率有不同的影响因素。总结一下，在免费流量中，与搜索相关的免费流量转化率主要与标题组成关键词相关，所有流量的转化率都与商品详情页描述相关，自主访问转化率主要与老客户对店铺的评价相关。明白这些点后，卖家就可以针对性地进行网店优化，从不同的方面提高免费流量的转化率。

（1）提高搜索流量的转化率

提高搜索流量的转化率，需要商品的标题关键词与商品相关性强。举个简单的例子，商品关键词中含有"靴子增高"一词，但是靴子的增高属性并不明显，那么搜索"靴子增高"的消费者点击进入商品详情页面后，跳失的可能性就很大。

卖家可以进入生意参谋中，单独查看具体某一款商品的"关键词效果分析"，如图 6-10 所示。进入该页面后，需要将分析这款商品的不同的搜索关键词效果，包括了点击率和转化率。这是因为点击率可以反映在消费者心中关键词与商品的相关性如何。例如，搜索"公主裙"的消费者只会选择她认为具有公主风格的商品主图进行点击，从这一步就可以看出，卖家主图中的商品是否与标题关键词相匹配。当消费者进入详情页后，他会根据自己的搜索关键词再次验证详情页中的商品是否与他的搜索相匹配。如图 6-11 所示，便是这款商品不同关键词的点击率与转化率分析。从数据可以看出，"加绒女鞋"的点击率和转化率都偏低，说明在消费者心中这不是一款"加绒"的女鞋，这个词需要更换才能进一步提高免费流量的转化率。

图 6-10 查看不同关键词的效果

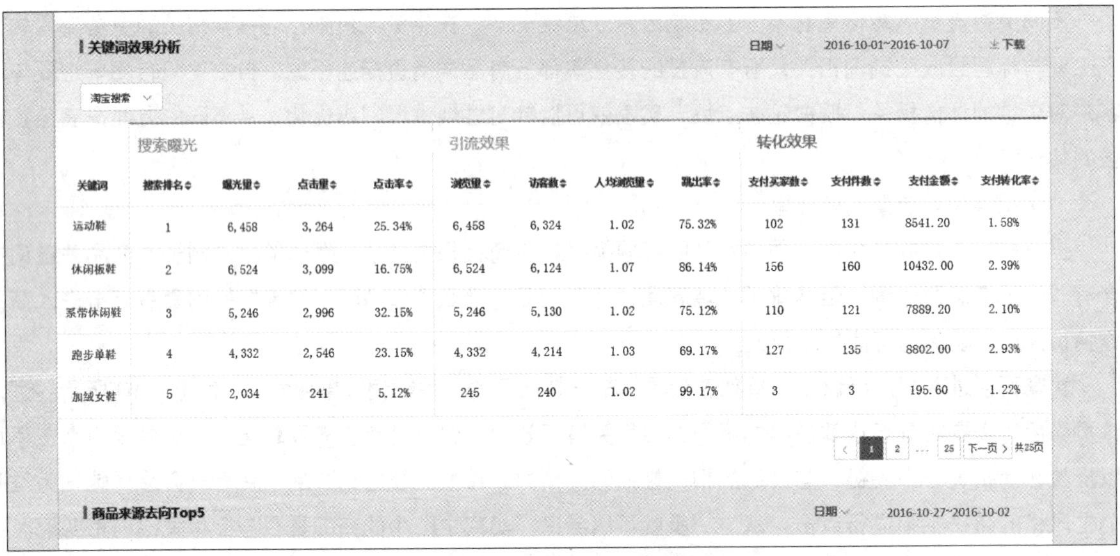

图 6-11 分析不同关键词的效果

当卖家分析了商品不同关键词的相关性后，可以定期检查店铺的搜索流量转化率是否有整体性的提升，如图 6-12 所示，显示"手淘搜索"流量各方面数据提升都不错，这种趋势说明优化方向是正确的。

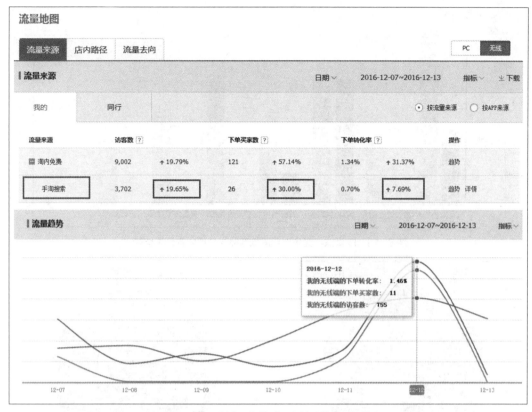

图6-12 店铺无线端"手淘搜索"流量趋势

（2）优化详情页提高转化率

卖家都知道详情页的描述与转化率关系密切，可优化的点也很多，反而无从下手。但是卖家需要记住十分重要的一点，详情页之所以能有高转化率，其核心原因在于解决了消费者的疑惑，呈现了消费者想要了解的信息。

对于不同类型的商品，消费者的信息需求是不一样的。例如，D卖家销售一款保湿水，他按照自己的想法进行了商品详情描述，但是转化率很低，于是卖家分析了同款热销商品的详情页，将详情页中的元素进行了对比，如图6-13所示。

竞争对手这样设计详情页是有原因的：购买保湿水的买家需要知道商品真实的样子，所以有6张实拍图片、3张细节展示图片；买家同时担心商品的来源渠道是否可靠、质量是否可以保证，所以有4张实体店图片、2张真假对比图片、2张质检图片；同时买家也非常需要知道商品的使用效果，所以有4张效果图片；并且为了让买家放心，详情页中还放置了2张好评展示。可以说竞争对手商品的详情页设计，基本上囊括了买家购买护肤品商品的内容需求，打消了买家的购物疑虑。这些就是D卖家需要学习和改进的地方。

事实上，有经验的卖家是能够充分掌握买家需求的，这样卖家会针对商品的性质，设计详情页的内容。下面来看看买家对网店四大类型的商品详情页各元素的需求程度。

图6-14至图6-17所示的是买家对这几类商品详情页各元素需求的占比。

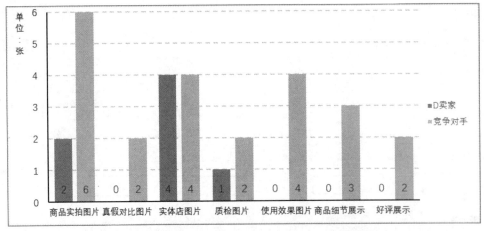

图6-13 D卖家与竞争对手同款商品详情页内容元素比较

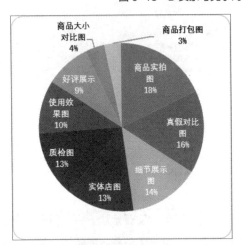

图6-14 护肤美妆类商品

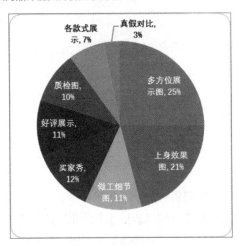

图6-15 服装类商品

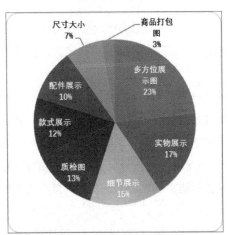

图6-16 电子类商品

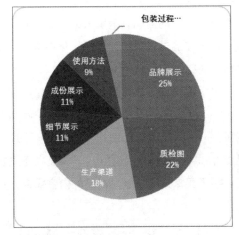

图6-17 母婴用品

（3）自主访问流量的转化率

影响自主访问流量的因素是老客户对店铺、对商品的满意程度。要想提高这部分人群的转化率，卖家需要从店铺的服务质量和商品的性价比入手。

提高老客户的转化率，首先需要注意不要伤害老客户的感情，如老客户刚购买的商品就大降价，肯定会让客户心中产生不快。其次要照顾老客户的情绪，让他感受到店铺对自己的重视，卖家可以给老客户恰当的优惠折扣或红包，或者是购物特权，刺激老客户消费，提高转化率。

> **问：提高免费流量的转化率，是否需要优化商品的上架时间？**
>
> **答：** 静默转化率表面上看与商品的上架时间没有关系，其实不然。不同的时段，高质流量的大小不同，转化率自然也不同。
>
> 优化商品的上架时间提高静默转化率，卖家需要做的是分析自己的商品目标消费人群有什么样的作息时间，作息时间决定了消费人群的购物时间。虽然在工作间隙，消费人群会浏览商品，但是会选择在休息时间更多地了解商品后再下单购物。例如，小西装商品的卖家，客户可能是白领，白领的上班时间比较规律，卖家可以选择在晚上或周末上架商品。研究商品目标客户的购物时间，卖家可以到生e经或生意参谋中，查看不同类目商品在什么时段的成交量最高。

6.1.4 付费流量的转化率

付费流量的转化率是指通过一定的渠道，让自家店铺产品的展现率、点击率、转化率都可以有一定的提升，但是这种渠道是需要支付一定费用的，付费流量包括淘宝客、直通车、钻石展位、聚划算等渠道，如图6-18所示。

流量来源	访客数		下单买家数		下单转化率	
淘内免费	9,116	↑20.12%	130	↑94.03%	1.43%	↑62.50%
付费流量	6,409	↑35.87%	18	↑63.64%	0.28%	↑21.74%
淘宝客	2,586	↑19.39%	13	↑116.67%	0.50%	↑78.57%
直通车	2,044	↑26.64%	3	↓40.00%	0.15%	↓51.61%
钻石展位	1,894	↑87.34%	3	↑200.00%	0.16%	↑60.00%
聚划算	1	-	0	-	0.00%	-
麻吉宝	0	-	0	-	0.00%	-
自主访问	1,788	↑26.54%	159	↑112.00%	8.89%	↑67.42%

图6-18　无线端"付费流量"来源

付费流量来源，商家经常会使用淘宝客、直通车、钻石展位来获取一定的流量。下面主要给大家讲解淘宝客、直通车、钻石展位的流量。商家想要开通这3种付费渠道，可以进入营销中心——我要推广（营销中心模块）即可，如图6-19所示。

图6-19 "付费流量"的开通渠道展示页

1. 淘宝客

淘宝客是指按照成交计费的一种推广方式，可以从淘宝客推广专区中获取相应的商品代码，顾客通过卖家发送的商品代码进入商家产品页面并购买，顾客确认收货后，淘宝客可以得到卖家推广商品的佣金。也就是说，淘宝客相当于中间商，帮助淘宝卖家推广店铺里的产品，从而获得淘宝卖家的佣金，淘宝卖家可以得到该产品的销量。这种推广方式的好处在于可以有更多的人给卖家推广销售该产品。

图6-20所示的是一家卖女装的店铺，该店铺开通了淘宝客，并且通用佣金设置为5.5%，也就是说淘宝客推广了这件产品，可以得到佣金2.19元，从图中可以看到该产品，到目前为止月推广量达到了2万多件，并且淘宝卖家给的月佣金就高达了4万多元，因此，开通淘宝客可以给店铺产品带来一定的销量，同时也会扣取费用给淘宝客。淘宝客无疑是重要的付费推广方式，只要卖家佣金设置得当，利用淘宝客的推广可以提高付费流量的转化率。操作淘宝客推广，单击佣金下方的"联盟生成"链接，然后根据页面的提示操作就可以，需要告知大家的是，目前淘宝客是只能在PC端操作。

图 6-20 "淘宝客"的页面展示

2. 直通车

目前淘宝直通车，PC 端和手机端都是有页面展示的，直通车的收费方式是在消费者点击产品后扣取相应的费用，因为每个行业类目的不同，扣取的费用也就不同，扣取多少费用，商家们可以在开通直通车后，进入后台查看目前整个行业平均费用是多少，从而根据自己的产品出价。下面同样以女装店铺为例，如图 6-21 所示，在 PC 端搜索"女装"，可以看到的第一个就是直通车的位置，并且还需要是天猫店铺。

图 6-21 PC 端"直通车"的页面展示（一）

另外，PC 端直通车的位置，还可以在搜索产品页的右边位置，如图 6-22 所示。

图6-22 PC端"直通车"的页面展示(二)

直通车是按点击付费的广告,即消费者只要点击直通车广告位的商品就会形成一次扣费,无论最后这个流量是否带来了成交。因此直通车这种广告尤其需要重视转化率,转化率低会导致卖家的广告费用入不敷出。

影响直通车商品转化率的因素根据重要程度排名依次是产品、产品包装、性价比、评价、销量、直通车关键词是否精准、直通车推广图片效果。

所以要想提高直通车商品的转化率,卖家首先需要做好"内功",即商品本身的质量,销售高质量、流行款式的商品,直通车转化率通常不会太低。商品有了"内功"还不够,还要卖家会包装,即对商品进行相关性强的详情页描述,进行店铺装修,提高商品展示的图片质量,写好文案。当商品的基础打好后,不代表这一定是一款高转化的直通车商品,卖家需要在进行直通车推广前引导消费者给出有效的好评,尽量增加销量,目的在于利于电商市场的"羊群效应",让消费者跟风购买这款好评多、销量好的商品。这也给了卖家一个提示,一款没有基础的商品最好不要进行直通车推广,否则转化率会不理想。除了这些因素外,直通车本身的推广因素也会影响转化率,卖家需要在直通车推广过程中不断观察关键词、推广图的效果,进行优化。

3. 钻石展位

钻石展位是以展示的次数为计费单位的付费流量,钻石展位是将卖家制作的图片,展示在消费者最容易看到的地方,促使消费者点击,进入页面。PC端的钻石展位是在进入淘宝网首页就可以看到的;如图6-23所示。

同样,在PC端的钻石展示页面可以看到钻石展位是有轮播效果的,其中也包括淘宝、天猫自己的展示页面。如图6-24所示,图中展示的是APP端钻石展位的页面。

图 6-23　PC 端 "钻石展位" 的页面展示

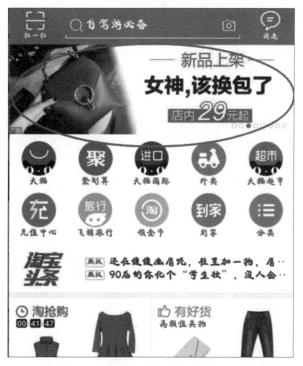

图 6-24　APP 端 "钻石展位" 的页面展示

提高钻展转化率，卖家可以从两个方面入手。首先要提高钻展商品的图片创意，多思考什么样的图片能带给消费者耳目一新的感觉。卖家可以到钻展的创意图片展示中进行浏览，看看同行的商品用的是什么创意图，有没有自己可以借鉴和学习的地方。其次卖家需要精准投放，钻展的投放可以选择地域和人群，卖家要多测试，看自己的商品最受什么地方哪些人群的欢迎，综合分析后再投放钻展自然比盲目投放的转化率来得高。

6.2 关注支付率和退款率，让店铺良性发展

店铺的支付转化率及退款率是很重要的，支付转化率指的是固定时间段内支付买家数与访客数的比例，支付转化率与店铺及店铺的产品、服务等方面的质量有关。而退款率代表着店铺的售后服务如何，有的商家只管把店铺产品卖出去，对于售后问题，一律不管，这样的店铺必然不能够长久，想要让店铺长久的经营发展，需要做好店铺的售后，从而避免店铺出现过高的退款率。

6.2.1 支付转化率是销售额的核心

支付转化率过低，会影响店铺的排名层级、权重等，支付转化率也是淘宝商家比较看重的一点，通过观察店铺的支付转化率，可以洞悉店铺目前的发展趋势如何。例如，支付转化率越低，说明销售额也不会高，反之，销售额才会高，销售额高了，那么卖出的产品就越多，销售量就越好，所以支付转化率对于店铺来讲是很重要的。如果店铺每天的访客数有 500 人，而下单购买的人数只有 5 人，支付转化率必然会很低，这也就意味着，淘宝平台给了这么多的流量，带来顾客进入你的店铺，但是店铺最终所带来的转化率很低，那么，淘宝平台就不会再给这么多的流量到你的店铺。也就是说，给了店铺流量，但是店铺没有产出，没有带来回报的价值。图 6-25 所示的是一家卖灯具的店铺在 2016 年 12 月 16 日的支付转化率页面。

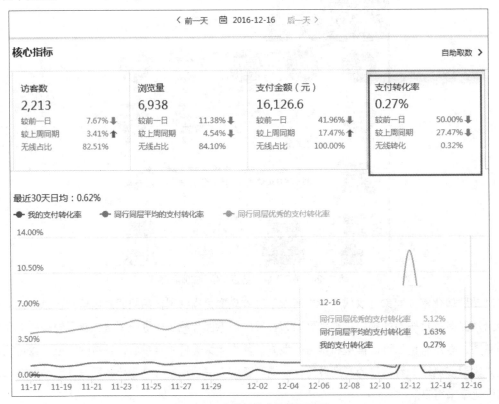

图 6-25 支付转化率的页面展示

从图 6-25 中，可以看出店铺的支付转化率明显是低于同行同层的平均转化率，同行同层的支付转化率达到 1.63%，该店铺的支付转化率才 0.27%，相差的比较多，而同行优秀的支付转化率就已经达到了 5.12%。商家需要与同行同层的支付转化率持平，支付转化率是店铺需要考察的重点核心之一。

问：有的客户下单后未付款，如何催单？

答：网店卖家都会遇到下单后却迟迟不付款的订单，这种订单离成交只有一步之差，但是如何成功催单却大有技巧。

（1）催单要选择时间

客户下单后不付款，有 3 种原因，一是忘记了，二是还在犹豫，三是不想买了。前面两种原因都可以通过提醒的方式成功催单，而最后一种需要客服加强商品推荐。无论哪种情况，客服都要找好催单的时间。例如，客户是生意人，大清早催他付款他会认为不吉利。又如，客户是上班族，白天工作繁忙也不会有时间付款。所以建议客服选择客户人群有空的时间进行催单，通常选择晚上比较合适。

（2）催单要掌握话术

催单不能生硬地让买家付款，而是要委婉一点，找其他的理由。例如，可以说："尊敬的卖家您好，您下单的商品已经为您打包好了，等您付款成功即可发货。请您核对一下地址是否正确。"

6.2.2 控制好退款率，提升店铺"权重"

店铺的退款率越低，说明店铺的售后服务是比较好的，随着现代社会的不断发展，人们越来越注重售后服务，好的售后服务可以使新顾客变成老顾客，让老顾客在店铺购买一次、两次，甚至更多次，这是顾客的售后维护工作之一，同时控制好店铺的退款率，可以提升店铺的权重，让店铺的权重靠前。

图 6-26 所示的是一家卖灯具的店铺，从图中可以分析该店铺的售后服务和退款率的问题。

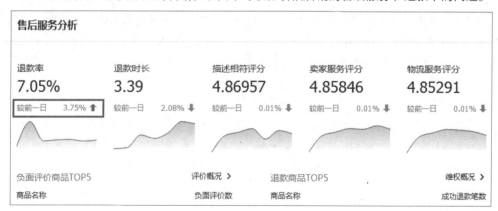

图 6-26　退款率的页面展示

店铺的售后服务主要反映在退款率、退款时长，以及顾客购买后给店铺的动态评分（描述相符、卖家服务、物流服务)上面,从图6-26中可以看到该店铺的退款率最近是有所上升的,大部分是平稳的状态。如果退款率越高,就越会使顾客心中产生疑虑:是不是该产品有质量问题、卖家服务态度不好等因素导致店铺的退款率上升?如果相同店铺里,别的商家无论是退款率、卖家服务等,都要比该家店铺好,那顾客有什么理由不去其他店铺,而非要在退款率高的店铺购买产品呢?

大师点拨10：店铺运营中"风控"的三大风险

风控在现代经济管理学中是指控制企业、公司财务损失风险的一种职称。也就是说,风险管理者为了降低风险"使财务不受到任何损失"所采用的各种措施和方法。这里可以理解为"风险控制"。

网上开店属于一种商业投资行为,投资行为就是具有一定风险性的,投入的越大所面临的风险也就越大,但相对的回报也就会越多。商家在开店前需要对自己将要从事的行业做足够的风险分析,只有全面地分析了投资风险,才能够在日后的经营过程中理性地规避这些风险,减少投资损失。

有的商家也许会试图追求淘宝开店的零风险,但是从理论上来讲是不可能的,除非你经营的是零投入淘宝业务,否则只要有了前期的资金投入,就必然面临着资金收回的风险问题。无论是多是少,这种风险都是不容忽视的。当然商家也不必过于害怕投资风险,只需要把投资风险分析全面,尽可能将风险规避到最小。下面就从货源风险、库存风险、快递风险几方面给大家讲解。

1. 货源风险

在销售过程中自己的产品来源可能会出现问题,有可能产品已经卖出去了,但是在货源提供方却得不到充足的货源了。这种问题会经常出现在一些销量较大的淘宝行业中,如果出现这样的问题就会对自己店铺的诚信造成严重影响,甚至会损失大量的客户。所以,店主一定要保证货源的稳定,在资金充足的情况下,先把货品进到自己的店铺中再销售给买家,这样就可以保证销售出去的商品有货源保障了。

2. 库存风险

当商家进了产品之后,由于无法估计能卖出去多少产品,就可能会因为进货过多而导致商品积压。长期的商品积压容易造成货物的贬值或商品质量变差,从而对商家的经济利益造成威胁。所以商家一定要和货源方有一定的约定,要保证如果有积压的产品,可以卖到其他地方,这样就可以解决库存风险。

3. 快递风险

淘宝中常见的风险也就是快递风险,由于在商品邮递过程中,快递公司可能会因为失误导致商品损坏或丢失。这就需要商家与顾客耐心交流,最好有可靠的快递公司作为你的邮递保障。

综上所述,识别好这些风险才能够更好地减少店铺经营过程中的损失。

6.3 通过大数据分析提升付费推广效率

付费推广方式主要是为了快速将店铺产品展现在消费者眼前，目前商家最常用的付费推广方式有直通车、钻展等，有许多商家认为“没事，我有钱，只要砸钱进去，我就不信没有人买”，只要通过付费推广的方式，就一定可以将自己的产品打造成爆款，从而带来销量，但结果总是出乎意料。直通车、钻展并非是只要砸钱就可以将店铺的产品做起来的，商家需要了解直通车、钻展应该如何去操作，通过正确的操作方式来为自己店铺带来更多的流量。

6.3.1 分析直通车的投放

每个店铺都会有相应的目标人群，而通过数据分析可以知道哪些地区的人群会比较喜欢店铺的产品，成交率相对来讲会比较高一些，那么当店铺开通直通车时，就需要考虑哪一部分地区的顾客人流量会多一些，商家就主要投放在哪些地区。

图 6-27 所示的是一家主营灯具的店铺，从图中可以看出，该店铺的推广计划中有暂停推广的，也有推广中的，并且通过后台可以设置每天的日限额、分时折扣、投放平台等，也可以看到推广计划中的展现量、点击量、点击率、花费等数据。

我的推广计划　您可以根据不同的推广目的、宝贝类型，添加多个推广计划，让您的推广更有效，了解详情 >>

+ 新建推广计划　暂停推广　参与推广

	状态	推广计划名称	计划类型	分时折扣	日限额	投放平台	展现量	点击量	点击率	花费	投入产出比	点击转化率
	暂停	店铺推广	标准推广	100%	300元	计算机 移动设备	-	-	-	-	-	-
	暂停	品牌词	标准推广	60%	50元	计算机 移动设备	-	-	-	-	-	-
	暂停	预售计划	标准推广	100%	2000元	计算机 移动设备	-	-	-	-	-	-
	推广中	吸顶吊灯-	标准推广	70%	300元	计算机 移动设备	28,019	113	0.40%	¥299.86	0	0%
	推广中	主推中式落地灯-	标准推广	100%	700元	计算机 移动设备	17,803	236	1.33%	¥694.28	0.84	0.42%

图 6-27 “直通车推广计划”展示页面

需要注意的是，推广计划中添加过的计划可以不用删除，若不需要推广该计划时，可以选中该复选框之后的暂停推广；其中分时折扣是根据该类目下顾客购买产品的高峰期，按照时间段设置投放的比例。设置分时折扣意义重大，可以有效控制每小时的出价，在流量高峰时段获得点击率，在流量低峰时段减少投入。因此调整分时折扣的操作要点是，清楚自己经营的商品行业流量波动规律，在高峰时段少量加价，如女装行业，大概加 1 ~ 2 个百分点的价（不同的行业类目加价程度会有所不同），从而稳定直通车点击率。在流量低峰时段减价到 60% 左右。

若要修改分时折扣的数值，选中"自定义"单选按钮，然后为不同的时段设置折扣分值就可以了，如图 6-28 所示。

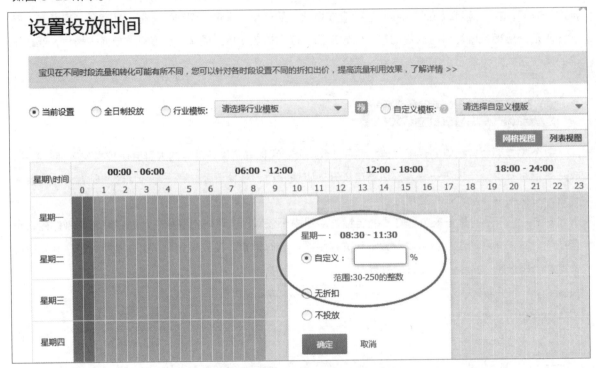

图 6-28　设置"分时折扣"的展示页面

设置分时折扣需要注意 3 点：①投放时间需要根据近一周顾客成交的数据划分出来，选择购买该产品顾客最多的时间段；②根据每一个时间段顾客购买产品的成交比例，设置不同的投放比例，标准值为 100%；③尽量不要选择全日制投放。

那么，应该如何查看这些数据呢？商家可以参考卖家中心→生意参谋（营销中心模块）→经营分析→商品效果（商品分析模块），然后单击某个产品的单品分析，分析出该产品相应的数据。

设置每一个计划的时候，都需要设置每个计划的日限额，为防止点击的单价过高，转化率过低，超出本身的预算。日限额需要根据实际的产品设置，尤其要与产品的实际利润相关。例如，卖家销售产品每天的纯利润是 1000 元，那么日限额可以是 500 元，以此类推，不要超出利润即可。当计划投放的费用超过了日限额的费用，该计划将会被下架。那么，计划应该投放的平台要如何设置呢？图 6-29 所示的是投放平台的页面。

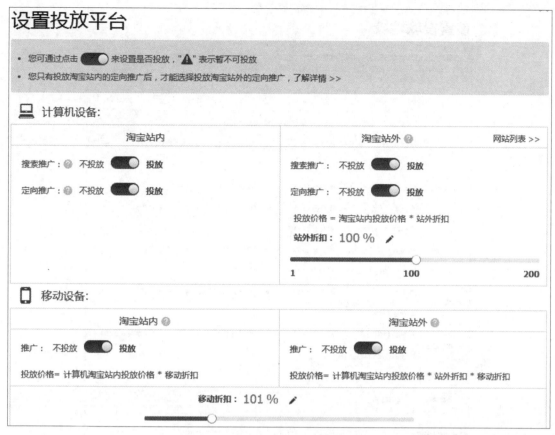

图6-29 设置"投放平台"的页面展示

设置投放平台的时候，同样需要商家注意两点。①搜索推广、定向推广、移动淘宝站内推广是需要投放的，站外可以不投（因为站外推广的流量相对来讲会很少，并且不精准）。②移动折扣是根据流量获取成本和流量需求来进行调整的，控制方法可以为：如果是相同的关键词并且是同样的首屏，出价在100%和超过100%的情况下是可以置顶的，此时选择100%即可。

投放地域决定了你投放的计划是否找对了位置。例如，你的产品人流量多的是在广州、杭州地区，但是投放的却是成都、云南地区，必定不会给该产品带来足够多的流量，而且也会耗费资金。图6-30所示的是设置计划投放的区域展示页面。

那么，区域投放应该参考哪些数据呢？应该根据自己店铺的经营数据，分析目标客户群体主要来自于哪些地方，加强地域投放的针对性。所以商家可以在卖家中心→生意参谋（营销中心模块）→经营分析→商品效果（商品分析模块）→单品分析→访客来源中查看数据，如图6-31所示。

图 6-30 设置"地域投放"的页面展示

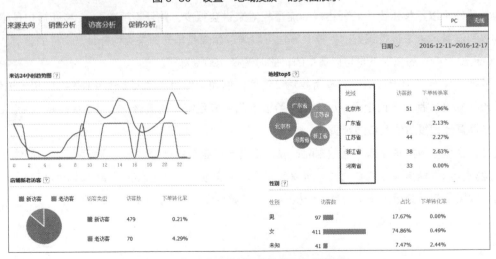

图 6-31 查看地域投放的数据参考页面

计划的初期需根据成交量多的城市和店铺所在位置进行选择投放,港澳台地区不投放,偏远地区则根据顾客的需求(从成交的访客来源)进行合理的投放。

问：新手卖家如何投放直通车？

答：直通车是按点击付费的推广方式，并且推广效果较好，所以不少新手卖家想通过直通车推广来增加销量，结果却适得其反。

新手卖家应该明白，直通车推广十分重视商品及店铺的基础，在店铺开业之初，商品没有销量，建议不要使用直通车推广。此时卖家可以去论坛、微博等免费推广的地方宣传商品，当店铺有了一定的口碑，商品至少有5个质量不错的评价后，可以开始直通车推广。并且新手卖家使用直通车时，要慎重选款，主要考虑竞争因素，看看同款商品在不同时段的直通车推广时段，避开竞争推广。

6.3.2 分析钻展的投放

钻石展位是淘宝卖家展示自己商品的绝佳资源位，因为钻石展位可以位于淘宝首页中间最显眼的位置，且可以选择性出现在不同类型的消费者眼前。淘宝卖家要想做大，就需要精通钻展投放，以此来提高商品曝光率。钻石展位如何通过广告的投放提升产品的展现量、点击率、支付率呢？接下来就深度综合分析广告如何才可以精准投放。

1.地域投放

分析钻展的地域投放目的，主要在于将广告精准投放到成交人群密集地区，以提升转化率。在图6-30中，讲解直通车地域投放时，可以看到哪些地域的消费群体是比较密集的，然后再选择合适的地域投放位置。

2.推广目的深度分析

推广钻展效率低，绝大多数原因在于广告投放的过程中，前端广告与后端承接页不一致或相关度不高。大部分卖家将钻展投放到店铺首页或结合页，这通常是大卖家的做法，因为买家看中的是大品牌知名度，而对于淘宝里面的中小卖家，买家对于其品牌黏度没有那么高，更多的是对于产品本身性价比的诉求，所以还是将绝大多数流量投给单品更为精准。例如，推广一家女装店铺，投放钻展主要分为两种策略。

（1）对于新客户买家

定向对象：竞品对手、款式相似、客单相似、风格相似、客户群体相似店铺。

推广目的：抢占新客户。

很多新卖家肯定有这样一种感觉，刚出来的新牌子新产品，天天价格战依旧没人理。那么，原因是什么呢？主要是店铺知名度不高，买家不认识店铺。卖家推广新店铺新产品，一定要通过引流款或清仓特价款，最好是单品爆款来吸引新买家，爆款、特价款、秒杀款往往是新买家成为老客户的第一接触产品，很少有买家第一次进一家陌生店铺就选择店内的高价形象款，因为在这个阶段顾客还没有达到认知店铺的阶段。

（2）对于老客户会员

定向对象：推广店铺。

推广目的：维护老客户，推动新品。

商家更多的是推广店铺的新品及活动集合页，因为此阶段客户对于店铺有了一定的了解，在优惠券和折扣及新品首发的诱惑下，更容易促使其买单，这为产品前期做销量积累是再合适不过的。

所以，一个新品刚出来就开始砸硬推广，属于最原始最暴力的推广方式，这样的卖家，还不懂精细化分层运营策略。所谓精细化运营，就是一个产品的生命周期是如何打通的，如新品、热卖、活动、清仓等分段运营的过程。

每个不同的阶段，就需要采取不同的运营推广策略，这关系到此商品是否能够推成爆款，若偏离运营策略，一味追求点击率、转化率等数据，也是不行的，还需要懂得商业的本质及顾客的习惯和需求。

3. 钻展投放之顾客抢夺

广告的本质不仅仅是用来为自己的店铺引流，还是用来抢流量的。为什么有麦当劳的地方必然有肯德基？这就是一种经营策略，竞争抢顾客。

钻展广告除了自己日常引流之外，还有更重要的就是一定要找准竞争对手。如果竞争对手的产品有一款打底裤参与聚划算69元，而顾客比较典型的购物习惯是对比产品，那么商家需要推出一款相同甚至性价比更高的产品来压制对手的活动，同时提升自身销量。目的是要让浏览了竞争对手产品的顾客也能够看到自己店铺的产品的广告并且购买。

钻展的投放还可以根据数据分析找寻到流失的顾客，然后利用钻展主动出击，抢走竞争对手的顾客。影响钻展投放精准度的因素还有很多，这和店铺本身整体运营能力是分不开的，所以在提升店铺的同时，还需要提升店铺运营的综合能力。

本章小结

本章是根据电商的数据化运营分析店铺的四大转化率，控制好店铺的支付率及退款率，让店铺更加良性快速地发展，并且可以通过后台大数据的分析，更好地做好直通车、钻展的投放，让付费的流量能够给店铺带来一定的收益，从而促使店铺产品展现量越来越多，点击率和转化率也越来越高。

做好客服管理，提升产品销量

本章导读

随着网络购物的日益兴起，网店经营可以带来足够多的销售量，并且产生了一个新兴的职业——淘宝客服，网店的淘宝客服，在店铺推广、产品销售，以及售后服务、维护客户等方面都起着极为重要的作用。网店客服看似是一个基础岗位，却需要掌握诸多技巧，如专业知识的储备、客户心理的研究、接待速度的提高、谈话能力等。

知识要点

通过本章内容的学习，读者能够更加清楚地知道淘宝客服这一类工作岗位的主要职责，对客服岗位的绩效应该如何考核，如何激励客服，让询单的客户不流失，以及如何管理和培训客服等。学习完本章后需要重点掌握的相关技能如下。

● 客服的绩效如何考核
● 掌握如何管理客服及培训客服的技巧
● 打造金牌客服，让店铺降低客户流失的概率

7.1 客服的绩效考核与激励

淘宝店铺中，客服的作用举足轻重，好的客服可以给店铺带来更多的顾客，并提高店铺的支付转化率，所以对于客服的管理就显得非常重要。制定出一套符合店铺的绩效考核规则，用以判定客服的绩效，以及判定客服的最终薪资问题，在约束客服的同时，也能激励客服更好地为店铺做事，促进店铺的支付转化率。

7.1.1 客服的绩效考核

绩效考核是指网店商家针对店铺内不同类型的岗位和工作范畴，制定出的相应的考核指标，是对员工及员工薪资进行管理的重要方式，同时也是对员工的一种激励手段。因此，一份好的绩效考核方案对于店铺及员工来讲都是非常重要的。

针对客服，商家应该有一套专门的客服绩效考核方案。网店中的淘宝客服分为多种，有售前客服、售后客服，甚至还可以根据数据将客服岗位分得更细，可分成销售客服、推广客服、商品客服、售后客服，所以对于不同类型的客服，其绩效考核的重点也应该不同。销售客服主要以销售业绩及成交单数为重点；推广客服以平均客单价和主动营销为重点；商品客服以产品知识及客单价为重点；售后客服则是以评价修改和退换货率为重点。但是，目前大多数淘宝店铺是将客服分为售前客服和售后客服，因此，这里主要讲解售前客服和售后客服这一类细分的绩效和考核。

1. 售前客服主要考核的项目

（1）转化率的计算公式为：咨询客服后达成交易的顾客数量÷咨询客服的总顾客数量，代表着客服的谈单能力，是考核客服的重要指标。

（2）接待数量：指售前客服在当天上班中所接待的买家咨询数量或业务量。

（3）落实客单价：指通过售前客服与顾客之间的交谈，最终促成顾客购买之后的商品客单价。

（4）客服成交额：指当天售前客服促成的交易金额。

（5）退单率：指通过售前客服给顾客服务的订单，出现退换货或投诉等情况的概率。

2. 售后客服主要考核的项目

（1）催付率：指客服针对咨询并且下单后却未完成付款的顾客的催促占比。

（2）完成率：售后客服通过了解买家情况、与顾客沟通等，处理买家纠纷事情的完成度。

（3）评价处理：顾客给产品的中差评，售后客服需要对这些中差评进行处理，改变商品评价修改情况。

3. 售前客服和售后客服都需要注意的考核项目

（1）响应时间：需要针对阿里旺旺消息的反馈，及时对顾客的消息进行回复，切勿让顾客等待的时间过长，等待时间越短越好。

（2）打字速度：打字的速度是以分钟计算的，越快越好。

（3）回复率：客服回复客户消息数量的比值，则是越大越好。

（4）聊天记录：通过聊天记录的抽查，可以查看到客服在整体沟通中的服务态度、心态及质量，越优越好。

（5）专业知识：考查客服对商品的熟悉程度。

（6）满意度：对于售前客服是针对单笔订单客服的服务满意度，或者是订单完成时对整体交易的满意度；对于售后客服是针对处理整体售后的满意度判定。

以上是网店商家考核店铺客服需要注重的考核项目重点。商家知道了考核的项目重点后，接下来就是如何实施考核方案了。以下是针对售前客服和售后客服不同的指标考核方案的制定。

（1）售前客服

不同的网店会有不同的考核指标，需要通过网店的成熟度、客服数量、利润来进行核算。通常情况下，网店会将客户的转化率、销售额、客单价、响应时间、接待数量等指标一同算进考核指标里。其公式是：不同的指标 × 对应的权重值，再相加，等于这位客服的总得分。如果指标是百分数，可以再乘100，换算一下。

例如，某客服的客户转化率是 75%，该店铺制定的转化率权重值是 70%，那么该客服在转化率指标上的得分为 75%×100×70%=52.5 分。以此类推，算出所有指标的分数。以上主要是以流量为主的考核模型，需要处理更多的买家询问并转化下单，重点是需要关注对流量的把控能力，尽可能把流量转化在有效订单上。

（2）售后客服

考核指标 = 完成率 + 响应时间 + 聊天记录 + 专业知识 + 满意度。售后客服需要及时处理退换货及咨询沟通的工作，因此重点考量的是处理咨询的数量和效果和及时高效地处理交易纠纷（完成率是指退款的处理速度、催付转化率及差评处理等）。

针对不同的淘宝客服有相应的考核方案，那么，考核指标的权重也是需要注意的。考核指标的权重对于售前客服和售后客服也会有所不同。图 7-1 所示的是售前客服的权重指标表格，从图中就可以看到各项指标都会有相应的 KPI 考核，以及所对应的标准、分值情况。

图 7-2 所示的是售后客服的权重指标表格，表中所对应的数值，商家需要根据店铺的实际情况而有所改变，针对每一个不同的店铺，制作出适合自己店铺的考核指标，在一定程度上约束客服，同时也能激励客服。对于店铺好的方面，需要继续发扬，对于不好的方面，例如，制定的考核标准太严，店铺一个月最大的销售额极限是 100 万元，但是要求店铺的客服达到 120 万元的销售额，这无疑是给客服增加压力，让客服的积极性下滑。因此，在做考核客服指标的情况下，也需要对店铺目前的情况做一个统一

的了解,针对店铺具体的情况,才能够使考核客服的指标更实际化、具体化、可操作性强,让店铺更好地发展下去。

接下来说说客服的考核指标,若是对于售前客服个人来讲,可将其按照等级划分为实习客服、普通客服、金牌客服;对于售后客服来讲,可将其划分为普通客服、金牌客服。由于售后客服是针对本身已经与顾客有其产品、服务等矛盾点,就不应该再由实习客服去解决与顾客之间的矛盾,避免将矛盾点再次激化。对于不同等级的客服层次,会有不同的分值及提成点。图 7-3 所示的是不同等级售前客服的绩效情况,其中的数值可以根据店铺的实际情况来设置。

时间										
序号	KPI 指标	详细描述	标准	分值	权重	数据	标准点	得分	加权得分
1	指标完成率(成交额)	实际销售额/计划销售额(A 万/月)	≥100%	100	30%				
			100%>?≥90%	85					
			90%>?≥80%	70					
			80%>?≥70%	55					
			70%>?≥60%	40					
			60%>?≥50%	25					
			50%>?≥40%	10					
			<40%	0					
2	咨询转化率	最终下单人数/咨询人数	≥45%	100	30%				
			45%>?≥40%	80					
			40%>?≥35%	60					
			<35%	0					
3	客单价	本旺旺落实且最终付款:销售额/下单付款人数(有效客单价)	≥224	100	5%				
			224>?≥200	80					
			200>?≥180	60					
			<180	0					
4	旺旺回复率	回复过的客户数/总接待客户数	≥98%	100	5%				
			98%>?≥95%	80					
			95%>?≥92%	60					
			<92%	0					
5	首次响应时间	平均每个客户的旺旺首次响应时间	≤29	100	5%				
			33≥?>29	80					
			35≥?>33	60					
			>35	0					
6	满意度	按照主管要求完成分配的任务/平时的工作表现	上级打分	100	25%				
				80					
				60					
				40					
				0					
			得分汇总						

图 7-1 售前客服的权重指标

时间									
序号	KPI 指标	详细描述	标准	分值	权重	数据	标准点	得分	加权得分
1	指标完成率（纠纷）	交易纠纷成功解决数/交易纠纷数	≥90%	100	40%				
			90%>?≥70%	80					
			70%>?≥60%	60					
			<60%	0					
2	首次响应时间	平均每个客户的旺旺首次响应时间	≤26	100	10%				
			30≥?>26	80					
			32≥?>30	60					
			>32	0					
3	聊天记录	通过抽查，发现客服服务的态度、心态与质量，越优越好（主观判断）	上级打分	100	10%				
				80					
				60					
				0					
4	专业知识	通过观察在工作过程中与客人的话语交流熟练度和专注性（主观判断）	上级打分	100	20%				
				80					
				60					
				0					
5	满意度	按照主管要求完成分配的任务/平时的工作表现	上级打分	100	20%				
				80					
				60					
				40					
				0					
得分汇总									

图 7-2 售后客服的权重指标

客服等级	分值	提成（元）	岗位资金（元）	伙食补贴（元）
金牌客服	90≤?≤100		2100	300
普通客服	80≤?<90		1800	300
实习客服	70≤?<80		1500	300
备注：1. 两次低于 70 分，淘汰				
2. 提成包括团队提成与个人提成				
金牌客服	1%			
普通客服	8‰			
实习客服	5‰			

图 7-3 售前客服的考核指标方案

图 7-4 所示的是售后客服的相应表格，个人会有个人的考核指标，团队当然也会有团队的考核指标，团队的考核指标与团队的实际销售金额、团队的目标销售金额、运营阶段提成等相关。

客服等级	分值	岗位资金（元）	伙食补贴（元）
金牌客服	90≤?≤100	2100	300
普通客服	80≤?<90	1800	300
备注：售后只参与团队提成			

图 7-4 售后客服的考核指标方案

图 7-5 展示了客服应该如何计算相应的提成。

销售额 A（万元）	提成 B 计算公式
A≤X	B=A×(　)
X<A≤Y	B=A×(　)
Y<A≤Z	B=A×(　)
A>Z	B=Z×(　)+(A-Z)×(　)

备注：1. A 为团队实际销售金额　2. Z 为团队目标金额　3. 根据运营阶段，提成的等级可以作相应调整，前期可以设两级

图 7-5　团队的考核指标方案

问：制定绩效考核的误区是什么？

答：制定绩效考核的目的在于激励客服努力工作，如果考核制度不合理，就会适得其反。下面是常见的两种误区。

（1）考核制度设置不合理

设置绩效考核制度，不能让客服感觉到不合理。例如，销售 3000 件奖金为 500 元，销售 6000 件奖金为 600 元，客服人员会觉得努力将销售业绩提高了一倍，收入才多了 100 元，还不如轻松点，将销量达到 3000 件即可。

（2）考核制度没有边界点

有的网店卖家设置考核制度方法是：销售 0 件，提成 0 元；销售 10 件，提成 10 元；销售 20 件，提成 20 元，以此类推。客服人员就不知道努力的最终目标，形成能卖多少是多少的态度。卖家应该设置一个边界点，激励客服，如销售 50 件以下无提成，50 件以上，一件提成 1 元。这样每一位客服都会给自己定最少 50 件的目标，以获得提成。

7.1.2　激励客服

除了制定客服的绩效考核之外，还需要考虑制定网店客服的奖励模式，良好的奖励模式可以将员工的积极性导向正确的方向，同时激励员工发挥其最大的潜力。激励客服的方式有多种，现在主要从物质奖励、精神奖励、职业发展 3 方面来讲解如何激励客服，通过什么方式激励客服。

1．物质奖励

（1）货币

通过货币的形式，可以是通过绩效工资的变化、调薪、长期激励等方式。绩效工资的变化主要在于针对绩效好的客服可以适当地提升绩效工资；调薪是针对客服总体的表现，适当地调整薪资；长期激励则在制定长期的薪资制度，如设定满 1 年的员工可以每季度增加 300 元奖金，满 2 年的员工可以每季度增加 400 元奖金。

（2）实物

实物激励方式，其实就是通过实实在在的、可以看得见的物质奖励来促进员工的积极性，如鲜花、水果，或者定期的下午茶。这些实物看起来不值钱，但是却会让客服人员感觉到温暖。

（3）休假

休假的激励方式则是通过给员工休假，或者是公司组织活动一起去旅游，或者是单独给表现好的员工旅游的机会。

2. 精神奖励

精神奖励也是员工对荣誉的一种渴望，如，表现好的员工，主管可以适当夸奖一下，或者对当前的业绩进行公布，排名在前的员工自然会比较开心，排名在后的员工下次自然会想要做得更好，让排名靠前。

3. 职业发展

每一个员工都有晋升的想法，大多数员工都希望能够有更多更好的发展机会。所以，公司可以创造出更多的发展机会，告知员工人人都有机会升迁，让他们向公司开辟的发展方向努力前行。

7.2 打造金牌客服

客服是每一家网店都存在的重要员工，但是同样数量的客服却可能产生不同的效益。优秀的客服不仅能在有限的时间里促进订单交易，增加客单价，还能让顾客对店铺产生印象，形成回头客。这便是所谓的金牌客服，一位金牌客服至少相当于两位普通客服，卖家需要有意识地对客服进行培训，提高客服的服务水准，获得更大的利润空间，其要点如下。

（1）塑造店铺形象

对于消费者而言，他们看到的网店店铺只是一张张图片，并未看到实物的存在，也看不到商家本人，因此无法判定和了解产品的实际情况，很容易产生一种怀疑和距离感。在这种时候，客服就显得尤为重要。客服可以通过网上的交流方式与消费者沟通，从而让消费者逐步了解店铺商家的服务态度及产品的质量等问题。客服可以通过一个笑脸或一个亲切的问候，让消费者真实地感受到与一个热情、善解人意的朋友在聊天，这样可以帮助消费者放弃最开始的戒备，从而在心中逐步建立起店铺的良好形象。

（2）提高成交率

当消费者进入到店铺后，若产品的详情页没有足够清楚地表现出产品的特征，但是消费者对该产品又很感兴趣，则会咨询店铺的客服，客服如果能够及时回复消费者的疑问，就可以让消费者及时了解需要的内容，从而达成交易，提升成交率。

对于不同的消费者，客服需要用不一样的沟通方式去交流，这就需要客服人员具备良好的沟通技巧，及时回答消费者不清楚的疑问，认真倾听，热心引导；当消费者议价时，需以退为进，促成最终的成交，并及时核实消费者的姓名及收货地址，热情道谢，欢迎消费者的下次到来。

（3）提高顾客回头率

顾客的回头率与客服人员的服务水平关系密切，为了增加回头率，客服人员需要在售前、售中和售后都做到完美。在售前需要学习商品的专业知识，准备好专业话术，并且在顾客上门时第一时间响应，热情应答；在售中要认真倾听、理解顾客需要，快速解决顾客问题。在售后，要主动回访，询问顾客在商品使用过程中是否遇到了问题，让顾客感受到店铺的用心，成为回头客。

7.2.1 如何管理客服

在任何一个店铺或公司，都需要通过管理对员工进行约束，但目前有许多商家对店铺客服岗位的关注度不高，也没有系统的管理。商家应重视这一部分，给自己所在的店铺制定一定的客服管理体系，更好地管理客服，让网店更有规矩。

其一，客服的工作职责必须明确。淘宝客服涉及售前咨询、售后服务等，必须要有明确的工作任务分配，每个工作必须要建立自己的工作标准和规范，不能让客服自己随意安排工作时间，这样会使平时工作的效率降低。售后服务必须一开始就要有明确的规则，如退换货的原则，可以采用固定的人员处理，这样可以保证口径统一。售前咨询时，可以安排客服定期进行相应的总结，就是把用户经常问的问题进行总结，然后大家提前想一些好的策略，应该如何回答用户的问题，并且可以提前编辑一定的话术。

其二，客服需要有明确的目标。可以给店铺客服制定明确的数字化目标及评估机制，如淘宝店铺的咨询量、成交量等都可以设定每周工作目标，让客服可以围绕这个目标而努力，并且这个目标的达成要与每个客服人员的绩效考核挂钩。

制定店铺的管理制度时，还要考虑以下几点。

（1）上班时间。一般客服上班的时间分成两个时间段：一个是早上8点到下午5点的白班，一个是下午5点到凌晨1点的夜班，因为这些时段是客户购买商品的高峰期，凌晨1点后一般顾客很少再上网购买产品，因此，凌晨1点后也可以不用安排。具体的工作时间得根据店铺的实际情况制定上班时间，然后两个班次可以安排倒班制度，倒班的时候一定要把交接工作做好。

（2）提前做好顾客疑问的笔记。每个客服在遇到一些比较难的问题，或者当顾客提出一些问题又不好回答的时候，可以将问题记录下来，然后把这些问题转交给店主，寻求改善的方法。在工作中要学会记录，这样才能让自己以后收获颇多。

（3）每周可以由店主主持开客服会议。可以通过视频的方式在上班的早上或晚上进行，会议内容主要是总结每周的工作经验，以及报告有哪些未做好的地方。每当有新产品上架时，应该及时让客服知道新产品的最新情况，便于客服及时了解并对可能遇到的问题做相应的准备。

（4）与顾客沟通时，注意文明用语。当顾客咨询商品时，客服应使用文明用语与顾客沟通。如果在之后查看中发现有客服对顾客使用脏话或其他威胁顾客的语句，就需要对该客服做记过处理；如果一旦被顾客投诉，就要进行相应的惩罚。

（5）工作态度要端正。不得无故迟到、早退，如果有事需要请假，最好在前一天向店主请假。在工作期间不能做与上班不相关的事情，如看电影、玩游戏等。

（6）客服需要对店铺忠诚。不能把店铺的相关信息随便透露给其他店铺的人，或者把产品的全部情况说给客户，更不能私自联系客户在私底下做交易等。

7.2.2 如何培训客服

网店客服并不是一个简单的工作,而是需要商家提前培训员工以熟悉客服工作职责,以及客服应该注意的相关事项。以下会从客服应具备的基本素质、客服的沟通技巧、客服的工作技巧、对网店顾客需求的认知、网店顾客类型的分析等方面逐一讲解。

1. 网店客服应具备的基本素质

想要成为合格的网店客服,就应该具备一些基本的素质,如心理素质、技能素质及其他综合素质等。

(1)心理素质

心理素质主要在于,客服在与顾客沟通的过程中需要承受的各种压力、挫折。良好的心理素质应满足以下几点。

- "处变不惊"的应变能力
- 挫折打击的承受能力
- 情绪的自我掌控及调节能力
- 有付出情感的支持能力
- 积极进取、永不言败的良好心态

(2)品格素质

- 有容忍与宽容的气度
- 热爱公司、热爱自己所在的岗位,做好每一件自己职责范围内的事
- 要有谦和的态度,这是赢得顾客满意度的重要保证
- 勇于承担责任,有强烈的集体荣誉感
- 热情主动的服务态度

(3)技能素质

- 良好的文字语言表达能力
- 丰富的行业知识及经验
- 优秀的语言沟通技巧和谈判技巧
- 熟练的专业技能,包括谈话技巧、对顾客的心理洞察能力
- 敏锐的观察能力和洞察力
- 良好的倾听能力
- 具备专业的客服服务电话应答技巧
- 具备良好的人际沟通能力

(4)综合素质

- 需要具备"客户至上"的服务观念
- 需要具备对各种问题的分析解决能力
- 需要具备对工作独立处理的能力
- 需要具备人际关系的协调能力

2. 网店客服的沟通技巧

由于网购看不到实物，因此给人的感觉是比较虚幻的，但是为了促成店铺的成交，客服就必须打消客户的疑虑与不真实感，促使顾客购买产品。因此客服沟通交谈的技巧运用对促成店铺订单的成交至关重要。

（1）态度方面

① 树立端正、积极的服务态度。网店客服人员需要具备端正、积极的服务态度，当已卖出的商品出了问题的时候，不管是顾客的问题还是物流公司的问题，又或者是产品本身的问题，都应该积极解决，不能回避、推脱。积极主动地与顾客沟通，尽快了解情况，让顾客觉得他是受尊重、受重视的，并且尽快提出解决办法。除了与顾客之间的金钱交易外，还应该让顾客感觉到购物的满足和被服务的享受。

② 有足够的耐心与热情。网店销售中，经常会遇到有一些顾客喜欢把一些事情问得非常仔细，那么，这个时候就需要客服有足够的耐心和热情，细心的回复，从而给顾客一些信任感。绝不可以表现出不耐烦，就算顾客不买店铺的产品而离开时，客服也要说声"欢迎下次光临"等类似语句，如果服务够好，假如这次顾客没有购买，等到下次顾客有需求的时候，也许会考虑购买。砍价的顾客也是会经常遇到的，砍价是买家的天性，是可以理解的，毕竟大多数人都想要买到"物美价廉"的商品，沟通时，可以在彼此能够接受的范围内适当退让一些，如果实在不行，也应该委婉地告知顾客，并且表示歉意，或者引导顾客换个角度来看商品，让顾客感受到物有所值，也就不会太在意价格了。总之要让顾客感觉到你是热情真诚的，千万不要讲"我这里不还价"等伤害顾客自尊的话语。

（2）表情方面

不得不说微笑有一种很神奇的力量，当用微笑迎接顾客时，可以让对方心中产生一丝丝暖意，虽然说网上与顾客的交流是看不见对方真实表情的，但是只要传递上微笑的表情，言语之间也是可以感受到的。此外，在沟通时，可以多加一些表情符号传递给顾客，加表情与不加表情给顾客的感受是完全不同的。

（3）礼貌方面

礼貌地对待顾客，可以让顾客感受到自己被尊重，是"上帝"的感觉，当顾客进入店铺中与客服沟通时，先来一句"欢迎光临，请多多关照"或者"欢迎光临，请问有什么可以为您效劳的吗"。诚心挚意地"说"出来，会让人有一种十分亲切的感觉。并且可以先培养一下感情，这样就会使顾客的心理抵抗力减弱或者消失。有些顾客只是随便到店铺里看看，那么也要诚心地感谢人家说声"感谢光临本店"。对于彬彬有礼的网店客服，谁都不会拒之门外的。诚心致谢是一种心理投资，不需要很大代价，但可以收到非常好的效果。

沟通过程中其实最关键的不是你说的话，而是你如何说话。下面是一个关于小细节的例子，来感受一下不同说法的效果："您"和"MM您"比较，前者正规客气，后者比较亲切；"不行"和"真的不好意思""恩"和"好的，没问题"比较，都是前者生硬，后者比较有人情味；"不接受见面交易"和"不好意思，我平时很忙，可能没有时间和您见面交易，请您理解"比较，相信大家都会认为后一种语气更能让人接受。多采用礼貌的态度、谦和的语气，就能顺利地与客户进行良好的沟通。

（4）语言文字方面

① 沟通中少使用一些"我"字，多使用一些"您"或"咱们"这样的字眼，能让顾客感觉到客服在

全心全意为他考虑问题。

② 尽量多使用常规的规范用语，如"请""欢迎光临""认识您很高兴""希望在这里能找到您满意的产品"等语句，以及可以多使用礼貌的一些词，如"您好""请问""麻烦""请稍等""不好意思""非常抱歉""多多支持"等语句。

平时要多注意提高修炼自己的内功，同样一件事，不同的表达方式就会表达出不同的意思。很多交易中的误会和纠纷就是因为语言表述不当而引起的。

③ 在与顾客语言沟通中，应尽量避免使用负面语言。这一点是非常关键的，什么是负面语言？例如，"我不能""我不会""我不愿意""我不可以"等，这些都属于负面语言。

其一，在与顾客沟通交流中，不能说"我想我做不了"，当你说"不"时，与顾客的沟通会马上处于一种消极气氛中，为什么要让客户把注意力集中在你或你的公司不能做什么，或者不想做什么上呢？正确的回答应该是告诉客户你能做什么，并且非常愿意帮助他们。

其二，在与顾客沟通交流中，不能说"但是"，如对别人讲"你今天穿的外套真好看！但是……"，无论你前面讲得多好，如果后面出现了"但是"，就等于将前面对客户所说的话进行否定。所以要避免说"但是"之类的话。

其三，在与顾客沟通交流中，要有一个"因为"，要让顾客接受你的建议，应该告诉他理由，不能满足客户的要求时，要告诉他原因。

（5）旺旺使用技巧

可以通过提前设置快捷短语，将常用的句子保存下来，当遇到顾客比较多的时候，不至于慌乱，可以快速地回复顾客，如欢迎词、不讲价的解释、"请稍等"等话术，这样可以节约大量的时间。在日常回复中，发现哪些问题是顾客问得比较多的，也可以把回答内容保存起来，从而达到事半功倍的效果。

通过旺旺的状态设置，还可以给店铺做宣传，如在状态设置中写一些优惠措施、节假日提醒、推荐商品等。如果暂时不在座位上，可以设置"自动回复"，不至于让顾客觉得自己好像没人搭理，也可以在自动回复中加上一些自定义的话语，都能起到不错的效果。

（6）针对性方面

任何一种沟通技巧，都不能对所有顾客一概而论，针对不同的顾客应该采用不同的沟通技巧。

① 顾客对商品了解程度不同，沟通方式也会有所不同。

其一，对商品缺乏认识的顾客对客服的依赖性强。对于这样的顾客需要像对待朋友一样去细心的解答，多从他的角度考虑，去给他推荐，并且告诉他推荐这些商品的原因。对于这样的顾客，你的解释越细致，越能得到他的信赖。

其二，对商品有些了解，但又不是非常了解的顾客，通常比较主观、易冲动，不太容易信赖。面对这样的顾客，就要学会控制情绪，耐心地回答，向其展现你丰富的专业知识，可以让其认识到自己的不足，从而增加对你的信赖。

其三，对商品非常了解的顾客通常知识面广、自信心强，问题往往都能问到点子上。面对这样的顾客，要表示出你对其专业知识的欣赏，可以和他探讨专业的知识，给他来自内行的推荐，让其感觉到自己真的被当成了内行的朋友，而且你尊重他的知识，给他的推荐肯定是最衷心的、最好的。

② 对价格要求不同的顾客，沟通方式也会有所不同。

其一，有的顾客很大方，说一不二，你说不砍价就不跟你讨价还价。对待这样的顾客要表达你的感谢，并且主动告诉他店铺的优惠措施，会赠送什么样的小礼物等，让顾客感觉物超所值。

其二，有的顾客会试探性地问能不能还价。对待这样的顾客既要坚定地告诉他不能还价，同时也要态度和缓地告诉其这样的价格是物有所值的，并且谢谢他的理解和合作。

其三，有的顾客就是要讨价还价，不讲价就不高兴。对于这样的顾客，除了要坚定店铺的原则外，还要有礼有节地拒绝其要求。适当的时候建议他再看看其他便宜的商品。

③ 对商品要求不同的顾客，沟通方式也会有所不同。

其一，有的顾客因为买过类似的商品，所以对购买的商品质量有清楚的认识。这样的顾客很好打交道。

其二，有的顾客半信半疑，会问"图片和商品是一样的吗？"对于这样的顾客要耐心给他们解释，在肯定产品是实物拍摄的同时，要提醒他难免会有色差等，让他有一定的思想准备，不要把商品想象得太过完美。

其三，还有的顾客非常挑剔，在沟通的时候就可以感觉到，他会反复问"有没有瑕疵？""有没有色差？""有问题怎么办？""怎么找你们"等。这个时候就要意识到这是一个追求完美主义的顾客，除了要实事求是地介绍商品外，还要把一些可能存在的问题都告诉他，告诉他没有东西是十全十美的。如果顾客还是坚持要完美的商品，就应该委婉地建议他选择实体店购买需要的商品。

（7）其他方面。

① 坚守诚信。网络购物虽然方便快捷，但唯一的缺陷就是看不到摸不着。顾客面对网上商品难免会有疑虑和戒心，所以对顾客必须要用一颗诚挚的心，像对待朋友一样对待顾客，包括诚实地解答顾客的疑问，诚实地告诉顾客商品的优缺点，诚实地向顾客推荐适合他的商品。

坚守诚信还表现在一旦答应顾客的要求，就应该切实履行自己的承诺，哪怕自己吃点亏，也不能出尔反尔。

② 凡事留有余地。在与顾客交流中，不要用"肯定，保证，绝对"等字样，这不等于你售出的产品是次品，也不表示你对买家不负责任，而是不让顾客有失望的感觉。因为每个人在购买商品的时候都会有一种期望，如果你保证不了顾客的期望，最后就会变成顾客的失望。比如卖化妆品的，本身每个人的肤质就不同，你能百分百保证你售出的产品在几天或一个月内就一定能达到顾客想象的效果吗？对于销售出去的货品在路途中时，能保证不误期、不会被损坏、不会被丢失吗？为了不让顾客失望，最好不要轻易保证。如果需要，最好用尽量、争取、努力等词语，效果会更好。多给顾客一点真诚，也给自己留有一点余地。

③ 处处为顾客着想，用诚心打动顾客。让顾客满意，重要的一点就体现在真正为顾客着想。处处站在对方的立场上，想顾客之所想，让顾客觉得你是一个买家助手。

④ 多虚心请教，多倾听顾客的声音。当顾客上门的时候，客服并不能马上判断出顾客的来意和所需要的产品，所以需要先问清楚顾客的意图，需要什么样的商品，是送人还是自用，是送给什么样的人，等等。了解清楚顾客的情况之后，再对其进行准确定位，做到只介绍对的不介绍贵的，以客为尊，满足顾客的

需求。

⑤ 做个专业的客服，给顾客准确的介绍。不是所有的顾客对店铺的产品都是了解和熟悉的。当有的顾客对产品不了解的时候，在咨询过程中，就需要为顾客细心解答，从而帮助顾客找到适合他们的产品。不能顾客一问三不知，这样会让顾客感觉不到信任感，谁也不会在这样的店里买东西。

⑥ 遇到问题，多检讨自己少责怪对方。遇到问题的时候，先想想自己有什么做得不到位的地方，诚恳地向顾客检讨自己的不足，不要上来先指责顾客。例如，有些内容明明写了可是顾客没看到，这个时候千万不要一味地指责顾客没有好好看商品的说明，而是应该反省自己为什么没有及时地提醒顾客。

⑦ 表达不同意见时尊重对方立场。当顾客表达不同意见时，要力求体谅和理解顾客，表现出"我理解您现在的心情,目前……"或"我也是这么想的,不过……"来表达，这样顾客能觉得你在体会他的想法，能够站在他的角度思考问题，同样，他也会试图站在你的角度来考虑。

⑧ 保持相同的谈话方式。对于不同顾客，客服应该尽量用和他们用相同的谈话方式来交谈。如果对方是个年轻的妈妈给孩子选商品，客服应该表现出从母亲的立场出发，考虑孩子的需要，用比较成熟的语气来表述，这样更能得到顾客的信赖。如果你自己表现得更像个孩子，顾客会对你的推荐表示怀疑。

如果你常常使用网络语言，但是在和顾客交流的时候，有时候他对你使用的网络语言不理解，会感觉和你交流有障碍，有的人不喜欢太年轻态的语言。所以建议大家在和顾客交流的时候，要因人而异。

⑨ 坚持自己的原则。在销售过程中客服会经常遇到讨价还价的顾客，这个时候应当坚持自己的原则。如果商家在定制价格的时候已经决定不再议价，那么就应该向要求议价的顾客明确这个原则。例如，邮费问题，如果顾客没有符合包邮条件，而给某位顾客包邮，钱是小事，但后果是严重的。

其一，会让其他顾客觉得不公平，使店铺失去纪律性。

其二，给顾客留下经营管理不正规的印象，从而小看你的店铺。

其三，给顾客留下价格产品不成正比的感觉，否则为什么你还有包邮的利润空间呢？

其四，顾客下次来购物时还会要求和这次一样的特殊待遇，或者进行更多的议价，这样你需要投入更多的时间和成本来应对。处于目前快节奏的社会中，时间就是金钱，珍惜顾客的时间也珍惜自己的时间，才是负责任的态度。

3. 网店客服工作技巧

网店客服除了具备一定的专业知识、周边知识、行业知识外，还要具备一些工作方面的技巧，具体有如下几方面。

（1）促成交易技巧

① 利用"怕买不到"的心理。人们经常对越是得不到、买不到的东西，就越想得到它、买到它。你可以利用这种"怕买不到"的心理，来促成订单。当对方已经有比较明显的购买意向，但还在最后犹豫的时候。可以用以下说法来促成交易："这款是我们最畅销的了,这款产品经常脱销,现在这批只剩两个了,如果您现在不要，估计过一两天又会没了，喜欢的话别错过了呢。"或"今天是优惠价的截止日，请把握良机，明天你就买不到这种折扣价了。"

② 利用顾客希望快点拿到商品的心理。大多数顾客希望在付款后越快寄出商品越好。所以在顾客已有购买意向，但还在最后犹豫的时候，可以说："如果真的喜欢的话就赶紧拍下吧，快递公司的人再过

10分钟就要来了，如果现在支付成功的话，马上就能为你寄出了。"对于可以用网银转账或在线支付的顾客尤为有效。

③ 当顾客一再出现购买信号，却又犹豫不决拿不定主意时，可采用"二选其一"的技巧来促成交易。例如，你可以对他说"请问您需要第8款还是第9款？"或者说"请问要平邮给您还是快递给您？"这种"二选其一"的问话技巧，只准顾客选其中一个，其实就是你帮他拿主意，下决心购买了。

④ 帮助准顾客挑选，促成交易。许多准顾客即使有意购买，也不喜欢迅速签下订单，总是要东挑西拣，在产品颜色、规格、式样上不停地打转。这时候你就要改变策略，暂时不谈订单的问题，转而热情地帮对方挑选颜色、规格、式样等，一旦上述问题解决，你的订单也就落实了。

⑤ 巧妙反问，促成订单。当顾客问到某种产品，而该产品正好没有的时候，就得运用反问来促成订单。举例来说，顾客问："这款有金色的吗？"这时，你不可回答没有，而应该反问道："不好意思我们没有进货，不过我们有黑色、紫色、蓝色的，在这几种颜色里，您比较喜欢哪一种呢？"

⑥ 积极的推荐，促成交易。当顾客拿不定主意，需要你推荐的时候，要尽可能多地推荐符合他要求的款式，并在每个链接后附上推荐的理由。而不要找到一个推荐一个。"这款是刚到的新款，目前市面上还很少见""这款是我们最受欢迎的款式之一""这款是我们最畅销的了"等，以此来促成交易。

（2）时间控制技巧

除了回答顾客关于交易上的问题外，可以适当地聊天，这样可以促进双方的关系。但要控制好聊天的时间和度，毕竟，你的工作不是闲聊。你还有很多的工作要做。聊到一定时间后可以以"不好意思我有点事要走开一会儿"为由结束交谈。

（3）说服客户的技巧

① 调节气氛，以退为进。在说服时，首先应该想方设法调节谈话的气氛。如果用和颜悦色的提问方式代替命令，并给人以维护自尊和荣誉的机会，气氛就是友好而和谐的，说服也就容易成功；反之，在说服时不尊重他人，拿出一副盛气凌人的架势，那么说服多半是要失败的。毕竟人都是有自尊心的，谁都不希望自己被他人不费力地说服而受其支配。

② 争取同情，以弱克强。渴望同情是人的天性，如果你想说服比较强大的对手时，不妨采用这种争取同情的技巧，从而以弱克强，达到目的。

③ 消除防范，以情感化。一般来说，在和要说服的对象较量时，双方都会产生一种防范心理，尤其是在危急关头。这时候，要想使说服成功，就要注意消除对方的防范心理。如何消除防范心理呢？从潜意识来说，防范心理的产生是一种自卫，也就是当人们把对方当作假想的敌人时所产生的一种自我保护心理，那么消除防范心理的最有效方法就是反复给予暗示，表示自己是朋友而不是敌人。这种暗示可以采用很多方法来实现，如嘘寒问暖、热情帮助，等等。

④ 投其所好，以心换心。站在他人的立场上分析问题，能给他人一种为他着想的感觉，这种投其所好的技巧常常具有极强的说服力。要做到这一点，"知己知彼"十分重要，惟先知彼，而后方能从对方立场上考虑问题。

⑤ 寻求一致，赢得好感。对于比较顽固的人，经常处于"不"的心理组织状态之中，所以自然而然地会呈现僵硬的表情和姿势。对付这种人，如果一开始就提出问题，绝不能打破他"不"的心理。所以，

你得努力寻找与对方一致的地方，先让对方赞同你远离主题的意见，从而使他对你的话题感兴趣，然后再想其他方法将你的主意引入话题，而最终求得对方的同意。

4. 对顾客需求的认知

客户进店以后，除了对具体某个（或某些）商品的需求之外，还有其他一些常被商家忽视的需求，而且满足客户具体商品以外的那些需求往往并不需要商家付出太多的成本，但却在促成商品成交上发挥巨大的作用，那么除了具体商品外，客户还有哪些需求呢？大致的需求主要有安全及隐私的需求、有序服务并且及时服务的需求、受欢迎、感觉舒适、被理解、受重视、被称赞、被尊重等需求。

5. 顾客的类型分析

了解网店客户的特点，以及网店客户的基本类型，对于提高网店客服的服务质量和服务效率具有极其重大的作用，具体有如下几个方面。

（1）按客户性格特征分类及应采取的相应对策

① 友善型客户。

特征：性格随和，对自己以外的人和事没有过高的要求，具备理解、宽容、真诚、信任等美德，通常是企业的忠诚客户。

策略：提供最好的服务，不因对方的宽容和理解而放松对自己的要求。

② 独断型客户。

特征：异常自信，有很强的决断力，感情强烈，不善于理解别人；对自己的任何付出一定要求回报；不能容忍欺骗、被怀疑、怠慢、不被尊重等行为；对自己的想法和要求一定需要被认可，不容易接受意见和建议；通常是投诉较多的客户。

策略：小心应对，尽可能满足其要求，让其有被尊重的感觉。

③ 分析型客户。

特征：情感细腻，容易被伤害，有很强的逻辑思维能力；懂道理，也讲道理。对公正的处理和合理的解释可以接受，但不愿意接受任何不公正的待遇；善于运用法律手段保护自己，但从不轻易威胁对方。

策略：真诚对待，做出合理解释，争取对方的理解。

④ 自我型客户。

特征：以自我为中心，缺乏同情心，从不习惯站在他人的立场上考虑问题；绝对不能容忍自己的利益受到任何伤害；有较强的报复心理；性格敏感多疑；时常"以小人之心度君子之腹"。

策略：学会控制自己的情绪，以礼相待，对自己的过失真诚道歉。

（2）按客户购买行为分类及应采取的相应对策

① 交际型客户。

特征：顾客很喜欢聊天，先和你聊了很久，聊得愉快了就到你的店里购买东西，成交了也成了朋友，至少很熟悉了。

策略：对于这种类型的客户，一定要热情如火，并把工作的重点放在这种类型的客户上。

② 购买型客户。

特征：顾客直接买下你的东西，很快付款，收到东西后也不和你联系，直接给你好评，对你的热情很冷淡。

策略：对于这种类型的客户，不要浪费太多的精力，如果执着地和他保持联系，他可能会认为是一种骚扰。

③ 礼貌型客户。

特征：本来因为一件拍卖的东西和你发生了联系，如果你热情如火，在聊天过程中运用恰当的技巧，他会直接到你的店里再购买一些东西，售后服务做好了，他或许因为不好意思还会到你的店里来。

策略：对于这种类型的客户，我们尽量要做到热情。

④ 讲价型客户。

特征：讲了还讲，永不知足。

策略：对于这种类型的客户，要咬紧牙关，坚持始终如一，保持你的微笑。

（3）按网店购物者常规类型分类及应采取的相应对策

① 初次上网购物者。

特征：这类购物者在试着领会电子商务的概念，他们的体验可能会从在网上购买较便宜的小商品开始。这类购物者要求界面简单、过程容易。

策略：产品照片对说服这类购买者完成交易有很大帮助，因此图片很重要。

② 勉强购物者。

特征：这类购物者对安全和隐私问题感到紧张。因为有恐惧感，他们在开始时只想通过网站做购物研究，而非购买。

策略：对这类购物者，只有明确说明安全和隐私保护政策才能够使其消除疑虑，轻松面对网上购物。

③ 价格便宜商品的购物者。

特征：只想要购买便宜商品的顾客。

策略：这类购物者广泛使用比较购物工具，不玩品牌忠诚，只要最低的价格。网站上提供的廉价出售商品，对这类购物者最具有吸引力。

④ "手术"购物者。

特征：这类购物者在上网前已经很清楚自己需要什么，并且只购买他们想要的东西。他们的特点是知道自己做购买决定的标准，然后寻找符合这些标准的信息，当他们很自信地找到了正好合适的产品时就开始购买。

策略：其他购物者的体验和对有丰富知识的操作者提供的实时客户服务，会吸引这类购物者。

⑤ 狂热购物者。

特征：这类购物者把购物当作一种消遣。他们购物频率高，也最富于冒险精神。对这类购物者，迎合其好玩的性格十分重要。

策略：为了增强娱乐性，网站应为他们多提供观看产品的工具、个人化的产品建议，以及像电子公告板和客户意见反馈页之类的社区服务。

6. 顾客的购物心理

必须弄清楚顾客的心理，知道顾客在想什么，然后才能根据具体情况进行有针对性的有效沟通，进而加以引导，因此洞悉买家的购物心理极其重要。

（1）买家常见的5种担心心理

① 卖家信用可不可靠？对于这一担心，可以用交易记录等来对其进行说服。

② 价格低是不是产品有问题？针对这一担心，要给买家说明价格的由来，为什么会低，低并非质量有问题。

③ 同类商品那么多，到底该选哪一个？对于这一担心，可尽量以地域优势（如快递便宜）、服务优势来说服买家。

④ 网上交易是否安全？对于这一担心，可以通过支付宝安全交易说明来打消买家的顾虑。

⑤ 收不到货怎么办？货实不符怎么办？货物损坏怎么办？退货邮费怎么办？买家迟迟不付款，犹豫。对于这一担心，可以告知顾客售后服务、消费者保障服务等进行说服，给予买家足够的信心。

（2）买家网上消费心理分析及应采取的相应策略

① 求实心理，针对这一类顾客，在商品描述中要突出产品实惠、耐用等字眼。

② 求美心理，针对这一类顾客，卖化妆品、服装的卖家，要注意文字描述中写明"包装""造型"等字眼。

③ 求名心理，这一类顾客的消费动机的核心是"显示"和"炫耀"，同时对名牌有一种安全感和信赖感。针对这一类顾客，采取投其所好的策略即可。

④ 求廉心理，这一类的顾客心理动机是"少花钱多办事"，其核心是"廉价"和"低档"。针对这一类顾客，只要价格低廉就行。

⑤ 从众心理，针对这一类顾客，可以根据这种心理作文字描述，再加上价格的优势，很容易聚拢人气，后来者就源源不断。

⑥ 疑虑心理，针对这一类顾客，需要和顾客强调说明自己的产品确实是存在的，产品的质量经得起考验。

⑦ 安全心理，这一类顾客是比较担心像食品、卫生用品、电器等的安全性。针对这一类顾客，在产品的页面上给以解说，并且用上"安全""环保"等字眼，效果往往比较好。

7. 如何应对顾客的讨价还价

（1）较小单位报价法

根据自身店铺的情况，以较小的单位价格进行报价，然后强调该产品已售出的数量。

（2）在小事上慷慨

在讨价还价过程中，买卖双方都需要做出一定的让步。尤其是作为网店主而言，如何让步是关系到整个洽谈成败的关键。就常理而言，虽然每一个人都愿意在讨价还价中得到好处，但并非每个人都是贪得无厌的，多数人是只要得到一点点好处，就会感到满足。

正是基于这种分析，网店主在洽谈中要在小事上做出十分慷慨的样子，使买家感到已得到对方的优惠或让步。例如，增加或替换一些小零件时不要向买家收费，否则会因小失大，引起买家反感，并且使买家马上对价格敏感起来，影响下一步的洽谈。反之，免费向买家提供一些廉价的、微不足道的小零件或包装品则可以增进双方的友谊，网店主是决不会吃亏的。

（3）用比较法说明价格的合理性

为了消除价格障碍，网店主在洽谈中可以多采用比较法，它往往能收到良好的效果。比较的做法通常是拿所推销的商品与另外一种商品相比，以此说明价格的合理性。在运用这种方法时，如果能找到一个很好的角度来引导买家，效果会非常好，如把商品的价格与日常支付的费用进行比较等。由于买家往往不知道在一定时间内日常费用加起来有多大，你可以从这一点出发进行对比，让买家感到优惠，自然就容易购买商品了。一位立体声录音机店主曾向他的买家证明其录音机的价格，只相当于买家在一定时期内抽香烟和乘公共汽车费用的总和。另一位家庭用具网店主则这样解释商品的价格：这件商品的价格是2000元，但它的使用期是10年，这就是说，你每年只花200元，每月只花16元左右，每天还不到6角钱，考虑到它为你节约的工作时间，6角钱算什么呢？这样的分解后，相信很多买家都会有所认同，并购买产品。

（4）讨价还价要分阶段进行

若可以讲价的商品，在和买家讨价还价还要分阶段一步一步地进行，不能一下子降得太多，而且每降一次要装出一副一筹莫展、束手无策的无奈模样。

有的买家故意用夸大其辞甚至威胁的口气，并装出要告辞的样子来吓唬你。例如，他说："价格贵得过分了，没有必要再谈下去了。"这时你千万不要上当，一下子把价格压得太低。你可以显示出很棘手的样子说："先生，你可真厉害呀！"故意花上几十秒钟时间苦思冥想一番之后，使用交流工具打出一个思索的图标，最后咬牙做出决定："实在没办法，那就？？"比原来的报价稍微低一点，切忌降得太猛。当然对方仍不会就此罢休，不过，一定要稳住阵脚，并装作郑重其事、很严肃的样子宣布："再降无论如何也不成了。"在这种情况下，买家将产生错觉认为这是最低的限度了，有可能就此达成协议。也有的顾客还会再压一次价格，尽管幅度不是很大："如果这个价我就买了，否则咱们拜拜。"这时网店主可用手往桌子一拍，"豁出去了！就这么着吧！"立刻把价格敲定。实际上，被敲定的价格与网店规定的下限价格相比仍高出不少。

（5）讨价还价要认真对待

讨价还价不是可有可无的，那是否有必要呢？回答是肯定的。首先，买家会相信店主说的都是实在话，他确实买了便宜货。同时也让买家相信店主的态度是很认真的，不是产品质量不好才让价，而是被逼得没办法才被迫压价，这样一来，会使买家产生买到货真价实的产品的感觉。网店主千方百计地与对方讨价还价，不仅仅是尽量卖个好价钱，同时也是使对方觉得战胜了对手，获得了便宜，从而产生一种满足感。假使让买家轻而易举地就把价格压下来，其满足感则很淡薄，而且还会有进一步压价的危险。

（6）不要一开始就亮底牌

有的网店商家不讲究价格策略，洽谈一开始的时候就把最低价抛出来，并说："这个是最低价，够便宜的吧！"

网店主的这种做法其成功率是很低的。要知道，在洽谈的初始阶段，买家不会相信网店主给的是最低的报价。这样一来，你只能像鹦鹉学舌一样翻来覆去地说："这已是最低价格了，请相信我吧！"此时此刻若想谈成，只能把价格压到下限价格之下了。

（7）如何应付胡搅蛮缠型买家的讨价还价

在买家当中，确实有一种人胡搅蛮缠，没完没了地讨价还价。这类买家与其说想占便宜不如说成心捉弄人。即使你告诉他最低价格，他仍要求降价。对付这类买家，网店主一开始必须狠心把报价抬得高高的，在讨价还价过程中要多花点时间，每次只降一点，而且降一点就说一次"又亏了"。就这样，降个五六次，他也就满足了。有的商品是有标价的，所以降价的幅度十分有限，每一次降的要更少一点。需要先摸清对方的脾气，慢慢地与对方谈论价格战。

8．如何做好售后服务

好的店铺是绝不会忽视售后服务环节的，因为很多店家都清楚，维护好1个老客户比新开发10个新客户都重要，那么如何才能做好售后服务呢，具体有如下几个方面。

（1）树立售后服务观念

① 售后服务是整个物品销售过程的重点之一。好的售后服务会带给买家非常好的购物体验，可能使这些买家成为你的忠实用户，以后经常购买你店铺内的物品。

② 做好售后服务，首先要树立正确的售后服务观念。服务观念是长期培养的一种个人（或店铺）的魅力，卖家都应该建立一种"真诚为客户服务"的理念。

③ 服务不可能让所有客户都满意。网店客服人员只要在"真诚为客户服务"的指导下，问心无愧地做好售后服务即可，有的客户确实比较刁钻无法让其满意，这时客服也不要心生沮丧，要调整好心情接待好下一位客户。

④ 卖家应该重视和充分把握与买家交流的每一次机会。因为每一次交流都是一次难得地建立感情、增进了解、增强信任的机会。买家也会把他们认为很好的卖家推荐给更多的朋友。

（2）收到买家评价后立即回评

在卖家中心—已卖出的宝贝（交易管理模块）页面中，当买家进行确认收货后，商家可以对买家进行信用评价，同时也可以看到买家给自己的评价。及时给出对买家的评价，可以让买家感受到卖家对自己的重视。

（3）不同买家不同备注

① 卖家应该好好地总结自己买家群体的特征，因为只有全面了解到买家的情况，才能确保进的货正好是买家喜欢的物品，也才能更好地发展生意。

② 建立买家的资料库，及时记录每个成交买家的各种联系方式。

③ 总结买家的背景，在和买家交易的过程中，了解买家的职业或者城市等其他的背景，能帮你总结出不同的人群所适合的物品。

④ 购买能力很强的买家更要作为总结的重点，发展这类群体成为忠实买家有助于提高店铺的生意。

（4）发展潜在忠实买家

① 淘宝给所有卖家一笔宝贵的财富。这笔财富就是当用户成为你的客户以后，淘宝不可能收回这些客户资料，他们将成为你自己的资产，这笔资产维护得好坏将直接影响到他们以后会不会继续购买你的物品。

② 忠实买家所产生的销售额通常能够达到一定比例。对于曾经购买过你产品的客户，除了做好第一

次交易外，还要做好后续的维护，让他们成为你的忠实顾客。

③ 适当与老客户联系。定期给买家发送有针对性的、买家感兴趣的邮件和旺旺消息，切忌太频繁，否则很可能被当作垃圾邮件，另外宣传的物品绝对要有吸引力！

④ 把忠实买家设定为店铺的 VIP 买家群体。在店铺内制定出相应的优惠政策，如可以让他们享受新品优惠等。

9. 如何处理顾客的投诉

要成功地处理客户投诉，先要找到最合适的方式与客户进行交流。很多客服人员都会有这样的感受，客户在投诉时会表现出情绪激动、愤怒，甚至会破口大骂。

其实，这只是一种发泄，把自己的怨气、不满发泄出来，让忧郁或不快的心情得到释放和缓解，才能维持心理的平衡。此时，客户最希望得到的是同情、尊重和重视，因此要立即向其道歉，并采取相应的措施。

（1）快速反应

顾客认为商品有问题，一般会比较着急，怕不能得到解决，而且也会不太高兴。这个时候要快速反应，记下他的问题，及时查询问题发生的原因，并帮助顾客解决问题。有些问题不是能够马上解决的，也要告诉顾客会尽快帮他解决，现在正在处理……

（2）热情接待

如果顾客收到产品后反映产品有问题，要热情地对待，要比交易的时候更热情，这样买家就会感觉到你的真诚，而不是刚开始的时候很热情，收到钱之后，就爱理不理的店家。对于爱理不理的店家，即使产品再好，买家也不会再来了。

（3）表示愿意提供帮助

愿意提供帮助的前提下，需告知顾客"让我看一下该如何帮助您，我很愿意为您解决问题"。正如前面所说，当客户正在关注问题的解决时，客服人员应体贴地表示出乐于提供帮助，自然会让客户感到安全、有保障，从而进一步消除对立情绪，形成依赖感。

（4）引导客户思绪

客服有时候会在道歉时感到不舒服，因为这似乎是在承认自己有错。其实，"对不起"或"很抱歉"并不一定表明你或公司犯了错，这主要表明对客户不愉快购物经历的遗憾与同情。不用担心客户因得到你的认可而越发强硬，认同只会将客户的思绪引向解决方案。同时，客服也可以运用一些方法来引导客户的思绪，化解客户的愤怒。

① "何时"法提问。一个在气头上的发怒者无法进入"解决问题"的状况，客服要做的首先是逐渐使对方的怒气减下来。对于那些非常难听的抱怨，应当用一些"何时"问题来冲淡其中的负面成分。

客户："你们根本是瞎胡搞，不负责任才导致了今天的烂摊子！"

客服人员："您什么时候开始感到我们没能及时替您解决这个问题了？"

而不当的反应，就如同大家司空见惯的："我们怎么瞎胡搞了？这个烂摊子跟我们有什么关系？"

② 转移话题。当客户按照他的思路在不断地发火、指责时，可以抓住一些其中略为有关的内容扭转方向，缓和气氛。

客户："你们总是下午联系我，搞得我很烦，无法专心陪孩子玩耍了。"

客服经理："我理解您，您的孩子多大啦？"

客户："嗯……6 岁半。"

③ 间隙转折。暂时停止对话，特别是客服也需要找有决定权的人做一些决定或变通的时候。

客服人员："稍候，让我去和高层领导请示一下，我们还可以怎样来解决这个问题。"

④ 给定限制。有时你虽然做了很多尝试，对方依然出言不逊，甚至不尊重你的人格，就可以转而采用较为坚定的态度给对方一定限制。

客服人员："汪先生，我非常想帮助您。但您如果一直这样情绪激动，我只能和您另外约时间了。您看呢？"

（5）认真倾听

顾客投诉商品有问题，不要着急去辩解，而是要耐心听清楚问题的所在，然后记录下顾客的用户名、购买的商品，这样便于去回忆当时的情形。和顾客一起分析问题出在哪里，才能有针对性地找到解决问题的办法。在倾听客户投诉的时候，不但要听他表达的内容，还要注意他的语调与音量，这有助于了解客户语言背后的内在情绪。同时，要通过解释与澄清，确保真正了解客户的问题。

客服人员："王先生，来看一下我的理解是否正确。您是说，您一个月前买了我们的手机，但发现有时会无故死机。您已经到我们的手机维修中心检测过，但测试结果没有任何问题。今天，此现象再次发生，您很不满意，要求我们给您更换产品。"你要向客户澄清："我理解了您的意思吗？"

认真倾听客户，向客户解释他所表达的意思并请教客户理解是否正确，都是向客户表明了你的真诚和对他的尊重。同时，这也给客户一个重申他没有表达清晰意图的机会。

（6）认同客户的感受

客户在投诉时会表现出烦恼、失望、泄气、愤怒等各种情感，不应当把这些表现理解成是对你个人的不满。特别是当客户发怒时，你可能会想："我的态度这么好，凭什么对我发火？"要知道，愤怒的情感通常都会在潜意识中通过一个载体来发泄。你一脚踩在石头上，也会对石头发火，尽管这不是石头的错。因此，客户仅仅是把你当成了发泄对象而已。

客户的情绪是完全有理由的，理应得到极大的重视和最迅速、合理的解决。所以你要让客户知道你非常理解他的心情，关心他的问题："王先生，对不起，让您感到不愉快了，我非常理解您此时的感受。"

无论客户是否永远是对的，至少在客户的世界里，他的情绪与要求是真实的，客服只有与客户的世界同步，才有可能真正了解他的问题，找到最合适的方式与他交流，从而为成功的投诉处理奠定基础。

（7）安抚和解释

首先客服要站在顾客的角度想问题，顾客一般是不会来无理取闹的，他来反映一个问题，客服要先想一下，如果是自己遇到这个问题会怎么做，怎么解决，所以要跟顾客说，"我同意您的看法""我也是这么想的"等，这样顾客会感觉到你是在为他处理问题，这样也会让顾客增加对你的信任，要和顾客站在同一个角度看待问题，如说一些"是不是这样子的呢""您觉得呢"，还有在沟通的时候称呼也是很重要的，一个客服的话，那么肯定是有一个团队的，团队不是只有一个人的，所以对自己这边的称呼要以"我们"来称呼，"我们分析一下这个问题""我们看看……"这样会更亲近一些，对顾客要以"您"来称呼，不要一口一个"你",这样既不专业,也没礼貌。

(8)诚恳道歉

不管是什么样的原因造成顾客的不满,都要诚恳地向顾客致歉,对因此给顾客造成的不愉快和损失道歉。如果你已经非常诚恳地认识到自己的不足,顾客一般也不好意思继续不依不饶。

(9)提出补救措施

对于顾客的不满,要及时提出补救措施,并且明确地告诉顾客,让顾客感觉到你在为他考虑,为他弥补,并且你很重视他的感觉。一个及时有效的补救措施,往往能让顾客的不满化为感谢和满意。

针对客户投诉,每个公司都应有各种预案或解决方案。客服人员在提供解决方案时要注意以下几点。

● 为客户提供选择。通常一个问题的解决方案都不是唯一的,给客户提供选择,会让客户感到受尊重,同时,客户选择的解决方案在实施的时候也会得到来自客户方更多的认可和配合。

● 诚实地向客户承诺。因为有些问题比较复杂或特殊,客服人员不确信该如何为客户解决。如果你不确信,不要向客户作任何承诺,诚实地告诉客户,你会尽力寻找解决的方法,但需要一点时间,然后约定给客户回话的时间。你一定要确保准时给客户回话,即使到时你仍不能解决问题,也要向客户解释问题的进展,并再次约定答复时间。你的诚实会更容易得到客户的尊重。

● 适当地给客户一些补偿。为弥补公司操作中的一些失误,可以在解决问题之外给客户一些额外的补偿。很多企业都会给客服人员一定的权力,以灵活处理此类问题。但要注意的是,将问题解决后,一定要改进工作,以避免今后发生类似的问题。有些处理投诉的部门,一有投诉首先想到的是用小恩小惠息事宁人,或者一定要靠投诉才给客户应得的利益,这样不能从根本上减少此类问题的发生。

(10)通知顾客并及时跟进

给顾客采取什么样的补救措施,现在进行到哪一步,都应该告诉顾客,让他了解你的工作,了解你为他付出的努力。顾客发现商品出现问题后,首先担心能不能得到解决,其次担心的是需要多长时间才能解决,当顾客发现补救措施及时有效,而且商家也很重视的时候,就会感到放心。

10. 如何减少顾客的流失

作为网店,如果无法阻止客户的流失,那就意味着它将永远无法做大。那么如何才能阻止客户的流失呢?首先要弄清楚客户流失的原因,然后对症下药,采取相应的有效措施,并加以阻止,具体有如下几个方面。

(1)导致客户流失的因素

卖家大多都知道失去一个老顾客会带来巨大损失,需要店铺至少再开发10个新客户才能予以弥补。但当问及卖家顾客为什么流失时,很多店铺的卖家都是一脸迷茫;谈到如何防范,他们更是毫无经验。客户的需求不能得到切实有效的满足往往是导致企业客户流失的最关键因素,一般表现在以下几个方面。

● 店铺商品质量不稳定,顾客利益受损。很多店铺开始做的时候会选择质量好、价位稍高的商品来销售,但时间久了,卖家会发现有些低劣商品,只要图片漂亮一样好卖,于是改换便宜的劣质品充当高档商品,并以高价销售,这样一来,顾客肯定会流失很多。

● 店铺缺乏创新,客户"移情别恋"。任何商品都有自己的生命周期,随着网上购物平台市场的成熟及商品价格透明度的增高,顾客的选择空间越来越大。若店铺不能及时进行创新,顾客自然就会另寻他路，毕竟买到最实惠最优质的商品才是顾客所需要的。

● 店铺内部人员服务意识淡薄。员工傲慢、顾客提出的问题不能得到及时解决、咨询无人理睬、投诉无人处理、回复留言语气生硬、接听电话支支吾吾、回邮件更是草草了事，员工工作效率低下等都是导致顾客流失的重要因素。例如，顾客在一家女装店铺买了很久的衣服了，但这次收到的货却不对，与照片上差异很大，在要求退货时却遭遇店铺客服生硬的拒绝，客服部和发货部互相推诿，一来二去，耽误了时间，事情却没有得到解决，最后这个顾客必然也不会再去这家店铺买东西了。

● 员工跳槽，带走了顾客。很多店铺卖家都是小规模雇人经营，员工流动性相对较大，顾客与店铺客服之间已相对熟悉，而店主在顾客关系管理方面却不够细腻、规范，店主自身对客户影响相对乏力，一旦客服人员摸清进货渠道，在网上自立门户，以低价位做恶性竞争，老客户就随之而去了，与此同时，带来的是竞争对手实力的增强。

● 顾客遭遇新的诱惑。市场竞争激烈，为能够迅速在市场上获得有利地位，竞争对手往往会不惜代价，搞低价促销、做广告，做"毁灭性打击"来吸引更多的客户。

（2）如何防范客户流失

找到顾客流失的原因，网店店主还应结合自身情况"对症下药"。一般来讲，店铺应从以下几个方面入手来堵住顾客流失的缺口。

① 做好质量营销。质量是维护顾客忠诚度最好的保证，是对付竞争者最强有力的武器，是保持增长和盈利的唯一途径。可见，店铺只有在产品的质量上下大工夫，保证商品的耐用性、可靠性、精确性等价值属性，才能在市场上取得优势，才能为商品的销售及品牌的推广创造一个良好的运作基础，也才能真正吸引客户、留住客户。

② 强化与顾客的沟通。店铺在得到一位新顾客时，首先应及时将店铺的经营理念和服务宗旨传递给顾客，便于获得新顾客的信任。在与顾客的交易中出现矛盾时，应及时地与顾客沟通，及时地处理和解决问题，在适当的时候还可以选择以放弃自己的利益保全顾客的利益为宗旨，顾客自然会感激不尽，这在很大程度上增加了顾客对店铺的信任。

③ 增加顾客对店铺的品牌形象价值的认可。这就要求店铺一方面通过改进商品、服务、人员和形象提高自己店铺的品牌形象；另一方面通过改善服务和促销网络系统，减少顾客购买产品的时间、体力和精力的消耗，以降低货币和非货币成本，从而影响顾客的满意度和双方深入合作的可能性，为自己的店铺打造良好的品牌形象。

④ 建立良好的客户关系。员工跳槽带走客户，很大的原因在于店铺缺乏与顾客的深入沟通与联系。顾客资料是一个店铺最重要的财富，店主只有详细地收集好顾客资料，建立好顾客档案，并进行归类管理，适时把握客户需求，让顾客从心里信任这个店铺而不只是单单的一件商品，这样才能真正实现"控制"顾客的目的。

⑤ 做好创新。店铺的商品一旦不能根据市场变化做出调整与创新，就会落后于市场的同行竞争对手。就比如女装分类，前年最火的是一个品牌，去年最火的是另外一个品牌，那么，今年最火的又是什么呢？市场是在不断变化的，只有不断地迎合市场需求，才能真正赢得更多信赖你的顾客，只有那些走在市场前面来引导客户、驱使市场发展的经营者，才能取得成功。

防范顾客流失的工作既是一门艺术，又是一门科学，它需要店铺不断去创造、传递和沟通优质的顾客价值，这样才能最终获得、保持和增加老顾客，锻造店铺的核心竞争力，使企业拥有立足市场的资本。

问：如何有针对性地提高客服效率？

答：不同的客服有不同的优势，卖家需要发现客服人员的优势，让客服互相帮助，同时发现客服的短板，有针对性地提高。

卖家可以做的是，定期统计客服数据，并单独比较所有客服的转化率、客单价、销售额等数据。例如，某店铺有3位客服，A客服的转化率最高，但是客单价最低，而B客服的客单价最高，但是销售额最低，C客服的销售额最高，但是转化率最低。那么卖家可以让A客服传授他的转化率高的诀窍，让B、C客服分别传授客单价和销售额诀窍。

大师点拨11：金牌售后，减少店铺不必要的损失

处理店铺的售后问题往往是商家最头疼的，当顾客收到了店铺的产品直接给店铺产品中评，甚至是差评时，肯定会给产品及店铺带来不利的影响。例如，当顾客给某产品差评，那这个差评就会显示在商品的评价页面，就会被其他消费者看到，会给其他消费者心中传递该产品不好的感受，从而影响店铺产品的销售，还有就是一个产品，会给店铺降低一个信用等级。顾客给店铺一个中评或差评，必定是对产品的某些方面不是很喜欢，或者甚至是讨厌，这个时候，就需要店铺的售后客服通过各种方式与顾客取得联系并进行沟通，可以通过旺旺的网上联系方式沟通，也可以通过短信、电话等方式沟通，但是，与顾客沟通的客服最好是服务态度好、有良好的沟通能力，或者是店铺的金牌客服，并尽量做到避免与顾客矛盾点的激化。并且客服在和每一个顾客沟通时，最好方式要有一些变化，虽然有的顾客是比较好说话的，但是有些顾客你说得再多，他也不会同意将中评或差评修改。所以，售后客服还需要有良好的应变能力。

本章小结

本章讲解的是网店店铺客服的重要性，通过讲解客服的绩效考核以及如何激励客服，使客服人员发挥出自己最大的潜力；店铺需要打造属于自己店铺的金牌客服，打造金牌客服，就需要合理地管理和培训客服，并制定相应的规章制度。总之，优质客服的培养能使店铺的成交率有所提升，促进顾客的二次购买。

提升流量，做好个性化搜索分析

本章导读

在电商竞争没有这么激烈时，卖家研究的是搜索流量提升的方法。随着电商平台个性化服务的提升，无线端流量日益重要、流量竞争愈加激烈，卖家不得不考虑个性化搜索了。即将商品推送到最有可能购买的消费者面前，在增加流量的同时，最大限度地增加销量，这才是搜索的高级用法，也是获得高质流量的最佳路径。

知识要点

通过本章内容的学习，大家能深刻理解什么是个性化搜索，并且掌握优化搜索流量的实操方法。学习完本章后需要掌握的相关技能如下。

- 个性化搜索流量的由来
- 个性化搜索流量的基础是什么
- 什么影响了个性化搜索流量
- 如何通过价格设置赢得流量
- 如何通过类目与地域布局争取到最多的消费者

8.1 揭开个性化搜索的神秘面纱

要想做好个性化搜索，前提是理解个性化搜索的产生原因，了解个性化搜索的前世今生。个性化搜索可以说是手机电商、消费者人群标签、丰富的电商产品三者结合的产物。

8.1.1 手机电商的崛起

个性化性搜索的意义在于基于用户之前的搜索数据，为其推荐更符合他购物期望的商品。因此，个性化搜索是建立在手机电商私域流量的基础上的。对于 PC 端来说，同一台计算机被多人使用很正常，如在公司、网吧，等等。这样的流量就不是私域流量，电商平台很难通过一台计算机捕捉到固定消费者的搜索行为习惯。但是手机则不同，手机是私人物品，通常情况下使用同一台手机的消费者是同一个人。通过手机的网店购物浏览数据，电商平台能轻松建立起消费者的个性化信息，进行下一次的搜索推荐。

再者，由于手机屏幕更小，消费者在无线端更容易减少不必要的商品浏览，从而更快捷地找到符合其个性需求的商品。基于这一服务要求，电商平台在无线端的个性搜索特征也更为明显。

图 8-1 和图 8-2 所示的分别是同一关键词在无线端和 PC 端的搜索结果。无线端中销量只有 15

图 8-1 无线端搜索结果

图 8-2 PC 端搜索结果

的商品也能排名靠前，并且商品的价位比较固定，这说明搜索出来的商品是与消费者平时的搜索需求进行了匹配的。而 PC 端排名靠前的商品则通常是销量大的商品，且价位相差也比较大，这主要是因为 PC 端更难判定消费者的个性特征。

8.1.2 大量的消费者标签

手机电商崛起后，要判定消费者的个性，就需要用到个性化标签。这里的标签也是数据分析的一种信息，既可以通过消费者身上的标签集合判定消费者的类型，也可以通过店铺某一标签消费者的数量判断店铺的目标消费者类型。因此，个性化搜索的基础是有大量的消费者标签，只有标签足够丰富，才能建立起个性化搜索数据库。

要想了解当下的电商标签数据有多么丰富，卖家可以到钻展达摩盘中进行查看。达摩盘是阿里妈妈官方平台推出的一款能帮助卖家实现精准营销的工具，借助达摩盘，卖家可以分析消费者人群，通过标签匹配到目标人群，并实现钻展广告的个性化投放。

如图 8-3 所示，在达摩盘下方有不同类型的标签推荐，如果想要看到更多的标签，可以选择"标签"选项卡。

图 8-3　达摩盘中的标签

进入标签页面后，卖家可以看到"基本信息""地理信息""上网行为""消费行为"在内的八大标签类型。不仅如此，各大标签类型下，又分为更多的细分标签类型。例如，"基本信息"标签下又分为"人口信息"、"人口属性"等多个标签类型，如图 8-4 所示。

单击标签类型，可以看到更多的下级标签分类。图 8-5 所示的是"人口信息"标签下"人口属性"标签的分类，一共有 13 个标签分类。这里可以为不同的消费者打上"年代""中小企业主"等标签。

不仅如此，单击其中一个标签，还可以进入下一级的标签分类。例如，单击"年代"标签，如图 8-6 所示，不同的消费者可以打上"70 前""70 后"等标签。

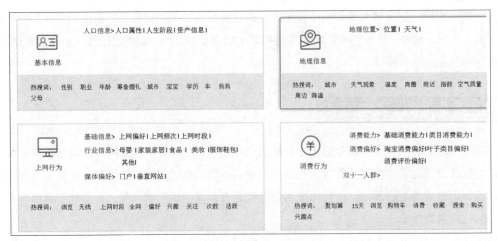

图 8-4 标签细分

由此可见电商平台标签数据量的庞大。一般来说，同一位消费者，在淘宝和天猫系统平台中，可以被打上 1000 个左右的标签，也就是说 1000 个标签组成了一位消费者的画像。

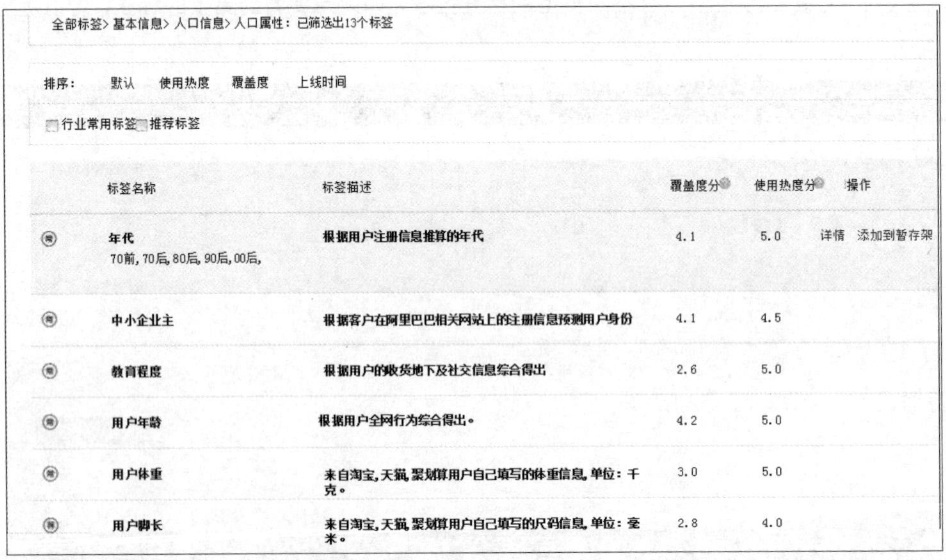

图 8-5 "人口属性"标签细分

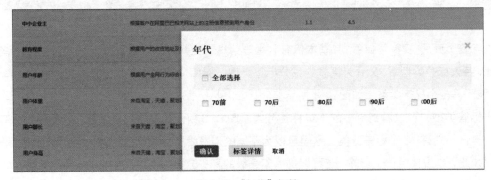

图 8-6 "年代"标签

有的卖家可能会怀疑这些标签分类太细，真的可以做到精准地打标签吗？图8-7 所示的是"基本信息"中"资产信息"的标签选项，其中甚至能判断"用户所在小区档次"的标签是哪一个。电商平台根据消费者手机的位置信息，通过显示最多的位置来判断消费者的家庭位置所在，通过家庭位置的更换次数和频率来判断消费者是租房还是买房。如此就能大致为消费者所住的小区档次进行打标了。

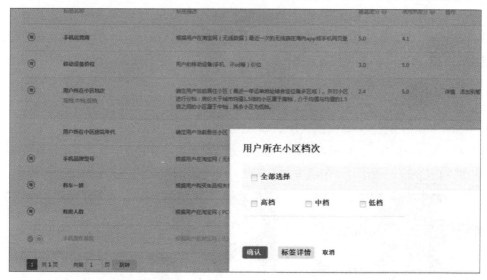

图 8-7 "用户所在小区档次"标签

建立在丰富数据标签的基础上，电商卖家及平台可以做到人群的个性匹配，实现个性化搜索。在了解标签数据信息的丰富后，卖家应该明白一个道理，要更少地将目光放在商品身上，而是将更多的目光放在消费者身上，去思考什么样的商品卖给什么样的人，而不是去思考要卖什么商品。例如，丝袜商品如果推送给中年大叔，无论这款丝袜商品性价比有多高，大叔恐怕也不会购买。但是如果通过数据分析、标签匹配，将其推送给空姐、酒店服务人员，流量和销量提高自然就容易多了。

问：利用消费者人群标签，对店铺营销实操有什么用？

答： 在钻展工具的达摩盘中卖家可以了解到，淘宝和天猫平台对消费者的标签分类高达上千种。了解这些标签的意义不仅在于让卖家好好利用钻展工具，并进行个性化推广营销，还能带给卖家标签启发，让卖家为自己的店铺消费者打标签。

为店铺的消费人群打标签，目的同样在于区分消费者人群，将特定的商品推送给特定的人。但是很多卖家，尤其是新手卖家并不知道可以为消费人群打哪些标签。比较宽泛的标签如"性别""年龄""地域分布"是卖家容易想到的，但是标签越细化，越能精准营销。卖家可以做的是，在钻展的达摩盘中，选择尽可能多的标签，为自己的消费者打标签，建立自己的店铺消费人群属性，并分析数据表，为今后的营销推广打下基础。

8.1.3 丰富的产品属性

对消费者人群进行打标签，产生丰富的标签数据信息后，还不能实现个性化营销，还需要电商产品的属性足够丰富，丰富到能让不同的标签匹配上不同的商品属性，才能将商品个性化地推送到消费者面前。

如图 8-8 所示，左边是消费者人群标签，右边是商品的属性，被打上不同标签的消费者应该向其推送不同属性的商品。例如，标签为"高消费人群"的客户，就可以推送带有"欧美华丽风"属性的商品。

需要注意的是，决定推送什么商品给消费者，不能只因为商品的某一属性与消费者的某一标签相匹配。在淘宝和天猫系统中，个性化搜索匹配往往是商品的多个属性标签匹配了消费人群的多个特性标签。如图 8-9 所示，一位高消费的中年苗条女性，其匹配的商品是欧美华丽风格的高价位、高质量的修身服饰。如果不确定这位消费者的身材是否苗条，盲目推送欧美华丽风格的高价位、高质量的大码服饰，就很可能是一次失败的推广。简言之，标签与商品属性匹配得越丰富，营销推广的成功性就越大。

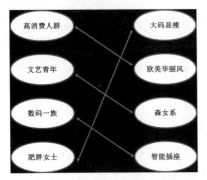

图 8-8 消费人群标签与商品属性匹配

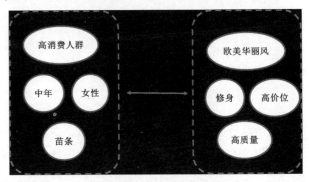

图 8-9 消费人群与商品属性匹配

卖家要想了解自己的商品有哪些属性，可以在淘宝首页输入商品关键词进行搜索，查看属性选项。如图 8-10 所示，连衣裙商品的属性分为品牌、选购热点等多个属性。消费者在这个页面进行属性的选择，实际上就是选择与自己的个性标签相匹配的商品属性，这种搜索行为就形成了个性化搜索行为。

图 8-10 连衣裙商品属性

有了属性的选择，就会有属性的销售数据研究。如图 8-11 所示，卖家可以在生 e 经中研究商品不同属性的销量大小。同时也可以在后面的表格中研究不同属性的高质宝贝数量，以此来判断商品属性的竞争度。

图 8-11 连衣裙商品属性成交量

问：产品属性越丰富越好，那么卖家能有什么好方法为自己的商品拟定属性？

答：产品的属性越丰富，卖家越能帮产品找到合适的消费人群。为商品拟定属性，可以分为显而易见的属性和需要挖掘的属性。

显而易见的属性指的是容易想到，且大部分卖家都会使用的属性词。例如，功能型商品的作用、功能选择，服饰类商品的款式、面料和材质。这类属性卖家可以在淘宝搜索属性选择和在生 e 经中找到比较全面的属性词。

需要挖掘的属性指的是很少有卖家使用，但同时又是消费者实实在在需要的属性。例如，服装上有图案，"图案"就是一种属性。在最开始并没有卖家使用"图案"属性作营销推广，但是很多消费者确实是因为服装上有图案才进行购买的。这类属性需要卖家多研究、亲自使用体会自己的商品，并分析商品售后评价，从消费者的使用感受中发掘属性。

8.2 万变不离其宗，个性化搜索的基础要素

说到个性化搜索，很多卖家都觉得这是一件难事，不明白要如何下手。其实万变不离其宗，虽然淘宝和天猫平台加强了个性化搜索机制，但是最本质的东西是没有改变。最开始淘宝和天猫平台会对销量好、服务好的商品进行扶持，这就是 DSR 评分；接着淘宝和天猫要求商品标题、描述等因素要与商品的实际情况一致，这就是相关性模型；要求卖家的商品销量越来越高，这就是商品的增量模型。虽然当下流行一个词"千人千面"，但是"千人千面"的基础就是淘宝和天猫最开始的搜索模型。这些基础搜

索模型奠定了个性化搜索的基础，只要卖家厘清了因果关系，从基础出发，就很容易找到突破点。

8.2.1 相关性匹配

网店个性化搜索的基础之一就是相关性匹配，让商品正确匹配到消费者是电商平台做好个性化推荐的基本原理。其中包括类目相关性、文本相关性和图片相关性。在这些相关性中，类目相关性的重要性尤其需要引起卖家的关注。图8-12所示的是做好相关性匹配的关键思路。

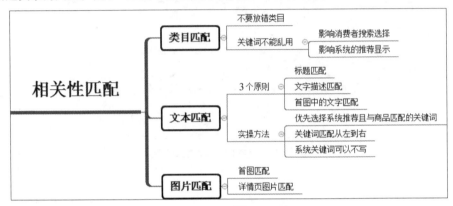

图8-12 相关性匹配思路

1. 类目相关性匹配

在电商平台中，商品有不同的分类，每一种商品都应该在它该在的类目下，如此市场才能井然有序，消费者才能最快捷地找到自己所需要的商品。因此商品的类目相关性，不仅与消费者的搜索行为有关，还与电商平台的推荐有关。放对类目的商品，消费者会进行选择，电商平台会进行推荐。

如图8-13所示，消费者在淘宝搜索框中搜索"背心"关键词后，可以自行选择"相关分类"，这种搜索行为无疑会排除选定类目之外的商品。因此类目相关性匹配的第一大忌就是错放类目。例如，搜索"背心"关键词的消费者，肯定不是要去购买餐具商品，将背心商品放在"餐饮具"下，将失去个性化搜索流量。

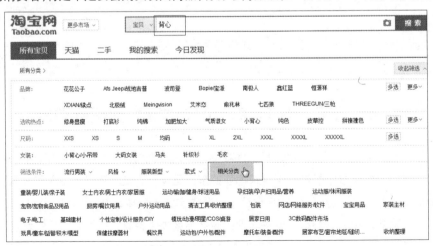

图8-13 商品的分类选择

同样以背心商品为例，这是一个很难判定类目的商品，因为女装里面会有背心，男装里面还是会有背心。这里在生意参谋"市场行情"的"搜索词分析"中输入"背心"关键词进行类目查询，结果如图8-14所示。背心商品果然放在了多个类目下，但是女装与男装的类目占比最多，几乎都达到40%。并且在女装类目下，"背心吊带"类目的人气、点击人数等数据表现是最佳的。这就说明消费者搜索背心商品，系统会优先推荐放在"女装/女士精品"类目下的背心商品，而在这个大类目中，放在"背心吊带"类目下的背心商品更具搜索优势。

类目构成							
女装/女士精品 点击人气: 7,613 点击人数占比: 40.21%	男装 点击人气: 7,570 点击人数占比: 39.84%	女士内衣/男士... 点击人气: 4,783 点击人数占比: 19.14%	童装/婴儿装/... 点击人气: 306 点击人数占比: 0.35%	孕妇装/孕产妇... 点击人气: 236 点击人数占比: 0.25%	运动服/休闲服... 点击人气: 100 点击人数占比: 0.09%	户外/登山/野... 点击人气: 58 点击人数占比: 0.05%	

类目名称	点击人气 ⇕	点击人数占比 ⇕	点击热度 ⇕	点击次数占比 ⇕	点击率 ⇕
背心吊带	7,298	90.96%	16,017	96.50%	17.22%
马夹	1,007	4.34%	1,261	1.77%	0.32%
棉衣/棉服	454	1.42%	454	0.42%	0.07%
连衣裙	339	0.97%	339	0.28%	0.05%
毛针织衫	220	0.56%	352	0.30%	0.05%

图 8-14　商品类目分布

提到搜索，难免有卖家会投机取巧，将当下热门的搜索词放到自己的商品标题中。如图8-15所示，卖家发现"打底裤"这个词的搜索上升量特别高，于是将词添加到自己的上衣商品标题中。但是查询一下"打底裤"关键词的类目构成数据，如图8-16所示，"女装/女士精品"的打底裤占据了94.95%的流量，该大类目下又是"打底裤"类目的商品最有流量优势。因此，卖家寻找关键词，不能只看关键词的搜索热度，还要分析关键词与自己的商品类目是否匹配，是不是自己的类目关键词。如果不是，最好不要乱用，否则无法占据个性化搜索优势。

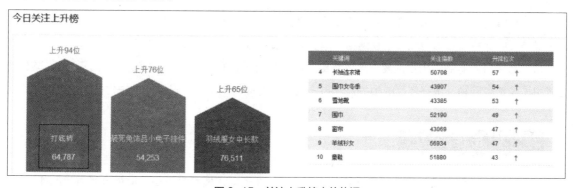

图 8-15　关注上升榜中的热词

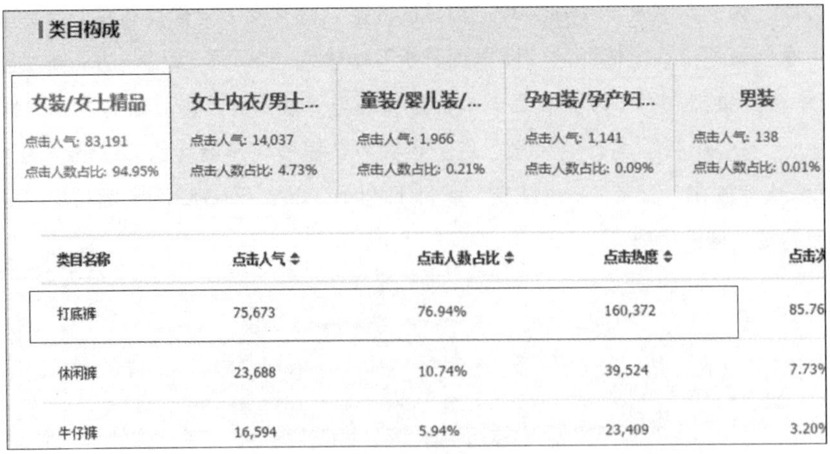

类目构成				
女装/女士精品	女士内衣/男士...	童装/婴儿装/...	孕妇装/孕产妇...	男装
点击人气: 83,191	点击人气: 14,037	点击人气: 1,966	点击人气: 1,141	点击人气: 138
点击人数占比: 94.95%	点击人数占比: 4.73%	点击人数占比: 0.21%	点击人数占比: 0.09%	点击人数占比: 0.01%

类目名称	点击人气 ◆	点击人数占比 ◆	点击热度 ◆	点击
打底裤	75,673	76.94%	160,372	85.76
休闲裤	23,688	10.74%	39,524	7.73%
牛仔裤	16,594	5.94%	23,409	3.20%

图 8-16 商品的类目分布

2. 文本匹配

商品除了要与类目相匹配，还要与商品相关的文字描述相匹配。商品的文字包括商品标题中的文字、商品首图中的文字、商品详情页中的文字。商品标题和首图中的文字与商品不符，就难以形成流量。例如，买家搜索"吊带连衣裙"，但是却在一款非吊带连衣裙的首图中出现了"吊带"二字，这种商品不符合消费者的搜索需要，消费者自然不会点击，没有点击就没有流量。在文字匹配方面，卖家可以使用3个实操方法来增加个性化搜索流量。其一是优先选择系统推荐的且与商品相匹配的关键词，如淘宝PC端和无线端的下拉框推荐词。其二是商品标题中，关键词的匹配度从左到右降低。这是因为人们的阅读顺序是从左到右，相关性最高的词放在商品标题的左边，目的在于让消费者知道这款商品与他的搜索目标一致。其三是系统关键词可以不写，否则会浪费关键词的位置。系统关键词是指系统赋予的商品属性，如天猫商品的属性是"正品"，参加包邮活动的商品本身也会带上"包邮"标签，此时卖家再在标题中添加"正品"和"包邮"关键词就是多此一举。

3. 图片匹配

商品的首图及详情页中展示的图片也需要与商品的实际情况相符合，真正做到消费者搜索的是什么商品，就能看到什么商品。

商品详情页中的图片相关性差会影响商品的销量和后续评价。例如，卖家的商品是一款小型收纳箱，但是详情页中却将商品描述成大型收纳箱，消费者收货后很可能会退货或给出差评。

从电商平台对商品的相关性要求可以看出，电商平台是在督促卖家做诚信生意，而不是靠"骗"的方式引诱消费者购物。做好商品的相关性，再去找符合商品的消费者，是做好个性化搜索的不二法门。

8.2.2 反作弊模型

淘宝和天猫平台提高个性化搜索服务目的之一，是在于向消费者推荐尽可能符合其需求的商品，假货自然不是任何一位消费者的需求。因此，电商平台会打击售假行为，即反作弊模型，目的在于禁止卖家售假货和刷单。卖家只要存在这类作弊行为，自然不能得到平台的扶持，更不要谈获得更多的个性化搜索流量了。反作弊模型道理很好懂，这里不再赘述，卖家只需要知道有这个原理即可。

8.2.3 关键词的搜索转化效果

个性化搜索离不开关键词，卖家需要考虑的是使用什么关键词才能得到系统平台的个性化流量扶持，那么就要去思考，什么样的结果才会被系统判定是值得扶持的商品？

在淘宝和天猫平台中，卖家使用一个关键词能否得到扶持，评判标准是看卖家使用这个关键词的搜索转化效果如何。这里的搜索转化效果主要是指关键词的搜索转化率、加购件数、收藏量。

以关键词"韩版毛衣"为例，如图8-17所示，A、B、C三款毛衣商品标题中都带了"韩版毛衣"关键词，并且由这个关键词引入的流量都有3000个。但是同样数量的流量带来的搜索转化效果却不一样，C商品得到了最多的搜索转化量、加购件数和收藏量。因此系统会判定C商品更适合使用"韩版毛衣"这个关键词。

基于这样的原理，很多卖家会使用"收藏有礼""第二件半价"等方式引导消费者购物，除了能增加销量，还能增加系统对商品的流量扶持。也会有很多卖家会提前布局商品，进行商品养词。这是因为商品大词如"修身连衣裙"在商品销售旺季竞争激烈，商品的基础不好就很难得到流量扶持，没有流量扶持就很难在激烈的竞争中获得足够多的流量。卖家的做法是在商品销售淡季，促销或低价销售商品，为商品的核心关键词打下足够好的基础。然后在销售旺季获得竞争优势，在旺季的流量高峰期获得可观流量。

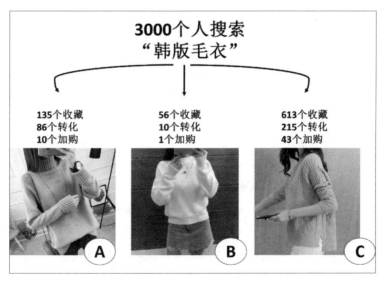

图 8-17　流量的不同效果

也正是因为商品的关键词搜索效果影响到了商品的个性化流量扶持，卖家在选词阶段就不要选那种有搜索人气却没有转化的词。图8-18所示的是"女鞋>拖鞋"的行业热搜词。从图中可以看到，不同的词支付转化率相差很大，有的高达20.23%，有的却只有0.23%。转化率低的词说明消费者只是搜索看看商品，并没有购买意愿，如果使用这种词，对卖家的搜索优势积累非常不利。

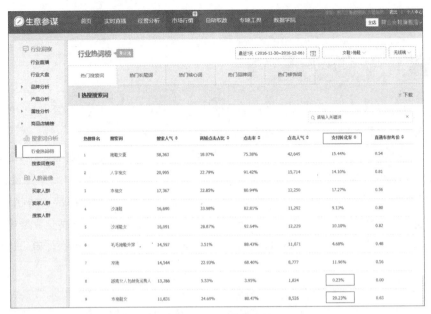

图 8-18 行业热搜词榜

问：从关键词的搜索转化效果这一原理出发，有什么优化流量的方法？

答：卖家的商品上架后，标题中的关键词是可以更改的。因此，监控关键词的搜索优化效果，就能判断这个词是否适合用在自己的商品身上。卖家可以在生意参谋中重点检测商品不同引流关键词的转化率，将转化率低的词换掉。因为大多数消费者搜索这个词进入详情页面后却没有购物就离开，这也从侧面说明在消费者心中这个词与商品是不匹配的。

8.2.4 销量递增模型

个性化搜索的另一基础便是销量递增模型，此模型与关键词的搜索转化效果类似，原理都是系统更愿意给有潜力的商品或关键词给予流量扶持。只不过关键词搜索转化的对象是词，而销量递增模型的对象是商品。

在电商平台中，尤其是淘宝和天猫平台中，只要商品的成交量是真实的，不是刷单而来的，销量随着流量的增加而增加，这类商品就是系统会优先给予个性化搜索流量扶持的商品。这是因为系统会有多余的流量测试不同上架商品的转化效果，如果测试结果是给予商品的流量越多，商品销量越大，相当于商品给了系统一个反馈——这是一款值得扶持、有潜力的商品。

过去在电商流行着"7 天螺旋"的说法，这种操作方法的基本原理是基本销量递增模型。虽然现在不是 7 天螺旋，而是 15 天螺旋了，但是原理不变。如图 8-19 所示，原理就是第 1 天系统给了 100 个流量，商品销量是 10，第 2 天系统给了 150 个流量，商品销量是 15 个，按照这种趋势，系统就会给更多的流量。只要商品的销量与流量保持正增长状态，商品就会更具有搜索优势。

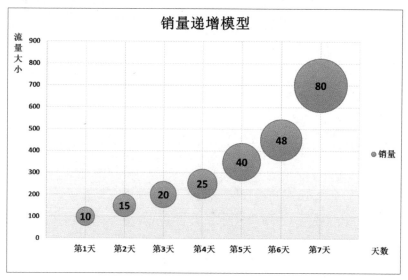

图 8-19　销量递增模型

8.2.5　店铺营销力层级模型

搜索流量的大小还与店铺的营销能力相关。很多卖家有一个误区，认为有了流量才会有销量，流量是销量的原因，而销量是结果。其实不然！

在淘宝和天猫平台中，店铺的营销能力指的是店铺一天的总销售额大小，店铺的销售额越大，系统会认为店铺的营销能力越大，从而给出更多的流量。所以不是因为流量大销售额才大，而是因为店铺的销售额大流量才更大。卖家需要理解清楚其中的因果关系。

其中的原理是，电商系统更愿意帮助销售优秀的店铺。如果系统给店铺 1000 个流量和给 500 个流量，店铺的总销售额一样，那么系统就会认为给这家店铺 500 个流量时，店铺的营销能力已经达到饱和，在此基础上给再多的流量也只能是浪费，还不如将流量给其他没有饱和的店铺。

但是如果系统给店铺的流量越多，店铺的销售额越大，系统就会认为这家店铺还没有达到饱和，还需要继续给流量进行扶持。所以卖家可以观察一下自己的店铺，如果店铺每天的销售额比较固定，那么店铺的总流量也是比较固定的。但是如果店铺的销售额在某一天有一个较高的增长，第二天店铺的流量也很可能增长。

图 8-20 所示的是某卖家在 9 月 28 日到 10 月 26 日的交易趋势，卖家选择的指标是交易支付金额。从图中可以看到在 10 月 4 日和 18 日左右各有一次提升点。再切换到这家店铺的流量趋势进行查看，如图 8-21 所示，会发现在店铺销售额提高的后面几天，流量也随之增加，但是因为店铺销售额没有再增加，所以店铺的流量也随之掉了下来。

因此，卖家要想要想增加流量，就需要增加商品转化率，从而增加销售额。可以通过直通车、钻展将销售额提上去，告诉系统你的店铺可以有更大的营销量。

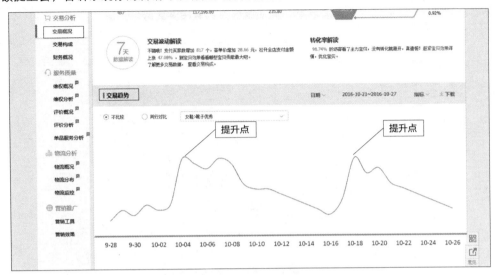

图 8-20　商品交易趋势

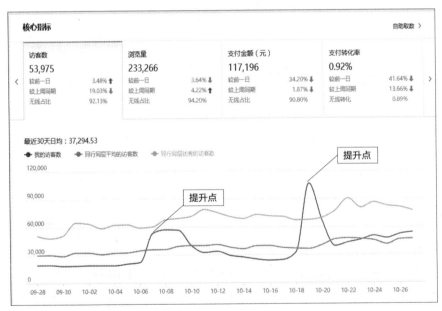

图 8-21　访客数波动趋势

8.3　个性化搜索的影响因素

明白了个性搜索的原理和基础后，卖家可能还是不知道是什么影响了个性化搜索，导致搜索流量的起伏不定。其实没有那么神秘，影响因素无非 4 个，价格段、地域分布、购买记录、人群标签。卖家要做好个性化搜索布局就应从这 4 个影响因素出发。

8.3.1 价格段

影响个性化搜索的第一要素就是商品的价格段限定。从消费者的搜索行为出发，会发现价格是影响消费者购物搜索的重要因素，很多消费者会通过限定价格区间，限制商品的搜索结果，这一个性化搜索行为就影响到了搜索流量。

图 8-22 所示的是在 PC 端搜索关键词"行车记录仪"的结果，价格分布比较广，从 218～699 元都有，包括右边的直通车商品。但是如果限定了价格段，如图 8-23 所示，无论是普通商品还是直通车商品，其价格段都发生了变化。

这就说明卖家的商品无论是广告商品还是非广告商品，都会受到消费者关于价格的个性化搜索行为影响。手机端的价格段影响也是同样的道理。

图 8-22 未限定价格的搜索结果

图 8-23 限定了价格的搜索结果

8.3.2 地域分布

卖家的所在地也影响到了商品的个性化搜索流量。消费者在进行商品关键词搜索时，由于不同的原因，会进行卖家所在地限制，这样的限制就导致了搜索结果的不同，同时也影响了个性化搜索的流量。

1. 商品有特定的产地

有的商品有产地限制，尤其是食品商品，不同的产地所产出的商品品质不同。例如，大家都知道桂圆要吃福建的、苹果要吃陕西的、哈密瓜要吃新疆的。正是由于商品有产地特征，卖家在网上购物时，会选定商品的产出省份。如图8-24所示，商品品质与产地相关的，一般都会有"产地"筛选条件。通过产地筛选，不符合产地属性的商品就会被排除在外。由于货源、保鲜原因、物流因素等，大部分卖家都会因为就近原则，选择销售当地的商品。

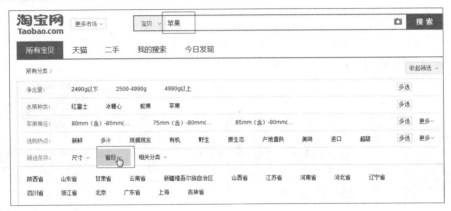

图8-24 商品的省份选择

2. 卖家选择离自己最近的城市

消费者购买商品，都想尽快收货。尤其是急用和易损坏的商品，消费者都不希望长时间运输。如图8-25所示，消费者会直接限定卖家所在地来影响商品的搜索结果。

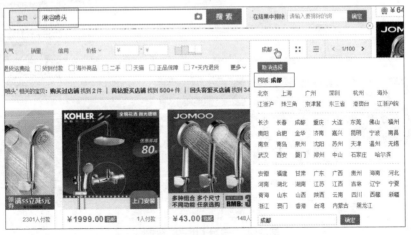

图8-25 商品卖家的城市选择

8.3.3 购物记录

消费者的购买记录、加购商品、收藏商品、浏览记录都会影响商品的个性化搜索流量。这是因为不同的商品被消费者浏览的次数、加购收藏及购买的次数都不同。根据消费者的这些购物记录，商品会被以不同的频率和曝光量反复推荐给消费者，并且在消费者下一次进行商品搜索时，也会优先出现消费者搜索过的相关商品。这一系列的因素影响了商品的个性化搜索流量。

图8-26所示的是消费者已购买商品的页面，在最下方进行了"热卖单品"推荐，虽然这是直通车展示位，但是系统却根据这位消费者的购物记录，向消费者推荐了这些直通车商品。

在图8-27所示的页面中，也出现了图8-26中的同一款商品，说明系统认为消费者会喜欢这款商品，所以才会在已购买商品的页面和商品收藏页面都进行推荐。

同样的，根据消费者的购物记录，淘宝首页的"猜你喜欢"商品类型也会有所不同，如图8-28所示，也就是说系统根据消费者的购物行为数据分析，进行了商品推荐，影响了商品的流量大小。

图8-26　已购买商品页面的商品推荐

图8-27　收藏页面的商品推荐

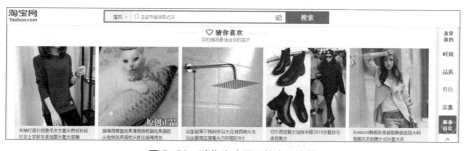

图8-28　猜你喜欢页面的商品推荐

8.3.4 人群标签

在前面讲到过，淘宝天猫系统建立了强大的消费者标签库，根据不同消费者的数据信息，给消费者贴上了不同的标签。同样的，经营状态稳定的店铺，其访客也有固定的标签，系统会根据店铺消费者的标签，进行搜索人群匹配，给予不同的流量。理解人群标签对流量的影响，需要理解店铺访客标签与商品搜索消费者的标签匹配度。

1. 店铺的访客标签

例如，图8-29所示的是某店铺的访客人群分析，在这里卖家可以看到自己的店铺消费者标签是什么。根据图中的数据显示，这家店铺的访客消费层级为150～275元。那么当系统检测到消费层级同属于150～275元的其他消费者搜索相关商品时，可能就会优先推荐消费者来这家店铺，因为这家店铺的商品价格符合消费者的预期，达成交易的可能性就更大。系统分配流量的目的在于尽可能促成交易。

图8-29 访客消费层级分析

又如，图8-30所示的是这家店铺的消费者人群的性别和年龄标签，从其中的数据可以看出消费者大多为女性，且年龄为18～30岁。

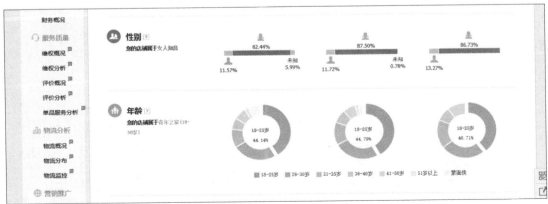

图8-30 访客性别和年龄分析

接着卖家还可以分析店铺消费者的地域、营销偏好和搜索关键词标签。如图 8-31 所示，这家店铺的消费者主要来自山东省，喜欢天天特价营销方式，并且店铺的访客有固定常用的关键词。这些标签也影响到了系统决定将店铺推荐给什么样的人群，人群的不同又决定了推荐流量的不同。

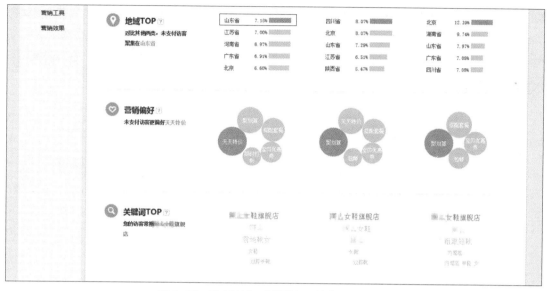

图 8-31　访客地域、营销偏好、搜索关键词分析

2. 商品的搜索消费者标签

不同类目的商品，搜索人群也是不同的。卖家可以在生意参谋"市场行情"和"买家人群"中查看到底是什么样的消费者在搜索这类商品。如图 8-32 所示，研究"女鞋 > 低帮鞋"的目标消费人群标签，在这里卖家可以限定消费人群的类型，如这里限定价格为"0～70元"，以更精确地确定人群。

图 8-32　买家人群分析

结果如图 8-33 至图 8-36 所示，"女鞋 > 低帮鞋"的搜索人群主要是公司职员、淘宝 V0 会员，广

东省和北京市是买家人群集中地,他们有特定的搜索词和搜索属性偏好且支付金额为 35~70 元。

将这个搜索消费人群的标签与店铺的标签相匹配,如果店铺中销售了"女鞋＞低帮鞋"类目的商品,那么店铺的消费者人群标签与整个市场的搜索人群匹配越高,得到的个性搜索流量就越高。卖家从这两个地方的标签匹配程度就能看出自己店铺的商品更适合什么样的人群,要卖给什么人群才能具有流量优势。

举个简单的例子,卖家销售的商品是女士骑士靴。店铺的消费者人群的价位标签是"50~80 元"。而"骑士靴"关键词的搜索人群价位标签是"300~400 元",两个标签明显不匹配,卖家就难以得到骑士靴商品消费人群的个性化搜索流量。

图 8-33 买家人群画像

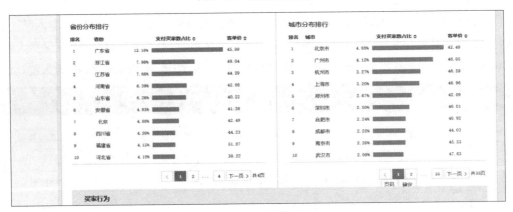

图 8-34 买家地域分布

图 8-35 买家搜索偏好

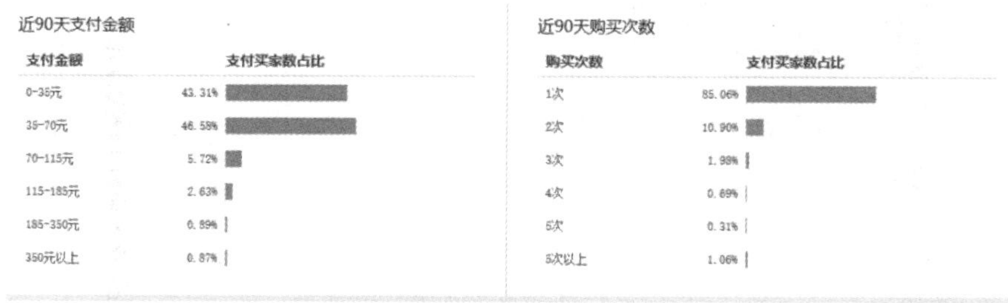

近90天支付金额		近90天购买次数	
支付金额	支付买家数占比	购买次数	支付买家数占比
0-35元	43.31%	1次	85.06%
35-70元	46.58%	2次	10.90%
70-115元	5.72%	3次	1.98%
115-185元	2.63%	4次	0.69%
185-350元	0.89%	5次	0.31%
350元以上	0.87%	5次以上	1.06%

图 8-36　买家支付金额和购买次数偏好

> **问**：店铺商品类型越多，是否越能覆盖更多的消费者标签，从而得到更多的个性化搜索流量？
>
> **答**：既然店铺的商品类型影响到了访客的类型，也影响了访客的标签，有的卖家就会想通过销售不同类型的商品，赋予消费者尽可能多的标签种类，从而得到系统不同标签人群的流量扶持。其实这种方法并不可取。
>
> 　　个性化搜索，指的就是将特定的商品类型、店铺类型推荐给特定的消费者人群，以最高的效率达成交易。如果卖家的店铺中的商品价格区间不统一、商品类型不统一、商品档次不统一，都会造成店铺杂乱，导致访客类型多，且不集中。标签效用性自然也不强。例如，A 店铺中有 600 个访客打上了"高消费"的标签，而 B 店铺只有 100 个访客打上了"高消费"标签。系统自然更有可能将 A 店铺推荐给高消费水平的消费者，因为根据打标的数据，系统认为 A 店铺更有资格获得流量。
>
> 　　其次，店铺的商品不专一，也会降低店铺在消费者心中的专业度。这就是专卖店与杂货店的区别。卖家切忌贪心，什么都想卖。这与本章最开始的理念一致，不要去想要卖什么商品，而是专心地想将商品卖给什么消费者。这便是做好个性化搜索的核心思路。

8.4　玩转个性化搜索的实操办法

在理解了个性搜索的原理、基础和影响要素后，卖家会发现，决定个性化搜索的因素太多，而且很多因素是不可控的，是消费者自身决定的，也是系统进行数据统计决定的。既然有很多因素卖家无法决定，那卖家就去改变能改变的、做能做的操作，并且不犯常规错误。本小节就来讲解如何用实操的方法提高个性化搜索流量。

获得更多的个性搜索流量，卖家需要从店铺的角度出发，而不是从单品的角度出发。毕竟提高店铺整体的搜索流量强过提高单品的搜索流量，全店商品需要相互配合，才能达到全店流量的最佳。

8.4.1 两步做好类目布局

类目是个性化搜索的基础,类目关键词也影响了商品的搜索流量。布局好店铺商品类目卖家需要做两步,首先保证商品的核心关键词属于最优类目,其次进行全店商品类目布局。其思路如图 8-37 所示。

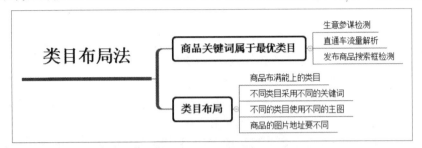

图 8-37 类目布局思路

1. 保证商品核心关键词属于最优类目

不同的类目商品会有不同的最优搜索关键词,如图 8-38 所示,搜索"笔记本"关键词出现的不是纸质的笔记本而是数码笔记本,说明"笔记本"这个关键词是"笔记本电脑"类目商品的最佳搜索词。这一点在前面类目匹配的小节中已经讲过,这里不再赘述。

图 8-38 "笔记本"关键词搜索结果

检验商品关键词是否放在最佳类目下,有 3 种方法。第一种方法是使用生意参谋,看哪个类目的流量最大,前面已经讲过;第二种方法是在直通车的"流量解析"中输入关键词进行查询,图 8-39 所示的是搜索关键词"毛毯"的最佳类目显示。根据图中的数据可以看出,放在"床上用品 > 休闲毯 / 毛毯 / 绒毯"类目下的商品,最好也包含"毛毯"关键词,该关键词与类目的匹配度最高。第三种方法是在发布商品的"类目搜索"框中输入关键词进行类目匹配。如图 8-40 所示,"打底衫"关键词一共有 9 个匹配类目,匹配度是依次降低的。

相关类目下的热门词

	类目名（相关度）	展现指数	点击指数	点击率	点击转化率
1	床上用品 > 休闲毯/毛毯/绒毯	6,462,349	354,171	5.16%	2.29%
2	居家布艺 > 靠垫/抱枕	6,703,838	210,755	2.92%	2.75%
3	床上用品 > 被子/蚕丝被/羽绒被/棉被	15,722,596	554,014	3.29%	2.45%
4	玩具/童车/益智/积木/模型 > 毛绒布艺类玩具	13,335,053	401,115	2.8%	2.23%
5	床上用品 > 儿童床品 > 毯子	18,049	286	1.46%	0.62%

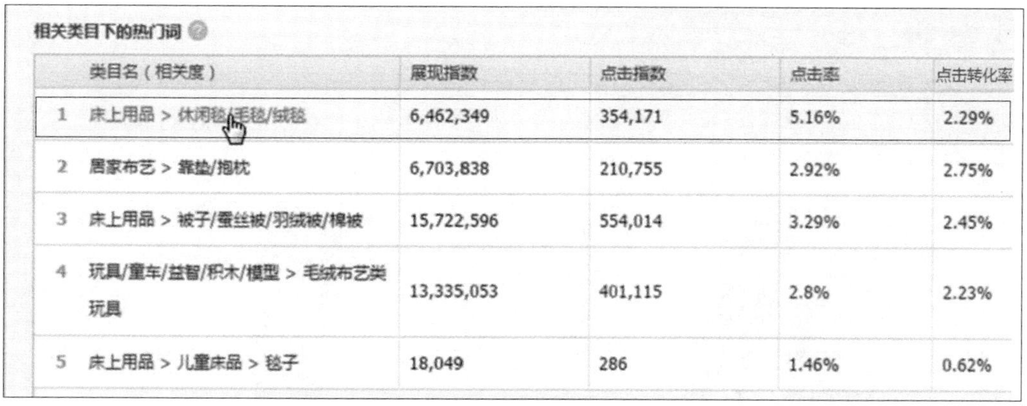

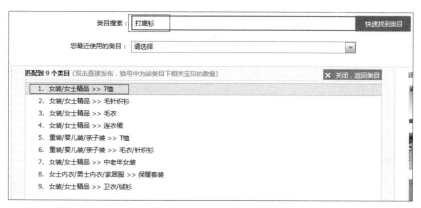

图 8-39　直通车中查看商品最佳类目

图 8-40　发布商品时查看最佳类目

2. 进行类目布局

既然商品可以匹配到的类目不止一种，那么可不可以将同一种商品放到不同的类目中，争取到不同的类目流量呢？尤其是像“背心”这种可以放在很多项目下的商品。答案是肯定的。卖家将同一款商品放在不同的类目下，就是类目布局做法，可以避免损失类目流量。

再者，由于不同的类目有不同的最佳匹配关键词，因此卖家放在不同类目下的商品还需要使用不同的标题组成关键词。其做法是将不同类目下匹配到的最佳搜索关键词，并且是与商品相关的关键词放到商品标题中。例如，“套头衫”关键词的最佳匹配类目是“运动服 / 休闲服装 >> 运动卫衣 / 套头衫”，那么放在该类目下的商品就应该有“套头衫”关键词。如果将同一件商品放到“女装 / 女士精品 >> 毛衣”类目下，该类目的最佳匹配词是“毛衣”，那么放在该类目下的商品就应该有“毛衣”关键词。

有的卖家可能会担心这样做属于重复铺货违规行为。但是重复铺货的判定是同一类目中的商品使用了相同的关键词、相同的属性及相同的图片。因此，卖家要将不同类目中的同一款商品，使用不同的关键词、不同的属性及不同的图片，尤其是首图的图片要更换，在图片上传时也稍微改一下图片上传的地址，不要完全一样就行。

图 8-41 所示的是同一家店铺的部分商品，其中第二件和第三件商品其实是同一款商品，但是商品的首图和标题都不一样。这样的做法是可取的。

图 8-41 同款商品发布两次

8.4.2 卡好价格段争取买家人群

价格是影响个性化搜索流量的重要因素，但是很多卖家在定价时却比较随心所欲，89元、99元，看心情定价，完全没有数据分析的策略。

建议卖家定价首先要参考电商平台的价格区间，这是系统经过长期的数据积累和分析得出的结果，参考价值很大。图 8-42 和图 8-43 所示的是搜索关键词"休闲连衣裙"和"欧美连衣裙"得到的最受消费者欢迎的价格段。同样的连衣裙，两个词只是描述了连衣裙的不同风格，并且欧美风的连衣裙也可以是带有休闲属性的，但是两个词的"贵贱"却不同，"欧美连衣裙"更"贵"。如果卖家将自己的欧美连衣裙商品定价为 99 元，转化率可能反而不如 299 元高。这便是价格布局最基本的策略。

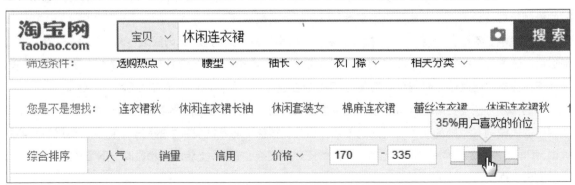

图 8-42 "休闲连衣裙"的用户价格偏好

图 8-43 "欧美连衣裙"的用户价格偏好

一般来说，价格区间在 PC 端和无线端都是相同的。卖家在进行价格段布局时，会发现价格区间跨度较大，因此难以决定到底定价多少。图 8-44 所示的是手机端"短款毛衣"关键词的价格区间，89～178 元、178～580 元、580～1720 元，3 个价格区间都跨度很大，那么以第一个价格为例，卖家到底是定价 89 元好，还是 99 元好？

图 8-44 无线端价格区间

这时卖家首先需要考虑消费人群。将关键词"短款毛衣"输入到生意参谋中进行搜索人群分析，按照搜索人群最匹配的价格进行定价。

如果卖家没有订购生意参谋，或者是生意参谋中分析出来的价格区间也比较大，那么卖家可以使用这样的定价法：在价格区间内最低价格上浮 30% 左右，如卖家选择了"短款毛衣"商品的 89～178 元这个价格区间，那么定价为 89×30%+89=115.7 元，微调一下，改成 119 元或 118 元（消费者比较喜欢价格尾数为 8 或 9 的商品）。

为什么这样做？这是需要结合消费者的购物心理。对于"短款毛衣"商品，如果卖家定价为 176 元，恰好是第一价格区间的最高价格，而这个价格对于选择这个价位区间的消费者来说属于高价位，不具有价格优势。但是如果卖家定价为 86 元，又是这个价格区间的最低价格，选择这个价格区间的消费者又会觉得价格太低的商品不要买，可能质量不好。所以比最低价高 30% 的定价是比较理想的价格。

8.4.3 商品关键词布局

卖家店铺一个类型的商品往往不止一件，如销售羽绒服的卖家不会只有一个款式的羽绒服。这就出现了一个问题，同类商品的标题关键词布局。很多卖家的做法是，为每一款商品都找行业的热搜词作为标题关键词，结果往往是店铺中的同类商品标题极度类似。这会出现一种结果，那就是商品的流量内耗。

这是因为淘宝和天猫的搜索原则中，搜索同一关键词，同一屏页面不能出现同一家店铺两款以上的商品，尤其是无线端更是如此。

此外，关键词雷同不仅会流量内耗，还可能降低商品的排名，从而影响流量。例如，卖家店铺中已经有两款同类商品使用了雷同的标题了，这时卖家又上架第三款商品，并且使用直通车推广第三款商品。那么第三款商品很可能将前面两款商品的排名挤下来，降低其流量。

为了保证全店商品的流量，不出现流量内耗，卖家应该为不同的商品布局不同的关键词。总的原则是，优先保证主推商品的核心关键词，并且一个关键词只给两个商品使用。

卖家需要进行关键词分析，在分析时带着商品的销售目的。例如，有的商品销售目的是引流，有的商品是转化。那么负责引流的商品就找搜索人气高、点击率高的关键词。负责转化的商品就选择支付转化率高的词。如图8-45所示，根据这样的数据分析，卖家很容易就能给店铺同类商品选择不同的关键词，且又保证全店流量。

图8-45 行业热词榜

如果新手卖家实在不知道如何给店铺中的同类商品布局关键词，还可以参考同行的优秀卖家店铺，去看这些卖家的关键词布局。图8-46所示的是一家店铺中的"t恤"商品，可以看到这家店铺有12款这类商品，卖家为这些商品布局一定是事先进行数据分析的，新手卖家可以学习其标题中的关键词分布。

图 8-46　店铺中的"t 恤"商品标题

8.4.4　商品地域搜索布局

在前面讲到过，消费者会选择商品的发货地区来限制搜索结果。那么这里就有一个技巧，卖家可以为商品设置不同的发货地址，来争取到不同地区的消费者。

方法是在卖家后台设置"运费模板设置"，如图 8-47 所示。运费模板可以设置多个，也就是说卖家可以设置多个发货地区。但是卖家需要在商品详情页中这样写"商品在 xx 地和 xx 地有多个仓库，仓库随即发货"，否则会被视为欺骗消费者。

为了找到商品消费者的集中地，卖家此时就可以利用百度指数和生意参谋分析目标消费者的集中区域，为运费模板中的地域选择作参考。

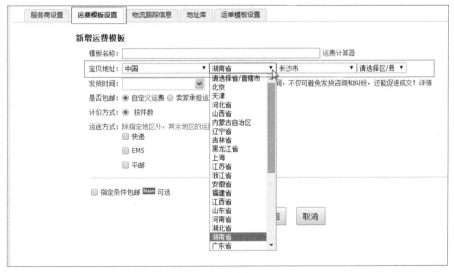

图 8-47　运费模板设置

大师点拨12：如何从运营的层面规划好流量

随着电商平台个性化搜索的改版，卖家越来越难以规划好全店流量。在个性化搜索时代，规划好店铺的流量，需要有全局观，其具体思路如下。

1. 多类目商品引流

过去网店类目单一，更容易获得搜索优势，但是现在类目的限制已经大大减少，一个网店往往可以销售多个类目的商品。例如，一个网店既销售服装商品又销售鞋类商品。不同的类目下重点主推2～3款商品。如此，店铺才能保证多类目引流。

2. 多渠道引流

个性化搜索更突出表现于无线端，无线端的特点之一就是流量入口很散。这就需要卖家不放过任何一个流量入口，通过搜索流量、类目流量、手淘的尖货流量、微淘流量、自媒体流量等多个流量入口引流。再加上现在最火的网红流量、达人流量。卖家才能保证店铺的流量需求。

3. 不要认为流量越大越好

个性化搜索流量的一个基础就是系统会给流量与转化成正比的商品或店铺给予更多的流量扶持。因此过去卖家认为流量越多越好的策略不再适用。卖家引入的流量质量不高，会降低商品的转化率，反而会影响后续的流量增加。因此卖家需要辨别不同的流量质量和不同关键词的引流效果，尽量让流量的获取与转化效果成正比。

本章小结

个性化搜索流量是淘宝及天猫系统改版后的新兴产物，同时也是顺应消费者需求的购物趋势、做好个性化服务的必经之路。这对卖家来说也是一件好事，只要卖家理解了个性化搜索的原理，分清主次，从原理出发，就很容易找到与店铺商品相匹配的消费者，进行更好的营销推广。

第9章

通过大数据，优化库存与会员营销

本章导读

库存和会员，两个看似不搭边的词，却有着共同的特点，他们同属于网店运营中最容易被卖家忽视却又与网店利益密切相关的部分。做好库存优化，可以避免压货、减少资金压力；做好会员营销更是能让店铺的业绩一飞冲天，因为会员的价值远远高于新客户，挖掘会员价值是卖家能做的最划算的投资。

知识要点

通过本章内容的学习，读者能够明白如何调控库存与经营会员，并且从实操的角度出发，掌握库存数据分析与会员数据分析方法。学习完本章后需要掌握的相关技能如下。
- 如何用数据监控库存
- 什么样的库存需要优化
- 网店会员的价值究竟有大
- 如何让会员心甘情愿地一买再买
- 如何进行会员营销让会员感到温暖

9.1 找到商品备货、补货的核心

网店商品的补货与备货关系到网店的库存，库存量的大小对卖家的后续销售影响、资金周转都起到了至关重要的作用。库存不够，后续销售没有货源；库存太大，又可能压货，造成卖家资金不能正常流通。库存可以说是网店运营的后盾，要想拥有一个牢固的后盾，卖家需要了解备货与补货的核心思路。

9.1.1 分析商品的生命周期

商品的生命周期指的是就是商品在市场上的销售周期长短。图9-1所示的是商品生命周期的示意图。从图中可以看到商场上大部分商品的生命周期发展历程：商品在某一段时间开始进入市场，这段时间的销量增加不明显，就是进入期；然后随着市场需求的增加、卖家的推广，销售也渐渐增加，这时商品就过渡到了成长期；接着商品在市场上销售了一段时间后，需求量达到最大，这时就是成熟期；最后商品的销售量开始减少，进入衰退期。

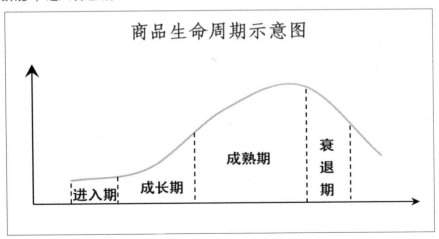

图9-1 商品的生命周期

商品销售在不同的生命周期内，特点也不同。

进入期：对于季节性商品，往往在热销季节来临之前就会进入市场，这时买家对这类商品的需求还没达到最大，所以这个时候的季节性商品销量呈小趋势增长状态，卖家要花很多精力和金钱进行推广，以增加热销季节来临时的商品权重。对于新上市的新型商品，卖家在这个时候还不能预测其销售趋势，这类商品在进入期的销量也比较小。总的来说，这个时候不适合大量存货。

成长期：成长期的商品已经在市场上销售一段时间了，渐渐被买家所认同接受，或者是随着季节的变化，买家开始增加季节性商品的需求。在这个时期，卖家基本上可以预测商品未来的销售趋势了，并且可以开始计算备货量大小。

成熟期：这个时候的商品销售趋势会达到顶峰，卖家的商品销售增加，利润也增加。需要有充足的货物做后盾，以应付增加的订单。

衰退期：由于季节的变化、流行趋势的变化，商品会渐渐进入衰退期，这个时期的商品销售呈下降状态。卖家在商品销售的这个时期就要注意处理积压的货物，减少库存量。

分析商品的生命周期与决定网店商品的库存量有什么样的关系呢？图9-2所示的是两者的关系图。图中的商品库存量是理想状态下的库存量变化：库存随着商品生命周期的变化而变化，当商品处于进入期时，商品库存应该遵循小量备货的原则，随着商品的热卖，库存量也渐渐增加。之所以说图中的库存量是理想状态，是因为到最后商品进入衰退期后，库存量减小为零，让卖家无商品积压。然而事实上，网店卖家很少能做到毫无商品积压的情况。

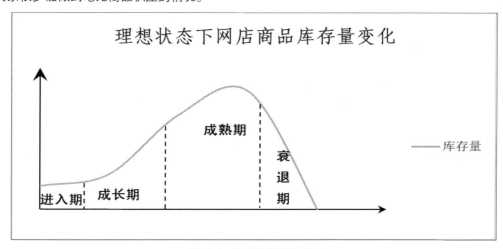

图9-2　商品的库存量变化

由此可见，分析商品的生命周期有助于卖家制定不同商品的备货策略，在最正确有利的时间备货，从而避免货物积压，又保证订单货源。

但是前面所讲到的商品生命周期曲线只适用于普通类型的商品，有的商品生命曲线很特别，这样一来，卖家就不能按照常理出牌备货了。例如，有的商品是突然流行起来的，这样的商品销量就会呈爆发式增长，然后又可能在很短的时间内快速消失，销售剧降。对于这样的商品，如果卖家备货太多，就很容易导致货物积压。

分析商品的生命周期，卖家可以使用多种工具，如生e经、生意参谋、百度指数、阿里指数。通过分析商品一个时间段内的销售趋势来判断商品的生命周期。季节性商品以一年为一个时间段，如图9-3

所示的是在阿里指数中研究到的"男式 T 恤"的生命周期。从图中的趋势波动可以看出，男式 T 恤在 2～3 月是进入期，4 月是成长期，5～8 月是成熟期，9 月到第二年的 1 月是衰退期。掌握了男式 T 恤商品的生命周期后，卖家就知道在不同的时期库存量是多还是少。

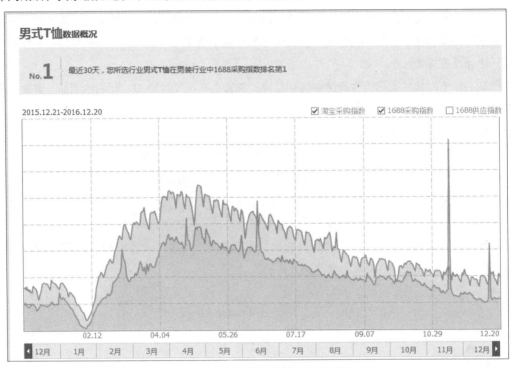

图 9-3　在阿里指数中分析商品生命周期

9.1.2　淘宝助理采集基础数据

卖家需要随时关注店铺各宝贝的库存数据，以便保证货物充足。卖家要想一步获取到店铺所有宝贝的库存数据，可以使用"淘宝助理"工具来实现。

"淘宝助理"是一款免费的客户端卖家工具软件，淘宝卖家在淘宝助理中登录淘宝账号后，就可以快速获取、编辑店铺宝贝的信息，十分方便。

图 9-4 所示的是安装好"淘宝助理"工具后的软件桌面图标，双击软件图标，或者右击软件图标后选择"打开"选项，打开"淘宝助理"。

然后就会弹出"淘宝助理"的登录界面，如图 9-5 所示，在"会员名"和"密码"文本框中分别输入淘宝账号和密码后，单击"登录"按钮即可进入"淘宝助理"页面了。

在"淘宝助理"中选择"宝贝管理"选项卡，然后再选择"所有宝贝"选项，接着再选中需要获取库存数据的宝贝复选框，最后再单击"导出 CSV"下三角按钮，从弹出的快捷菜单中选择"导出勾选宝贝"选项，如图 9-6 所示。就可以将选中的宝贝数据导出成报表了，报表数据中就包含了宝贝的库存数据。当然对于没有开始销售的商品，库存数据为零。

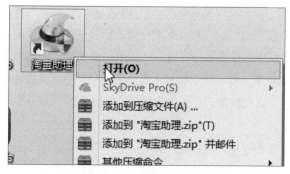

图 9-4 打开淘宝助理

图 9-5 登录页面

图 9-6 导出商品数据

9.1.3 精准计算商品备货、补货量

卖家获取到店铺宝贝库存数据后，就可以通过监控报表中的宝贝库存数据，再结合不同宝贝的补货时间长短、需求量等数据来决定哪一款宝贝需要进货、什么时候进货、需要进多少货。下面来看看分析思路。

首先根据前面商品生命周期的概念，卖家对不同的商品应该做了充分的市场调研，分析清楚了商品的生命周期，然后卖家可以制作如图 9-7 所示的一个宝贝各时期销售预算表。

	进入期	成长期	成熟期	衰退期
第1周	30			
第2周	45			
第3周		70		
第4周		80		
第5周		90		
第6周			100	
第7周			130	
第8周			150	
第9周			190	
第10周			180	
第11周			140	
第12周				100
第13周				50
第14周				30

表格数据解读：
表格是根据商品的生命周期分析得出的在未来时段内，商品的销售生命周期情况。在未来的某段时间内：第1周和第2周是进入期，其中第1周商品的预计销量是30件，第2周是45件。第3～14周以此类推。

图 9-7 根据生命周期预估销量

有了如图 9-7 所示的商品生命周期预算表格后，卖家还需要考虑商品进货需要多少时间。例如，与表格相对应的商品，卖家从订货到收货，需要一个星期的时间，那么卖家在商品销售生命周期步入进入期之前的一个星期，就至少要准备好 75 件货。然后商品正式销售一周后，如果销量数据符合表格中的数据值，也就是说一切都按照卖家预想的销售趋势发展，那么卖家在第 1 周后，就要开始准备商品销售成长期至少前两周的货量，也就是 70+80=150 件。以此类推，总之卖家备货、补货的原则是，留出足够的时间来进货。

如果卖家订购了生意参谋，一定要充分利用生意参谋中的"销量预测"功能。图 9-8 所示的是某位卖家店铺中的部分商品销量预测，该预测是生意参谋通过卖家商品上架销售一段时间后，根据商品的销量、加购人数、收藏量综合计算得出的未来 7 天的销量预测结果，比较可靠。这样的销量预测能让卖家提前发现库存是否充足，做好补货准备。如果卖家补一次货正好需要 7 天时间，那么生意参谋中的这个销量预测工具能帮助卖家更好地调整库存量。

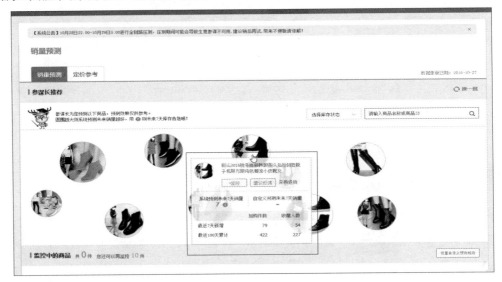

图 9-8　商品销量预测

问：补货周期长短对销售会有影响吗？

答： 所谓的补货周期，就是卖家进一次货需要多少时间，这个时间很重要，卖家在精准计算备货量和补货量时都需要考虑补货周期的长短。

例如，A 卖家的货源地比较远，补一次货要半个月的时间，那么卖家的备货量就应该更多，至少能保证店铺在补货的半个月内不会断货。而 B 卖家就在本地拿货，补一次货只需要 1 天的时间，那么卖家可以少进货，做到尽量不压库存，甚至是一周去拿一次货，从而让网店资金周转最大化。

9.2 补什么样的货买家最喜欢

无论是备货还是补货,卖家都要保证在商品进入各生命周期前,有这个周期的销售所需要的充足货量。那么问题又来了,同一种商品的种类、样式等属性有多种选择,卖家究竟补什么样的货最受买家欢迎呢?

9.2.1 备货时的商品属性选择

备货是指准备货物,让商品进入销售期。备货与补货的区别是,备货的量会大一些,如果备货充足,就不用补货了。在备货时,由于商品还没有正式进行销售,因此卖家主要依靠过去同一时间段的商品销售情况来预测未来商品需要的货物属性。而补货则是指商品进入销售期后,补充货物,以便继续销售商品。

卖家可以利用数据工具,查询商品最近一年进入成熟期时的属性销量,以此来备货,也可以根据店铺同类商品去年的属性销量来备货。尤其是市场稳定的商品,未来一年的销售趋势往往会延续上一年的销售趋势。

以男式T恤为例,每年的5~8月是销售成熟期,那么在生e经中查看这类商品最近一年5~8月的属性成交数据。图9-9所示的是男式T恤商品的"细分风格"属性,从图中可以看出去年的"潮"属性销量最大,那么卖家在为来年的男式T恤商品备货时,就要多备一些风格比较潮的属性商品。除此之外,卖家还可以继续分析颜色属性、袖长属性、版型属性,等等。男式T恤属于常规商品,市场稳定,不会出现突然有市场不再需要的情况,因此这种数据参考十分可靠。

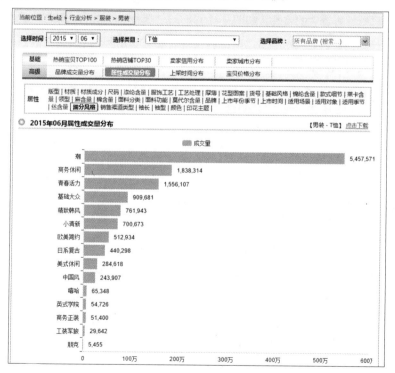

图9-9 商品属性销量

问：商品备货，能否多备一些经典的属性？

答： 商品有的属性属于经典属性，即已经流行了多年，不会突然没有市场，如服装商品的条纹、格子、纯色等属性。这些属性市场比较稳定，卖家可以参考最近一年的市场销售数据，以此来备货。例如，某卖家去年连衣裙商品的格子属性商品销售了 1.5 万件，如果店铺的运营状态稳定，今年也可以暂时先备 1.5 万件的货。

9.2.2 补货时的商品属性选择

当商品销售一段时间后，货物不够，这时就需要补货了。补货数据参考可以有多种，卖家可以参考自家店铺的销售数据，也可以参考同行卖家的销售数据，还可以关注数据工具中的数据，以此来选择商品的补货属性。

1. 参考自己店铺的销售数据

由于商品已经有了一定的销售数据，因此卖家就可以直接从这些销售数据中分析商品的热销属性，然后再决定商品不同属性的补货量。

卖家查看商品在过去时间内不同属性的销售情况，可以有多种方法。首先卖家可以在卖家后台，打开成功销售的商品订单，查看它的属性，如图 9-10 所示，"属性"栏中的"黑色"就是这笔交易的商品属性。卖家针对同一款商品，进行所销售的商品属性统计就可以分析出什么属性的商品比较好卖，然后再决定不同属性的补货量。

图 9-10 已销售商品的属性

例如，某卖家店铺中，针对一款毛衣已销售的数据统计，结果发现这款毛衣在过去 1 个月中的颜色属性销售占比统计如图 9-11 所示。从图中可以看到，这款毛衣的黑色属性销量占比最大，达到了 55.29%，其次是蓝色和白色属性。如果卖家接下来要准备补 1000 件货，黑色的货就应该准备 1000×55.29%=553 件，蓝色的货就应该准备 1000×15.94%=160 件。以此类推，就能知道这款商品不同颜色的货该准备多少，其他属性的货又该准备多少了。

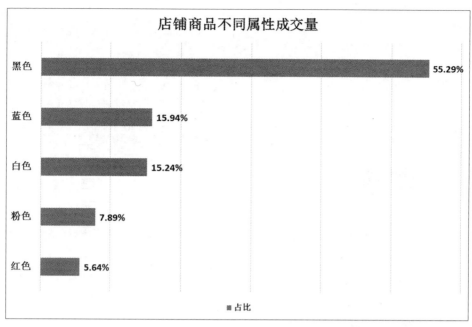

图 9-11 做属性成交量统计

2. 参考同行卖家的销售数据

前一种补货数据参考比较适合于销量较大的卖家。数据统计的基数越大，统计效果会越精准，如果卖家的商品才刚上架一周，销量为 50 件，就不能利用这个数据作为补货依据。这时卖家可以去淘宝中找同行卖家的销售数据，查看这款商品什么属性最好卖。

如图 9-12 所示，卖家在淘宝中找到这款商品的首图，然后单击"找同款"按钮。如图 9-13 所示，对找到的同款商品进行销量排序，选择销量最大的那款商品作为数据统计的对象。进入销量最大的商品详情页后，查看其评论，如图 9-14 所示，从评论中可以看出不同的消费者购买了什么颜色、什么尺码等属性的商品。对这些数据进行统计，卖家就可以知道针对这款商品不同属性的销量占比了，以此作为补货依据。

图 9-12 找商品同款

图 9-13 对同款商品进行销量排序

图 9-14　在评论中查看已销售商品属性

3. 参考数据工具中的数据

在电商市场中，商品不同属性的销量并不是稳定的，在商品销售期间，可能出现了某个新闻热点或娱乐头条，导致商品原来不流行的属性突然变得流行，在这种情况下，卖家就不能只参考过去时间段的商品属性销售数据，而应该合理利用数据工具，检测商品不同属性的市场波动情况。卖家可以使用百度指数、阿里指数、淘宝排行榜及生意参谋等。

以生意参谋为例，在"市场行情"的"属性排行"中可以看到商品当下的"热销属性"和"热销属性组合榜"。图 9-15 所示的是热销属性组合榜单，从图中可以看到，最近 7 天内，女式拖鞋类目下的商品，有哪些热销属性组合，其中"纯色＋青年"这个属性的交易指数和支付件数都最高。那么卖家在为女式拖鞋补货时，可以考虑多一些纯色款式。

如图 9-16 所示，卖家可以单独查看不同的属性详情，如这里选择了女式拖鞋的"格子"属性，从数据显示可以看出，有格子花纹的女式拖鞋无论是交易指数、支付子订单数还是其他的销售数据，在最近 7 天都呈下降趋势。这样的趋势需要引起卖家关注，如果连续一个月内都持续下降，卖家需要降低该商品属性的补货量。卖家可以具体查看该属性的趋势，图 9-17 所示的是女式拖鞋的"格子"属性销售趋势，从趋势可以看出，该属性呈波动状态，有高有低，并且在近期也不是一直处于下降状态，后期可能有回暖趋势，卖家可以保持关注。

同样的方法，卖家还可以分析商品的其他图案属性、材质属性，找出销售指数上升的属性，作为商品补货量的参考依据。

图 9-15　在生意参谋中查看商品销售属性

图 9-16　分析某一属性的销售行情

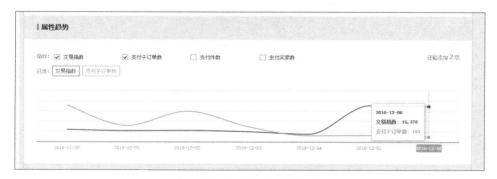

图 9-17　分析属性的销售趋势

大师点拨13：及时处理，保证库存处于正常水平

网店数据运营作用之一便是防患于未然，对于库存数据也是如此，卖家需要时刻监控库存数据，及时发现不合理的库存，并调整库存使之处于正常水平。

首先卖家需要将库存数据整理好，如图9-18所示，卖家至少需要在库存数据中整理不同商品的可销售库存量、库存成本、商品的库存占比、一周减小库存量数据。图中以周为一个周期记录库存数据。如果卖家的库存补货周期是15天，也可以以半个月为周期记录数据。

日期	商品名称	可销售总库存（件）	库存成本（元）	一周减小库存量
12月第1周	连衣裙A	598	15189.20	
	加绒外套	1021	69938.50	
	T恤	3547	53205.00	
	短外套	2455	78560.00	
	长外套	124	5927.20	
	风衣	684	45759.60	
	毛衣	238	10519.60	
	吊带衫	657	5847.30	
	薄款半身裙	2547	58071.60	
	小西装	3099	111564.00	
12月第2周	连衣裙A	121	3073.40	477
	加绒外套	567	38839.50	454
	T恤	2411	36165.00	1136
	短外套	2014	64448.00	441
	长外套	57	2724.60	67
	风衣	317	21207.30	367
	毛衣	17	751.40	221
	吊带衫	601	5348.90	56
	薄款半身裙	2199	50137.20	348
	小西装	1501	54036.00	1598

图9-18 整理库存数据

有了库存数据表后，卖家可以通过以下分析来检测库存是否健康。

1. 不同商品的可销售库存是否合理

利用商品库存数据报表，卖家可以将不同商品的可销售库存做成饼图，并选择让标签以百分比的形式展现，方法是选中商品名称及可销售总库存数据，插入一张饼图，具体操作可以参考前面的章节。

结果此店铺的商品可销售库存数据占比如图9-19所示，从图中可以看出T恤、小西装、薄款半身裙和短外套是库存占比最大的4种商品。但是结合一下销售时间，是12月，这个时候并不是T恤、薄款半身裙的销售旺季，既然不是销售旺季，库存量应该占比较少。但是数据反映这两类商品占比反而较多，初步判断这是不合理的地方。卖家可以进行清仓处理，减少这两类商品的库存。

同样的道理，12月是毛衣、风衣、加绒外套商品的销售旺季，这个季节的这3种商品应该销量大，且备货足，但是这家店铺的数据却显示这3种商品库存占比较少，这也是不合理的。

2. 不同商品的库存成本是否造成资金压力

仅分析商品的库存占比，还不能完全判断库存是否合理。如果某类商品进价很便宜，就算高库存量也不足以造成资金压力，那么可以忽视其影响。

如图9-20所示，将这家店铺不同商品的库存成本占比做成饼图。数据显示小西装、薄款半身裙、

短外套和加绒外套的库存成本占比最大。结合前面的库存占比数据，薄款半身裙的库存肯定是不合理的，不仅量大，且成本也高。这可能是夏季连衣裙滞销所致，卖家需要做大促活动处理掉薄款半身裙商品。

图 9-19　商品库存占比饼图

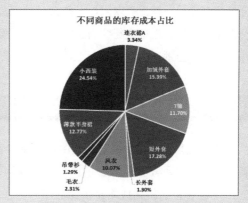

图 9-20　商品库存成本占比饼图

3. 结合销量，看库存数据是否合理

要想进一步确定商品库存数据是否合理，还需要结合商品的销量。如果一款商品的库存量大且成本高，但是销量大，那么也算是合理的库存。但是若商品销量不大，库存占比和库存成本却很高，就不合理了。

图 9-21 所示的是这家店铺不同商品的一周库存减小量。将这张图与图 9-19 和图 9-20 进行对比，会发现销量最大的商品是小西装和 T 恤商品。那么 T 恤商品的高库存占比和高库存成本此时来看便是合理的，因为它的销量跟得上，不会造成资金压力。而薄款半身裙的销量处于中等偏下的水平，且结合薄款半身裙的原始库存量是 2547 件，按照这样的速度，需要 2547/348=7.3 周，即两个月左右的时间才能销售完现有库存，周期稍微有点长。在这种情况下，卖家可以结合一下自己的资金压力情况，如果资金周转有点吃力，更要抓紧时间处理连衣裙。

再看毛衣商品，虽然销量只有 221 件，但是再看原始库存，只有 238 件，也就是说库存吃紧，不够卖了，卖家需要及时进货。

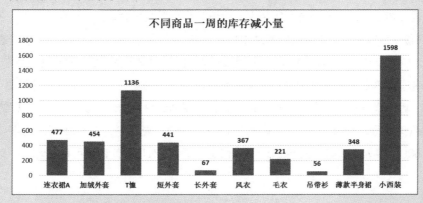

图 9-21　商品库存减小量对比

9.3 为什么要分析会员数据

与传统商业相比，电商能采集到更多的消费者数据。卖家应该合理利用这些数据让其产生最大的价值。分析店铺会员数据，卖家可以了解自己的消费者是什么样的人，有什么喜好、客单价是多少……利用会员数据，可以合理地进行会员营销，而不是像过去那样一有促销活动就推荐给每一位店铺会员，犹如守株待兔，机会渺茫。

9.3.1 会员分析让销售额一翻再翻

网店流量越来越贵，在电商行业中甚至流传着这样一句话"得流量者得天下"。于是将注意力放在新流量的引入上，而不是老流量的维护上。在网店运营中，卖家们只要仔细分析一下老客户数据就会发现，一个老客户的转化成本至少比新客户低 1/3。也就是说，如果网店注意收集客户数据信息，将这些客户变成店铺会员，并通过会员数据分析进行高效营销，争取更多会员的转化，店铺将让销售额一翻再翻。

例如，某网店有会员 1 万，之前卖家不会进行会员数据分析，这 1 万名会员相当于被"闲置"了，不能产生更多的价值。但是卖家通过数据分析对会员进行维护和营销，让 1 万名会员平均每人每个月产生 5 元的价值，那么店铺的月销售额就增加了 5×1 万 =5 万元。下面就来具体看看，可以进行哪些会员数据分析增加店铺销售额。

1. 会员价值分析

会员价值分析的意义在于通过分析店铺会员对店铺所产生的价值，对会员进行分类，以实行会员的差异化服务，估算不同营销方案的价值。

如图 9-22 所示，某网店统计了最近一年内不同会员的消费金额，对会员进行了价值分类。该网店中会员集中的价值段为 55 ～ 80 元。有了这样的会员分类后，卖家就可以针对不同价位的会员进行个性化营销服务了。

如果卖家需要衡量不同的营销方案所带来的价值，也可以利用会员价值分析。例如，某网店有 1 万名老客户，平均每个老客户进店产生的价值是 10 元。卖家花广告费用引入新流量，一个流量的成本是 0.5 元，投放 10 天的广告能引入 1.5 万名新客户，平均每个新客户产生 3 元的价值，那么利润为（3×15 000）-（0.5×15 000）=37 500 元。但是如果卖家将费用花在老客户身上，花费 7500 元甚至更少的成本将老客户引入店中（因为卖家有老客户电话等联系方式，不用通过昂贵的广告费用引流，只需要以短信、邮件等方式发送邀请即可，费用将更少）。保守估计能引入 50% 老客户，即 5000 名老客户，带来的最少利润是（10×5000）-7500=42 500 元的价值。相比之下，自然是将营销费用花在老客户身上比较划算。

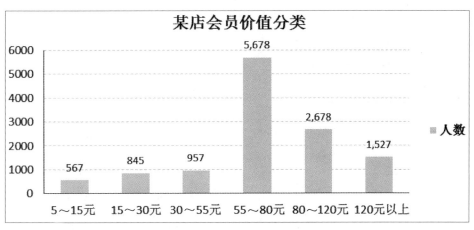

图 9-22 店铺会员价值分类

2. 商品价值与会员价值匹配度分析

一般来说,网店的会员价值应该和商品价值相匹配,也就是说网店商品是会员所能接受的消费水平商品。商品价值与会员价值相匹配,店铺的营销推广活动就会非常精准。因此卖家可以对比会员价值与商品价值,对商品和货源进行调整。

分析会员价值与商品价值,还可以调整商品捆绑销售的策略。例如,某面膜商品捆绑销售,15 片一袋,一袋 89 元,原价 7 元一片。但是通过会员数据分析发现,商品没有捆绑销售时,会员通常会一次购买 10 片,一共消费 70 元。说明会员的消费价值与商品的促销价值不匹配,会员并不需要一次性购买这么多面膜。于是调整策略,改成 10 片一袋,一袋 65 元,会员的购物积极性果然得到了提高。

3. 会员维护

会员数据分析,除了分析会员的价值,还能分析出会员的下单时段、付款时段,摸清会员的购物时间,在合适的时间向会员推荐商品。这便是与会员保持关系的方法之一。

会员数据分析,可以摸清会员的爱好、脾气,利用会员的信息有效进行会员维护。例如,会员的生日是圣诞节,卖家就可以在圣诞节向会员发送生日红包,或者店铺购物优惠券等。

9.3.2 在不得罪会员的基础上广告营销

利用店铺的会员做营销推广是很多卖家常做的推广手段。但是卖家有没有想过,什么信息该发给什么客户才会有效?如果发送给客户不想看到的信息,会不会产生不好的影响?事实上,电商广告无孔不入,卖家利用短信、微信、邮件等各种方法推送营销信息,通常会导致客户十分烦恼。如果卖家进行了会员数据分析,减少广告推送的次数,提高广告推送的精度,就能达到卖家和买家都双赢的局面。例如,网店的某位会员正想购买一款棉麻森女风休闲裤,而卖家正好向这位会员推送了这样的一款商品信息,试问会员还会反感吗?

图 9-23 所示的是会员广告营销的反面和正面案例，核心在于找到会员的需求、喜好、个性，选准时机向会员推送营销信息。

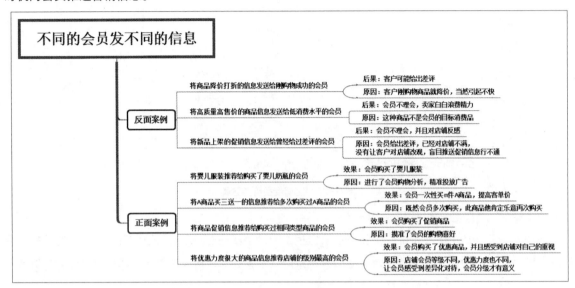

图 9-23　向不同的会员发送不同的信息

9.4　会员数据的获取与处理

认识到会员数据的重要性后，卖家就需要学会获得会员数据并进行数据处理，否则会员数据分析将无从下手。

会员数据的获取方法比较多，可以从店铺后台的订单数据中获取，也可以利用专门的 CRM 软件。当获取到这些会员数据后，卖家需要进行简单的归类处理，方便后期数据分析。

9.4.1　利用 CRM 软件和后台获取会员数据

CRM（Customer Relationship Management），即客户关系管理。管理好客户对网店运营的意义越来越大。现在的淘宝卖家服务中，已经有很多专门用于管理会员关系的软件了，这类软件就是 CRM 软件。订购这些服务可以针对会员的数据进行查看，还可以进行会员分析，为不同类型的会员发送不同的信息等。

1. 利用 CRM 软件获取会员数据

随着会员数据的重要性越来越明显，目前电商市场中已经有不少针对会员的数据分析软件，即 CRM 软件。如图 9-24 所示，在淘宝天猫的服务市场中，找到"客户管理"分类的服务软件，其中就会有多种客户软件供卖家选择。以"数据赢家 –CRM– 会员管理"软件为例，如图 9-25 所示，该软件会对客户的类型进行自动分类，方便卖家获取客户数据信息。

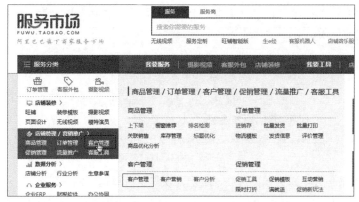

图 9-24　服务市场中的会员管理工具

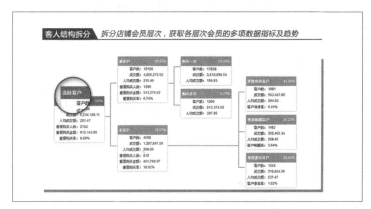

图 9-25　数据赢家 -CRM- 会员管理

2. 利用店铺后台获取会员数据

如果是中小卖家，觉得没有必要订购专业的会员管理软件，卖家也可以利用自己的店铺数据来获取会员信息。如图 9-26 所示，在卖家中心的后台，打开"交易管理"的"已卖出的宝贝"页面，设定好时间和订单类型，再单击"批量导出"按钮。

图 9-26　导出商品订单

虽然表面上看是订单信息，但是每一笔订单都包括了消费者的具体信息，这就是现在的客户信息。图中设定的时间是最近一年，这是因为会员的购物频率不同，有的会员可能超过半年才进店购物一次，如果订单时间选择太短可能遗漏了店铺会员。而订单状态选择为"交易成功"状态，是因为交易失败的订单，很可能是消费者不满意的订单，这样的会员价值比较低，可以忽略。

当选择好订单的时间和状态后，可以单击"下载订单报表"按钮导出订单，如图9-27所示。

图9-27 下载订单报表

导出的订单信息量十分丰富，如图9-28所示，仅仅是订单信息的一部分，但是已经包括了会员的昵称、支付宝号、购物金额、买家留言和收货人的真实姓名。图中没有显示的会员信息还有会员所在城市、会员手机号、下单时间、是否是手机订单等会员信息。这些丰富的信息完全可以帮助卖家进行会员大数据分析了。

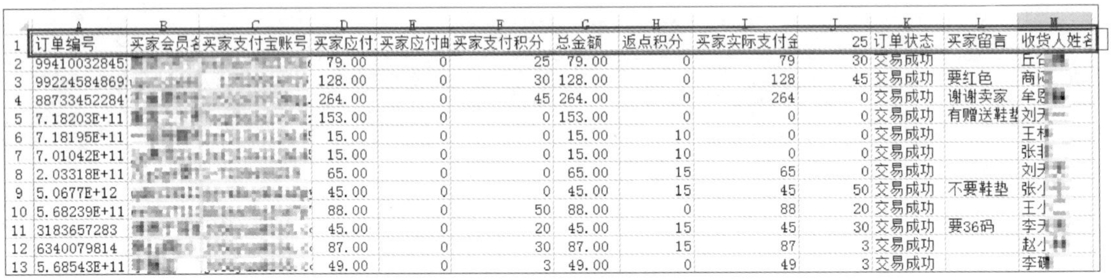

图9-28 导出的订单数据

订单导出的会员信息，其实就是与店铺有过交易的消费者信息。有的店铺建立了完善的会员管理机制，对不同的会员进行了分级、备注、打标签。这时卖家可以利用淘宝或天猫后台的会员关系管理平台获取会员相关信息。

如图9-29所示，在卖家中心的"营销中心"页面，找到"会员关系管理"类目，然后进入该页面。接着会显示客户运营平台界面，其中主要功能如图9-30所示。

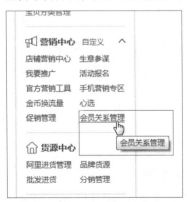

图9-29 单击"会员关系管理"选项

图9-30 客户运营平台的主要功能

在客户列表中，显示了该店铺的会员信息，如图9-31所示。卖家可以单击对应会员后面的"详情"按钮进入会员信息的详情界面。

会员的详情界面需要引起卖家的重视，如图9-32所示，在这里卖家可以详细填写会员的各种信息。建议卖家每天都花时间进行店铺当日会员信息完善，积少成多，当店铺有大量会员信息时，会员营销的意义就能显现了。在这里，对于部分会员卖家可以备注其职业、消费水平等。其中职业卖家可以通过会员的交易信息进行猜测，如收货地址是学校的，且会员又购买了备课本，那么会员可能是老师。如果收货地址是学校，但是会员购买了比较便宜的连衣裙，那么会员可能是学生，以此类推。总而言之，卖家需要填写尽可能多的会员信息，包括明确的和推测的信息。

图9-31　单击"详情"按钮

图9-32　编辑客户详情信息

在客户运营平台中，还可以看到客户分析界面，这里不仅包括了会员分析，还有粉丝、访客、成交客户分析，卖家可以在这个地方获取店铺客户的大体信息。图9-33所示的是这家店铺有22万粉丝，其中有2万左右的粉丝比较活跃。这些粉丝的性别是女性，年龄集中在36～40岁。

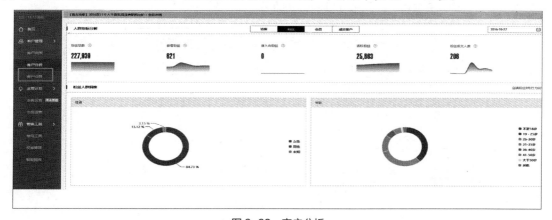

图9-33　客户分析

问：是否所有卖家都需要订购 CRM 软件获取会员数据？

答：不一定。对于中小卖家或会员量少于 1 万的卖家来说，没有必要订购会员软件。

事实上卖家完全可以利用后台导出的订单数据及客户运营平台进行会员数据分析。CRM 会员管理软件中，看起来已经对会员进行了分组和价值估算等数据分析，其实这类软件也是利用会员最初的数据，如订单金额、购物频率等数据做出的数据分析推算。这种推算，卖家也可以利用会员订单数据来完成。

9.4.2 会员数据实操处理

无论是从 CRM 软件还是从店铺后台收集到的会员数据，都需要卖家进行一些简单的数据处理，才能进行下一步分析。这里主要是需要完善会员数据。例如，店铺后台导出的订单信息中没有会员的消费水平信息、消费频率、性别等信息，那么需要卖家为自己的会员数据库 Excel 表进行手动添加，如图 9-34 所示。

	A	B	C	D	E	F	G	H	I	J	K	L	W	AP	AQ	AR	AS
1	订单编号	买家会员名	买家支付宝账号	买家应付	买家应付邮	买家支付积分	总金额	返点积分	买家实际支付金	25	订单状态		物流公司	会员消费水平	会员消费频率	会员性别	会员年龄
2	99410032845	废话[illegible]个	yashao78210ch	79.00	0	25	79.00	0	79	30	交易成功		圆通	50-80	1	女	20-30
3	99224584869	upx1[illegible]668	13528914019	128.00	0	30	128.00	0	128	45	交易成功		中通	100-130	2	男	20-30
4	88733452284	木鱼[illegible]快乐	1253263972@qq.	264.00	0	45	264.00	0	264	0	交易成功		圆通	250以上	1	女	30-45
5	7.18203E+11	重赏[illegible]下勇	7eqrbn3elv3w2	153.00	0	0	153.00	0	0	0	交易成功		圆通	130-150	2	女	50以上
6	7.18195E+11	一语[illegible]醒谁	jzfj13x11jhld	15.00	0	0	15.00	10	0	0	交易成功		圆通	5-30	1	女	20-30
7	7.01042E+11	jg高[illegible]21z	jzfj13x11jhld	15.00	0	0	15.00	10	0	0	交易成功		圆通	5-30	2	女	20-30
8	2.03318E+11	万g2[illegible]春7	1-7205495219	65.00	0	0	65.00	15	65	0	交易成功		圆通	50-80	3	女	20-30
9	5.0677E+12	qd6t[illegible]112	ggvx6syxhiafp	45.00	0	0	45.00	15	45	50	交易成功		圆通	30-60	1	女	20-30
10	5.68239E+11	ew0h[illegible]113	kkimn0kgjnx7p	88.00	0	50	88.00	0	88	20	交易成功		圆通	80-100	2	男	30-45
11	3183657283	傅燕[illegible]蒋蚊	j056yan@163.c	45.00	0	20	45.00	15	45	30	交易成功		圆通	30-60	4	男	20-30
12	6340079814	枫1z[illegible]0	j056yan@164.c	87.00	0	30	87.00	15	87	3	交易成功		圆通	80-100	2	男	50以上
13	5.68543E+11	李挹[illegible]	j056yan@165.c	49.00	0	3	49.00	0	49	3	交易成功		圆通	30-60	1	女	20以下

图 9-34 添加上其他会员数据

在手动添加数据时，有的数据是可以利用公式进行计算的。例如，会员的消费频率，只用计算同一会员在所有会员名中出现的次数即可知道会员的消费频率了。如图 9-35 所示，输入函数“COUNTIF(B2:B126,“废话 v 哭个”)”表示计算从“B2”单元格到“B126”单元格中出现的“废话 v 哭个”名称的次数。公式输入完成后，向下拖动复制公式即可。

A	B	C	D	E	AP	AQ	AR	AS
单编号	买家会员名	买家支付宝账号	买家应付	买家应	会员消费水平	会员消费频率	会员性别	会员年龄
9410032845	废话v哭个	[illegible]	79.00	0	50-80	=COUNTIF(B2:B126,"废话v哭个[illegible]")		
224584869	upx1ch668	[illegible]	128.00	0	100-130	COUNTIF(range, criteria)		20-30
733452284	木鱼要快乐	[illegible]	264.00	0	250以上	1	女	30-45
18203E+11	重赏之下勇	[illegible]	153.00	0	130-150	2	女	50以上
18195E+11	一语惊醒谁	[illegible]	15.00	0	5-30	1	女	20-30
01042E+11	jg高花21z	[illegible]	15.00	0	5-30	2	女	20-30
03318E+11	万g2g9春7	[illegible]	65.00	0	50-80	3	女	20-30
0677E+12	qd6t18112	[illegible]	45.00	0	30-60	1	女	20-30
68239E+11	ew0h17113	[illegible]	88.00	0	80-100	2	男	30-45
83657283	傅燕[illegible]蒋蚊	[illegible]	45.00	0	30-60	4	男	20-30
40079814	枫1z[illegible]0	[illegible]	87.00	0	80-100	2	男	50以上
68543E+11	李挹[illegible]	[illegible]	49.00	0	30-60	1	女	20以下

图 9-35 输入公式

当卖家对数据进行简单处理后，卖家可以十分方便地分析会员数据，并进行会员营销，如图 9-36 所示，单击"会员消费水平"的筛选按钮，就可以轻松找出消费水平为"130～150元"的会员，像这类会员，就可以推荐店铺中中等偏高消费水平的商品。如图 9-37 所示，轻松筛选会员年龄，就可以快速找出目标年龄段的会员，有针对性地向这些会员推荐商品。

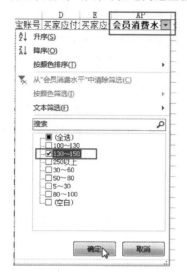
图 9-36　选择会员消费水平

图 9-37　选择会员年龄

9.5　3种方法管理与分析会员

很多网店卖家会发现，就算有了会员数据，还是不知道从什么地方开始着手分析。那么卖家可以学习一下 RFM 会员数据分析法。为了更合理地管理会员、利用会员数据，卖家还可以为会员分组、设置等级等。

9.5.1　RFM 分析法

RFM 分析法是客户关系管理的重要分析方法，通过 RFM 分析，可以对客户的消费动态进行评估，并以此为依据对不同的客户进行服务。

1.RFM 原理介绍

RFM 中的 3 个字母代表了 3 个单词，不同单词的含义如下。

R(Recency) 代表近期，表示客户最近一次在店铺中消费的时间。从理论上讲，最近一次消费时间越近的客户就越应该是好的客户，因为这种客户对店铺尚有印象，向客户推荐店铺商品，客户容易心动。如果店铺能在客户刚购物不久就与之进行联系，营销的成功性将高出很多。有数据证明，营销人员向 6 个月以内进店购物的客户推荐商品，效果远远好于上一次购物时间在 1 年以上的客户。

分析客户的最近一次购物时间，还可以看出店铺运营状态的健康与否。网店运营人员需要掌握客户的上一次购物趋势,以月为单位,如果最近一次购物的客户在一个月内是稳健增长的,说明店铺是个健康的店铺。反之,如果最近一次购物时间在一个月内的客户越来越少,就需要引起重视,看是否是店铺运营环节出了问题。

F(Frequency) 代表频率,表示客户在店铺内购物次数的多少。关于这一点很好理解,进店消费频率越高的客户越是优质客户,对店铺及商品品牌都有一定的忠诚度,只要店铺正常经营,这样的客户关系就很容易维护。如果店铺检测到老会员的购物频率越来越低,说明可能店铺的某种行为伤害到老会员权益,如店铺商品无故涨价、商品质量下降,才会导致忠实的会员离开店铺。

M(Monetary) 代表金额,表示客户在店铺内购物的金额大小。店铺客户的消费金额也可以用著名的"二八法则"来解释,店铺中少数会员贡献了多数价值。有数据研究显示,网店中消费金额排名前 10% 的会员消费金额比排名 10% ~ 20% 的会员多出至少 1.5 倍。由此可见,维护好高价值会员的重要性。

2.RFM 作用

通过 RFM 模型分析网店会员的最近一次购物时间、购物频率和购物金额,可以勾勒出会员的消费画像,较为精准地判断会员对店铺的长期价值。如果 3 项指标的满分都是 10 分,原则上说 RFM 评分为(10,10,10)的会员是最优秀的会员,需要重点维护。卖家也可以观察不同会员的 3 项指标,改善评分较低的指标,力求店铺的最优会员人数达到最多。

3.RFM 会员分析步骤

卖家可以通过会员数据表格为 RFM 中的 3 项指标进行评分。评分的大小取决于店铺会员的数量,建议会员在 1 万以下的店铺用 5 分制评分,会员在 1 万以上的店铺用 10 分制评分。以 5 分制为例,具体做法如下。

（1）对会员的 R 值进行评分,排名前 20% 的会员给 5 分,排名前 40% 的给 4 分,以此类推。

（2）对会员的 F 值进行评分,排名前 20% 的会员给 5 分,排名前 40% 的给 4 分,以此类推。

（3）对会员的 M 值进行评分,排名前 20% 的会员给 5 分,排名前 40% 的给 4 分,以此类推。

统计的结果如图 9-38 所示,对会员的 RFM 值进行评分后,就可以区分对待会员了。RFM 值按 5 分制来算,一共会产生 5×5×5=125 种会员组合,不同组合分值的会员要采用不同的对待方法。分值组合为 5-5-5 的是最优秀的会员;分值组合为 5-1-1 的是可以继续跟进的潜在会员,因为该会员在近期购物了;分值组合为 1-1-5 的属于高价值但是不轻易购物的会员,需要店铺人员与其进行感情联络,让这类会员对店铺产生信任和依赖。

图 9-38　对会员进行 RFM 评分

问：会员 RMF 分析对数据量有没有要求？

答： 会员 RMF 分析要求会员数据量大，如果只有 1000 条会员数据，那么进行 RMF 分析意义不大。因为在网店订单中，很多订单是一次性的，即这位会员是一次性会员，下次就会去其他网店购物。一般来说，会员 RMF 分析，最少数据量要求是 5000 条。

9.5.2 分组法

对网店会员进行分组是高效的营销方法。目的在于向会员推送最精准的营销信息。会员的分组方式比较多，需要从店铺的商品出发，分清楚店铺中不同类型的商品其目标消费者有什么特征。例如，护肤品网店，客户人群就可以用肤质作为分组依据，将客户人群分为"中性皮肤""干性皮肤""油性皮肤""敏感性皮肤" 4 个组。针对不同组的客户做不同的营销推广。又如，销售童装的店铺，可以根据儿童的年龄或儿童的性别作为客户的分组依据，将客户分为"2 ~ 6 岁组""6 ~ 7 岁组""7 ~ 10 岁组"，或者是"男宝宝组""女宝宝组"。

总而言之，对客户进行分组，每个组都能对应店铺中特定的商品类型，并将店铺商品涵盖。卖家甚至可以通过会员的交易金额、交易笔数和交易频率进行分组，如根据交易金额分为"500 元以上组""400 ~ 500 元组"等。

通过客户分组，还可以让客服进行精准营销。例如，老客户再次进店，客服人员可以在会员数据库中快速查询一下这位客户的分组，就很容易知道他的目标商品和喜好了，转化率将大大提高。

既然会员分组有如此多的用处，卖家应该如何快速为会员建立分组数据库呢？方法如下。

在卖家中心单击"会员关系管理"按钮打开客户运营平台，然后选择"客户列表"选项，接着再单击"分组管理"按钮，如图 9-39 所示。

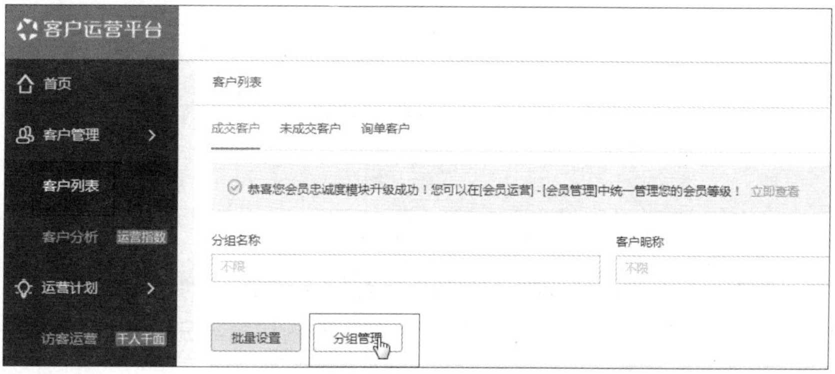

图 9-39 对会员进行分组管理

进入"分组管理"后，如图 9-40 所示，卖家可以新增 100 个分组，单击"新增分组"按钮。

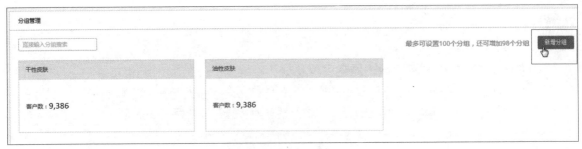

图 9-40　新增会员分组

此时卖家可以选择 3 种分组，"仅创建名称手动打标"属于第一种类型，需要卖家为不同的会员选择分组标签，但是也比较常用。适合于店铺商品进行了归类总结，而无法用数据进行商品归类的店铺。如图 9-41 所示，这种分组标签只需要写上分组名称后再单击"确定"按钮即可。

第二种分组类型如图 9-42 所示，根据会员的交易信息进行自动分组，这种适合于店铺商品种类少，且没有什么特定分类，但是会员购买频率较高的店铺。如某网店只销售同一类型的陶瓷碗筷就可以使用这种分组方法。

第三种分组类型如图 9-43 所示，也是自动分组，这种分组适合于特定商品对应特定消费人群的店铺。

图 9-41　输入分组名称

图 9-43　设置分组方式

图 9-42　设置分组方式

第二种和第三种分组法系统都会自动为会员打上标签分组，而第一种分组法需要卖家手动添加。方法如图 9-44 所示，在客户运营平台的"客户列表"中，找到对应的会员，单击"添加分组"按钮，从弹出的下拉菜单中选择分组标签即可。

图 9-44　为会员分组

9.5.3 等级细分法

网店通常会设置会员等级制度，起到增加会员黏性、加强会员荣誉感、刺激会员购物的作用。通常情况下，网店会员的等级是：普通会员—高级会员—VIP 会员—至尊 VIP 会员。但是建立完善的会员等级制度可不是卖家随便设置一下会员级别就可以的，这里面涉及不同级别会员的等级划分依据、不同级别会员的优惠力度等问题，会员等级制度设置不合理或卖家不会合理利用会员等级，都会适得其反。

1. 合理设置会员等级

卖家设置会员等级通常是用会员的消费总金额来作为分级依据的。需要注意的是，会员等级的升级不可要求太高，否则会让会员失去升级欲望。例如，某商品均价为 50 元的店铺规定，只要进店消费就是普通会员，享受 9.5 折优惠。当购物金额达到 2 万元时可以升级为高级会员，可享受 9 折优惠。这就很不合理，客户需要消费到 2 万元，平均购买 2 万 /50=4000 件商品才能升级，而且享受到的折扣只比普通会员多 0.5 折。这种会员分级就达不到刺激会员消费的目的。

卖家为会员分级，一定要清楚地告诉会员，在什么情况下可以升级，升级有什么好处，给会员一个升级的理由。图 9-45 所示的是某卖家设置的会员等级，等级设定与优惠力度就十分合理，也很诱人。

		店铺客户	普通会员(VIP1)	高级会员(VIP2)	VIP会员(VIP3)	至尊VIP会员(VIP4)
升级模式		-	自动升级 ☑	不启用该等级	不启用该等级	不启用该等级
满足条件		-	交易额¥ 1 或 交易次数 1	交易额¥ 500 或 交易次数 5	交易额¥ 1000 或 交易次数 10	交易额¥ 5000 或 交易次数 20
会员权益	基本优惠	-	折扣 10.0	折扣 9.5	折扣 8	折扣 7.5

图 9-45　设置不同等级会员的折扣

当卖家制定好会员等级制度后，可以在网店中专门放上会员等级说明，在告诉消费者会员制度的同时刺激消费者消费。图 9-46 所示的是某网店的会员等级规则说明，写得十分清楚。

图9-46　某店铺制定的会员等级规则

2. 建立会员的等级意识

卖家建立好会员等级后，需要让会员意识到等级的重要性，否则会员等级的建立就失去了意义。建立会员等级的意义是让会员意识到自己的与众不同。图9-47所示的是店铺会员营销的专门工具，卖家要合理使用这里的会员营销工具来让会员感受到特别优惠对待，从而建立等级意识。

图9-48所示的是某卖家的会员数据，对于最近购物金额在100元以下的普通会员，卖家可以发送3元店铺红包刺激消费，因为这类会员消费金额较低，属于价格敏感人群，需要利用优惠来刺激其购物。

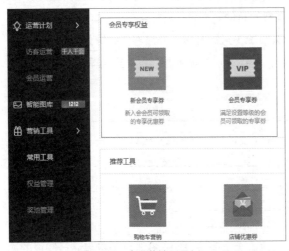

图9-47　会员营销工具　　　　　　　　　　图9-48　店铺会员数据

对于购物频率为1次的会员，则需要刺激其下一次消费，卖家可以推送这样的信息：普通会员下次购物享受9折优惠，高级会员下次购物享受8折优惠，VIP及以上会员下次购物享受7.5折优惠。

对于购物频率在两次以上的 VIP 会员和至尊 VIP 会员，卖家就需要发送专门的会员优惠，名称要取得响亮，如"尊贵会员专享优惠券满 300 元减 30 元"。这是因为这类会员进店购物的频率较高，其实他们也很希望引起卖家的重视。

大师点拨 14：做好会员营销的 3 个方法

在营销方法越来越多的今天，卖家如果固守传统销售方法，不进行会员营销，往往会失去店铺的潜力股——会员客户。卖家需要借助当下不同的平台，维护好会员关系，并在恰当的时候进行会员营销。

1. 充分利用不同的营销平台

目前网店营销的社交平台比较多，有微博、微信、微信公众号、博客、QQ 群、贴吧等，卖家可利用这些不同的平台进行会员营销。前提是合理地将会员转移到这些平台上，或者是将这些平台中的粉丝转换成店铺会员。

图 9-49 所示的是某美妆网店卖家的微博，以分享实用技巧为主，销售推广商品为辅。这是一种典型而有效的网店会员营销方法，将会员聚集到某个社交平台上，然后不断地分享可读性高的内容，吸引用户关注，且在这个过程中增强与用户的互动。

图 9-49　网店卖家的微博

卖家利用社交平台分享内容，一定要注意不能以打广告为主，否则会引起读者的反感，而是用心分享生活小贴士、与商品相关的实用方法等。卖家甚至可以将会员拉到一个 QQ 群或微信群中，经常在群中加入大家感兴趣的话题，让大家参与讨论，与会员做朋友，久而久之会员产生的价值就会提高。例如，销售护肤品的卖家，可以定期开展皮肤护理的讲座，让会员感觉到这是一位用心的卖家，是一个有用的群。

2. 利用会员专享活动

卖家需要时不时进行一些会员专享活动，让会员感觉到自己的特殊性，同时也加强会员的意义。

但是会员活动需要有一个理由，卖家可以利用节假日、店铺周年庆做活动。图9-50所示的是某卖家设置的圣诞会员回馈专享活动。

图9-50　会员专享活动

3. 个性化关怀会员

网店运营过程中，会发现有的会员慢慢地就不再购物了，互动也不再活跃，这便是会员流失。卖家需要进行会员的个性化关怀，让会员感到温暖，才会愿意长期在店中购物。但是不同的会员需要用不同的关怀方法，这就是所谓的个性化关怀。卖家可以将会员分成刚进行了购物的会员、VIP会员及普通会员进行关怀。

刚进行购物的会员，卖家需要趁热打铁，留住会员。卖家可以做的是，发货后第一时间提醒会员，让会员感觉到卖家的用心。货物到达买家城市时，可以发送短信提醒会员，让会员感到温暖。会员收到货后，及时与之联系，询问会员商品是否好用，有什么宝贵意见提出，让会员感受到被重视。

VIP会员是店铺购买力最强的会员，更需要卖家进行维护。卖家可以建立一个专门的VIP会员管理群，加强与会员的感情交流。并且在会员生日时发送VIP会员专属优惠卡。

除了VIP会员，其他等级的会员也需要关怀。卖家可以对会员使用一些通用的关怀方法，如在会员生日当天对会员进行短信、邮件问候，并提供一个红包或优惠券。这些方法都可以让会员感受到温暖，增加其对店铺的好感。

本章小结

本章是从细节的角度出发，讲解了最容易被卖家忽视的网店运营细节——库存和会员。处理好这两个细节可以帮助卖家在不增加营销成本的基础上增加店铺收益，这种划算的买卖不应该被卖家忽视。

第3篇

微店数据分析与运营篇

　　PC端网店市场竞争激烈已经是一个不争的事实,随着无线端的崛起,无线端运营成了卖家需要守住的另一个阵地。有的卖家甚至在无线端的销量超过了PC端。本篇将从无线端入手,讲解无线端与PC端的不同之处,并说明如何利用这些不同点进行数据化运营,掌握无线端店铺的销售。不仅如此,本篇还补充讲解了微店市场的数据运营,帮助那些在微店APP开店的卖家,经营好微店平台的店铺。

第10章

利用生意参谋分析店铺无线端数据

本章导读

　　本章从无线市场的角度,利用生意参谋讲解了如何引流、如何分析无线端访客行为特征,面对访客的不同特征又该如何进行优化。同时还讲解了微店APP平台的运营策略,帮助微店卖家快速掌握无线端店铺的运营核心。

知识要点

　　通过本章内容的学习,大家能够学习无线端运营策略,并且知道如何进行微店关键词选择及选款。学习完本章后需要掌握的相关技能如下。
- 无线端与PC端店铺运营的区别所在
- 淘宝、天猫、微店如何抓住不同的流量
- 如何寻找有效的无线端引流关键词
- 针对无线店铺访客行为,如何设定运营策略
- 无线店铺潜力爆款商品的选择方法

10.1 无线端店铺引流用这3招

随着智能手机的普及，无线端销售占比越来越重，有的网店甚至在无线端的流量及销量都超过了PC端。无线端店铺的经营方式与PC端有所不同，卖家应该从根本上理解无线端流量的入口分布，抓住每一个流量入口，并且学会寻找无线端引流关键词，对比同行优秀店铺及商品，才能全方位提高无线端流量。

10.1.1 抓住每一个流量入口引流

无线端流量与PC端流量最大的不同就是无线端的流量很散。在PC端，消费者普遍会通过关键词搜索、类目搜索进入商品/店铺页面。但是在无线端，淘宝和天猫平台开展了不同的营销模式吸引消费者眼球，导致了多流量入口的产生。如果卖家还将目标单一地放在关键词寻找、项目研究上，无疑会错失获取流量的机会。

1. 抓住淘宝和天猫不同入口的流量

（1）关键词搜索流量

无论是PC端还是无线端，关键词搜索流量都是最重要的流量入口，需要引起每一位卖家的重视。要想抢占这个地方的流量，卖家就需要进行关键词研究，掌握无线端消费者的关键词搜索习惯，这将在下一小节进行详细讲解。

（2）无线端活动流量

由于手机的屏幕更小，打字没有PC端方便，所以各种活动更容易引起消费者的点击。在无线端，搜索框位于最上方，面积很小，相比较于这个搜索框，下面各种各样的活动对消费者也有不小的吸引力。卖家需要学会参加无线端的各种活动，无论是PC端和无线端都有的钻展，还是手机端专属的"淘抢购""有好货"，都需要积极参加，不错过任何一处流量。

图10-1所示的是首页的钻展图及"淘抢购""有好货"等活动图。而图10-2所示的是"天天特价""超实惠"等活动广告图。卖家如果想参加这些活动，可以进入"淘营销活动中心"，如图10-3所示，找到对应的活动报名参加即可。

图 10-1　无线端淘宝首页活动

图 10-2　天天特价和超实惠

图 10-3　淘营销活动中心

（3）类目流量

无线端由于屏幕局限，打字很不方便，很多买家会直接搜索类目市场，通过浏览商品分类寻找中意的目标商品。由于手机的使用者通常比较固定，消费者使用手机淘宝会留下很多的购物信息，所以无线端的商品推荐比 PC 端做得更好。如图 10-4 所示，在无线端类目市场中，首先会进行商品推荐，所推荐商品都是基于消费者的浏览购物记录数据分析的结果。而图 10-5 所示的是无线端的所有类目市场，与 PC 端一致。

图 10-4 无线端类目市场

图 10-5 类目市场分类

要想赢得无线端类目流量，卖家需要分析无线端消费者对不同商品的类目偏好。卖家可以使用生意参谋，在生意参谋的"搜索人群画像"中，输入商品的关键词进行数据分析。图 10-6 所示的是对女式

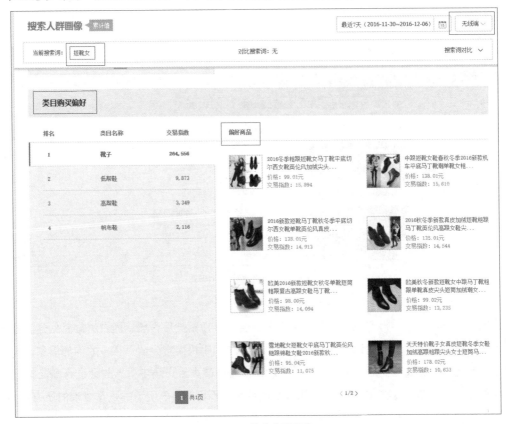

图 10-6 搜索人群画像

短靴的无线端商品类目研究，从图中的数据可以看出，对于女式短靴，无线端的消费者最倾向于购买"靴子"类目下的商品，其次是"低帮靴"，然后是"高帮靴"。在这3个类目中，放在"靴子"类目下的交易指数远远高于放在其他类目下的交易指数。商品的最佳类目便一目了然。由于同一类目下，商品的款式不同，卖家还需要关注一下"偏好商品"中的信息，看看不同类目下最受消费者关注的商品是什么款式的，有什么特点，将这些商品特点与自己的商品相对比，如果自己的商品与这些商品相似，那么说明自己的商品确实适合放在该类目下。

（4）"微淘"和"问大家"流量

淘宝和天猫平台一直致力于提高消费者购物体验，帮助消费者找到更高性价比、更适合于自己的商品。因此利用手机是一个社交性工具的特点，设置了很多与社交相关的个性化服务，其中就有"微淘"和"问大家"。

在"微淘"界面，卖家可以寻找网红、达人来推荐自己的商品与消费者互动，可以通过发动态的方式推广自己的商品和店铺。商品的推广形式并不局限于文字，可以图文并茂，也可以是视频。

图10-7所示的是微淘的"动态"界面，在该界面中，消费者可以看到所关注店铺发的动态。而"上新"界面会在展示消费者所关注店铺的新品宝贝。在"视频"中，卖家可以推送一些关于商品使用的小技巧，尤其是需要安装使用的家居商品、电子商品，文字说明可能让消费者看不明白，但是发布成视频，就能让消费者轻松掌握使用技巧。卖家所发布的视频将引起消费者的关注，增加商品曝光率，从而获得流量。而"热文"是经过系统选定的优质文章，文章中的相关商品将得到大量的关注流量。在"话题榜"中，卖家可以通过双"#"号发送相关话题内容，为商品引流。

在"问大家"界面，卖家可以分"穿搭""海淘""育儿"等不同的版块去寻找与商品相关的问题，并进行回答。在回答的过程中可以进行商品推广，并放上商品或店铺的链接，这不失为一个流量引入的方法。

图10-8所示的是"问大家"界面。例如，某卖家是销售服装商品的，卖家擅长穿搭，就可以挑选第二个问答，推荐"雅痞风格"的穿搭技巧，同时放上店铺商品链接。

图10-7 手机微淘

图10-8 热门问答

要想获得微淘流量，卖家需要充分利用微淘功能，不能将此功能闲置。图 10-9 所示的是微淘后台，卖家可以进入"无线运营中心"，单击"发微淘"选项，向无线端消费者推送不同的微淘内容。从图中数据可以看到，这位卖家利用微淘引导到店铺的消费者有 9 位，累计粉丝达 5555 位，这就是潜在的消费者。

不过微淘推送条数有限制，一般的卖家每天可以推送一条，如果推送的内容质量高、推送频率高，可以升级为每天推送 2 ～ 4 条。

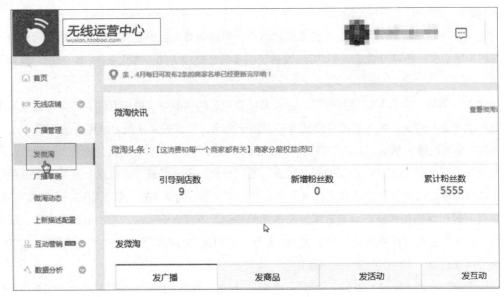

图 10-9　微淘后台

2. 抓住微店不同入口的流量

无线端电商平台可不止淘宝和天猫，微店作为无线端的新型产物，快速引起了卖家与买家的注意。微店的开店门槛低，手续不复杂，也不收取任何费用。很多淘宝和天猫卖家也会同时在微店中开店，占领多个平台的电商市场。更重要的是，微店可以与微信直接连接，让朋友圈中的好友在微信中就直接跳转到卖家的微店进行购物。所以微店可以说是基于社交平台的电商平台。明白了这一特点后，卖家就需要理解，微店的流量获取，有很大一方面来自朋友的维护和内容的分享。

微店流量入口主要分为 3 个方面，第一个流量入口是首页的流量，主要包括了不同的活动流量、店长笔记流量，如图 10-10 所示。要想获取这部分流量，卖家需要参加不同的微店活动，并且用心写好店长笔记。前面说过，微店是基于社交平台的电商工具，而社交需要真情实感。卖家写店长笔记，可以写个人开店的成长经历，用真实的事迹和感情来打动消费者，赢得消费者信任。

微店的第二个流量入口是"社区"流量入口，如图 10-11 所示，专门有一个"社区"页面，可见微店平台对社区运营的重视。这也是基于微店的社交性质，社区内容分享，更容易增强买卖双方的感情联系，促成交易。在社区中，卖家分享的内容都是真实、高质量、与商品相关且对消费者有用的内容，销售母婴用品、生活家居用品、食品的卖家尤其需要在社区中多进行分享。如图 10-12 所示的是母婴类商品的分享。

微店的第三个流量入口是关键词搜索入口与类目入口,在这一页面,如图 10-13 所示。要想抓住这个地方的流量,微店卖家需要研究微店搜索关键词,并研究不同类目下有什么类型的商品,将自己的商品放到对应的类目下。

图 10-10　店长笔记

图 10-11　社区

图 10-12　社区经验分享

图 10-13　类目市场

10.1.2　无线端精准引流好词

无论是 PC 端还是无线端,关键词搜索流量一样重要。但是无线端的关键词与 PC 端又有所不同,

PC端屏幕大，打字方便，消费者更倾向于输入关键词，甚至是长尾关键词，进行商品搜索。而无线端，消费者的搜索习惯是，只输入商品的核心词，并通过下拉框选择关键词进行搜索。因此，无线端店铺的关键词寻找，不仅要关注关键词的热度，还需要重视搜索下拉框的推荐关键词。

1. 分析无线端搜索词数据

淘宝和天猫无线端搜索词寻找，卖家可以利用当下各种各样的找词工具，快速分析无线市场的热门搜索词。例如，生意参谋"市场行情"中的"行业热词榜"，可以查看"热搜搜索词""热门长尾词"等多个无线关键词榜单，如图10-14所示的是"热搜搜索词"榜单。

在榜单中，关键词的指标数据较多，每一项数据都有意义，卖家需要根据找词目的的不同进行关键词寻找。如果卖家寻找关键词主要目的在于为无线端商品引流，那么就重点关注关键词的搜索人气和点击人气，如图中"拖鞋女夏""人字拖女"。如果卖家是淘宝店铺卖家，与天猫相比没有竞争优势，那么要关注关键词的商城点击占比，如图中"毛毛拖鞋外穿"的商城点击占比是最小的，说明搜索这个关键词的消费者会更多地选择淘宝店而非天猫店。如果卖家寻找关键词的主要目的是转化，为商品积累销量权重，那么需要关注支付转化率，如图中"凉拖鞋女"和"凉拖女"都是不错的选择。

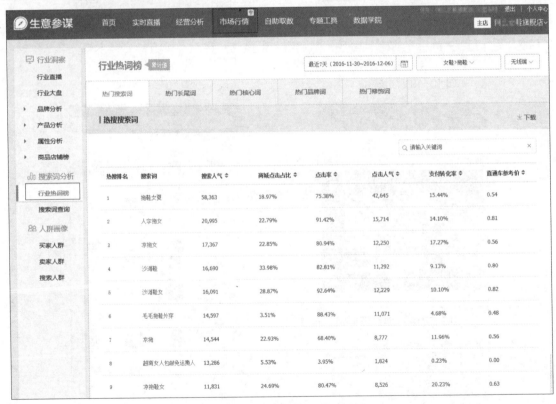

图10-14 "热搜搜索词"页面

根据关键词的数据指标，选定好关键词后，卖家还需要关注一下数据指标的波动趋势，避免选到只是一时热门或一时高转化的关键词。如图10-15所示，在"搜索词查询"中可以观察关键词的搜索趋势，从图中数据可以看出，关键词"毛毛拖鞋外穿"的搜索人气时高时低，并且最近处于降低状态，那么就需要再进行观察，如果趋势持续下降，则该词要谨慎使用。

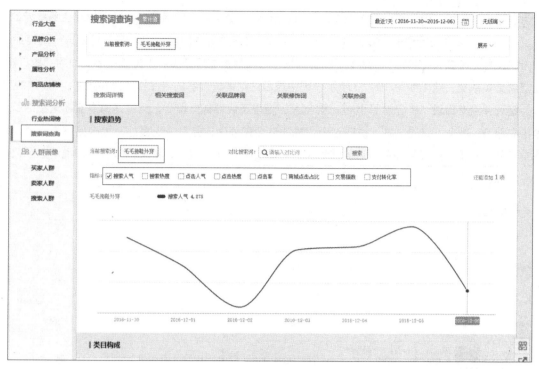

图 10-15　搜索词趋势

2. 寻找并分析无线端下拉框热词

除了在各种工具中寻找并分析无线端关键词外，卖家不可忽视的是无线端下拉框热门中的搜索词。卖家应该揣测消费者在无线端会输入什么词，以查看系统推荐词。例如，普通消费者购买男式牛仔裤，会通过输入"牛仔裤男"搜索，那么将该词输入淘宝下拉框，结果如图 10-16 所示。如果卖家需要分析"牛仔裤男小脚修身型"这个关键词是否是好词，则可以在生意参谋的"行业热词榜"中进行分析，如图 10-17 所示，该词的各项数据表现都不错。

图 10-16　搜索拉词

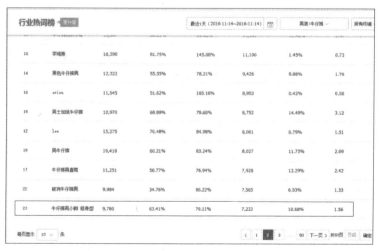

图 10-17　行业热词榜

为了进一步分析这个词是否是无线端好词，且是否适合卖家自己的商品。卖家可以在生意参谋的"行业粒度"中输入该词进行研究。如图10-18所示，使用该关键词的商品中，销量排名第一的商品，一天之内的支付订单数为1085件，是个不错的数据，可以继续进行分析。单击该商品后面的"查看详情"按钮查看更多数据，结果如图10-19所示，图中显示这款销量排名的商品引流关键词中，PC端的TOP引流关键词并没有出现"牛仔裤男小脚 修身型"，但是无线端却出现了，且该词为商品在无线端引来的流量排名第6，是个不错的排名。说明这个词确实适合无线端，并且表现良好。那么接下来，卖家只需要将自己的小脚男式牛仔裤商品与这款销量第一的商品进行款式对比，如果相似度高，说明这个词也适合自己的商品使用。

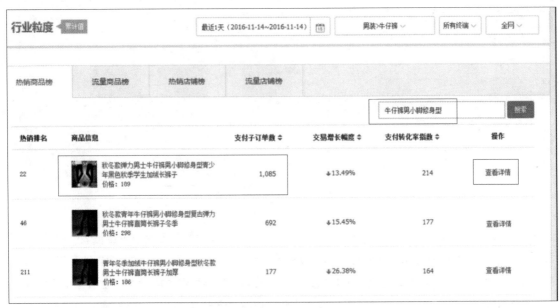

图10-18　行业粒度榜

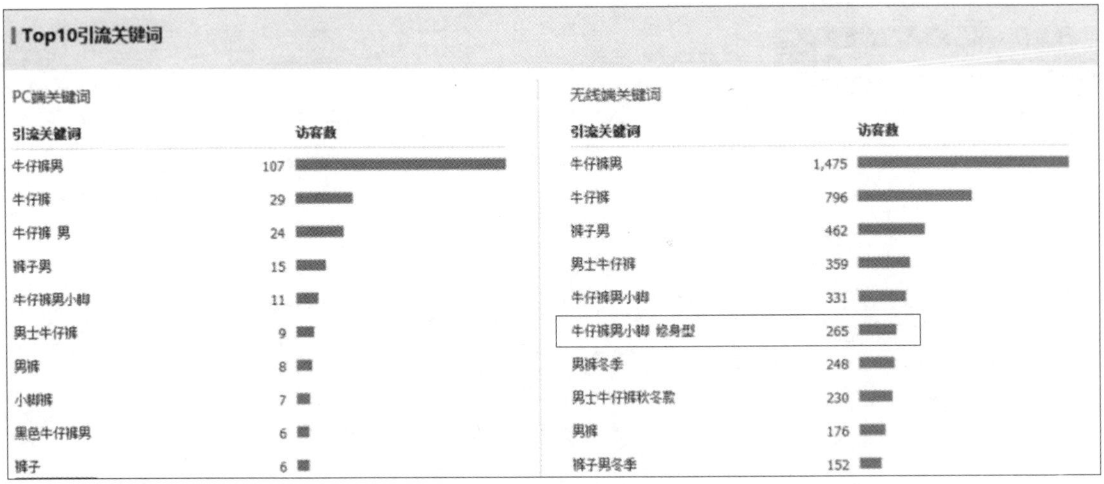

图10-19　商品引流关键词

问：微店商品的关键词如何寻找与分析？

答： 微店是一个典型的手机电商市场，且微店的关键词数据分析工具没有淘宝和天猫市场的数据分析工具丰富，所以微店商品关键词的寻找更依赖于下拉框搜索词。

微店卖家寻找商品关键词，可以在微店买家版手机 APP 中输入商品核心关键词进行下拉词寻找，如连衣裙商品便输入"连衣裙"，看系统会有哪些词推荐，并选择与自己微店商品相关性高的词进行利用。

10.1.3 同行对比学习

电商市场是一个竞争激烈的市场，永远都有卖家能做得更好。所以卖家不能闭门造车，要多观察优秀竞争对手的做法，学习他们选择的关键词、设置的主图，将优点使用到自己的商品中来。

1. 利用工具快速分析同行关键词

关键词分析，越有数据分析经验的卖家做得越好。对于新手卖家来说，没有那么多数据分析工具，也不懂如何分析，那么可以模仿同行优秀商品的关键词选词，以此来快速提高商品搜索流量。

可以使用"店侦探"数据分析工具，它是一款免费查看同行关键词的工具。安装了"店侦探"插件后，可以专门查看不同商品在无线端使用了什么搜索词。如图 10-20 所示，在 PC 端搜索关键词"打底衫女"，选择一款与自己的店铺商品价格、款式相差不大的商品进行无线端关键词分析，结果发现这款商品中关键词"针织低领打底衫长袖女"获得了最好的排名。

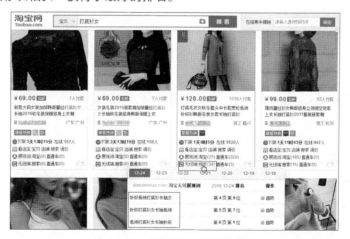

图 10-20　同行商品使用的关键词

继续查看关键词的排名趋势，如图 10-21 所示，结果发现这个词在无线端最好的名次是第 10 名，随后波动到第 5 页左右。卖家需要寻找的是无线端展现词排名好，且保持靠前的词，那么这个词可以暂时不用，继续寻找，看是否有排名更好的词。

同样的，如果卖家要在无线端开直通车，也可以看同行商品直通车使用了什么词，如图10-22所示的是商品的直通车关键词趋势分析，数据显示，这款商品在无线端的直通车中，"针织衫女春薄 长款"的排名最好，但是随后有掉落趋势。

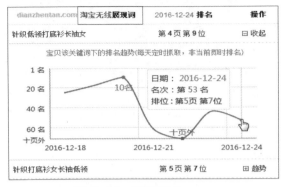

图10-21　关键词排名

图10-22　直通车关键词排名

2. 查看同行优秀商品特征

除了利用数据分析工具查看同行商品的关键词，卖家也可以直接在无线端输入关键词后研究排名靠前的商品特点。这是因为既然输入关键词后，这些商品在无线端排名靠前，流量相对也会比较高，分析排名靠前商品的关键词特点、首图特点，进行模仿学习，让自己的商品也能获得更好的无线端流量。

如图10-23所示,在无线端输入关键词"毛衣女"后选择一个下拉词"毛衣女秋冬 宽松"进行分析。首先要总体浏览这几款排名靠前商品的特点，这些毛衣是什么颜色、什么款式，它们能排名靠前，说明它们很适合用这个关键词。其次选择一款与自己店铺商品款式相符的商品，进入其详情页，查看标题组成关键词，如图10-24所示，并挑选与自己商品相关性强的关键词进行利用。

最后卖家还需要模仿这些商品的首图，如图10-25和图10-26所示，分别是同一款商品在无线端和PC端的首图样式，可见这位同行卖家是区别对待的，这是值得学习的地方。

图10-23　查看同行优秀商品（一）

图10-24　查看同行优秀商品（二）

图 10-25　查看同行优秀商品（三）

图 10-26　查看同行优秀商品（四）

问：观察同行优秀商品，微店商品标题中的符号有什么讲究？

答：微店卖家也可以通过观察同行优秀商品，学习其标题选词，但是卖家需要了解选词后，在组合标题时符号添加的原则，否则也会影响流量的大小。

首先是无线端商品标题中的空格。空格要不要加，不能凭卖家的个人感觉来进行，而是由商品的属性来决定。如商品中两个中心属性词"格子衬衫"和"森女衬衣"，这两个词的中间就可以加一个空格。总的来说，商品标题中的空格最好不要超过 3 个。

其次是标题中的其他符号问题。标题中不要有"*""@""#"等特殊符号。除非卖家的标题关键词确实需要添加符号才能表明意思，如标题中的型号关键词"JP-96"确实需要添加"-"符号。

标题中的数字也是一种符号。这里有一个技巧，能用阿拉伯数字表示的就不要用大写的中文数字表示。这是因为人们对阿拉伯数字的识别度远比中文高，尤其是卖家标题中表明了优惠的数字，用阿拉伯数字可以显得更醒目。

10.2　有的放矢——无线端店铺访客分析

无线端网店数据分析时，卖家要有针对性，是以访客为对象，还是以商品为对象，其分析方向和采用数据都不相同。访客可以说是店铺运营的基础，没有访客，不了解访客的个性，无线端店铺就很难经营好。因此本小节就以访客为对象进行分析。

10.2.1 无线端店铺访客时段分析

无线端访客的时段与 PC 端有很大的差异，PC 端访客时段较为集中，而无线端访客时段呈碎片化。消费者会在乘公交车时、上班休息的间隙、上厕所时、吃饭时、睡前等多个碎片化时段访问无线端网店。卖家可以在生意参谋的"实时趋势"中查看不同时段访客的行为，如图 10-27 所示。

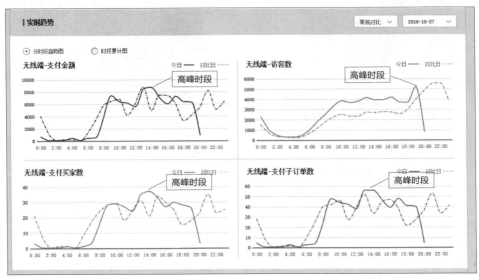

图 10-27　访客趋势

分析不同时段访客的行为有什么作用呢？站在访客的角度来说，不同的时段访客的浏览行为和下单行为是不一样的。以上班族为例，他们可能会在白天上班的间隙逛手机网店，但是由于还有工作要做，因此仅仅是浏览，而不能花更多的时间深思熟虑并进行购买。但是在下班后，可能会在临睡前花更多的时间好好研究白天浏览过的商品，考虑后下单购买。

因此，这类访客在不同的时段，购物行为是不一样的。卖家研究店铺访客不同时段的行为，可以分时段进行营销。

在无线端访客支付金额的高峰期，以及支付买家数最多的时段，可以进行催付款工作，因为访客们既然在这个时候有时间和心情付款，肯定是催付款的最佳时间，如图 10-27 中的 14 时。

在无线端访客的高峰来访时段，可以进行商品上下架时间的研究。这里卖家需要结合工具查看行业商品在不同时段的竞争程度。因为店铺访客的高峰时段不一定是商品行业竞争最激烈的时段。如果卖家能找一个店铺无线端访客量大，且行业竞争小的时段，无疑是较佳上下架时间，将为无线端争取到更多的流量。如图 10-27 中，该店铺无线端访客高峰访问时段是 19 时。卖家再到如图 10-28 所示的生 e 经行业工具中找到自己的行业，如这里是"中老年女装"行业，查看 19 时的成交量情况，数据显示 19 时不是成交量最大的时段，但是也不差。利后面的数据表，在 Excel 中计算不同时段下每一个高质宝贝数能获得的成交量，以此判断出每个时段的竞争度，结果如图 10-29 所示，数据显示，19 时排名第二。说明这个时间段卖家店铺的无线端访客大，且行业竞争小，卖家可以考虑在这个时段安排重点商品上架。

在无线端访客的支付子订单数高峰时期，卖家需要安排客服人员进行服务，哪怕是晚上也需要有客服值班。这是因为消费者通常会在咨询客服后不久下单，那么下单高峰时段就是消费者最需要客服的时段，如图 10-27 中的 14 时。同时卖家需要提醒客服，在这个时段要注意在旺旺上看一下消费者的购物终端，如果是手机端，客服人员注意不要发送大段文字、细节较多的图片，以免影响消费者信息读取的效率，从而降低询单转化率。

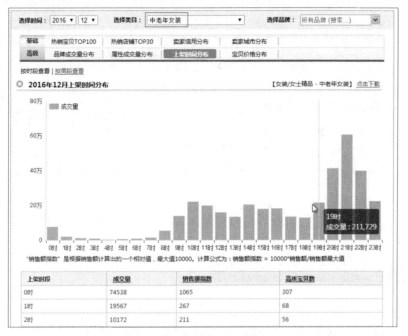

图 10-28 商品不同时段成交量

	A	B	C	D	E
1	上架时段	成交量	销售额指数	高质宝贝数	平均每个高质宝贝获得的销量
2	6时	8057	99	18	447.6111111
3	19时	211729	2920	512	413.5332031
4	3时	6133	85	20	306.65
5	21时	604313	10000	1982	304.9006054
6	23时	219790	3733	726	302.7410468
7	1时	19567	267	68	287.75
8	22时	395995	7157	1394	284.0710187
9	20时	409756	6608	1583	258.8477574
10	18时	126329	1658	505	250.1564356
11	5时	3989	26	16	249.3125
12	12时	155342	2279	626	248.1501597
13	0时	74538	1065	307	242.7947883
14	9时	137768	2142	576	239.1805556
15	14时	200625	2780	846	237.1453901
16	7时	11588	157	51	227.2156863
17	8时	51440	860	229	224.628821
18	11时	196695	2805	890	221.005618
19	16时	178875	2921	827	216.2938331
20	10时	218097	3270	1124	194.0364769
21	17时	131726	2008	683	192.863836
22	13时	132115	2078	686	192.5874636
23	15时	176831	3036	972	181.9248971
24	2时	10172	211	56	181.6428571
25	4时	653	17	9	72.55555556

图 10-29 找出最佳时段

问：微店访客时段如何研究？

答： 微店卖家与淘宝、天猫卖家不同，微店是基于社交平台的无线端电商。微店还与微信相连接，很多微店卖家的目标消费者就是微信朋友圈的好友。因此微店卖家可以通过分析微信朋友圈好友的作息时间，来规划营销。

微店卖家一定要是善于观察的卖家，通过观察微信好友的朋友圈动态来判断客户的职业、作息规律。如客户总推送了教室上课场景的图片，并写上相关文字表示自己在教导学生。那么这位客户十有八九是老师，老师的作息时间比较规律，一般白天在上课，属于不能被打扰的时段，那么卖家可以利用周末进行营销。

对于职业难以判断的客户，卖家可以观察朋友圈动态，看客户一般在什么时段发朋友圈，内容都是什么，是加班还是开会，抑或是散步。以此来判断客户的空闲时段，从而进行营销推广、交流联系。

10.2.2 无线端店铺访客地域分析

我国地大物博，南方尚且温暖时，北方可能已经进入寒冷时节。再加上各地消费者的生活习惯、习俗的不同，不同地域的消费者有不同的购物方式和购物选择。因此研究无线端店铺的访客地域，主要有助于卖家进行广告的地域投放，以获取到更精准的流量。现在无论是直通车还是钻展，卖家都可以精准地选择广告投放的省份和城市。

网店卖家可以在生意参谋的"访客分析"页面中，分析不同地区访客在的流量大小及下单量的大小，如图 10-30 所示。从图中可以看到访问店铺的访客中最多的是来自广东省，其次是江苏省和浙江省等省份。同时还可以看到这些省份的具体访客数和下单转化率。

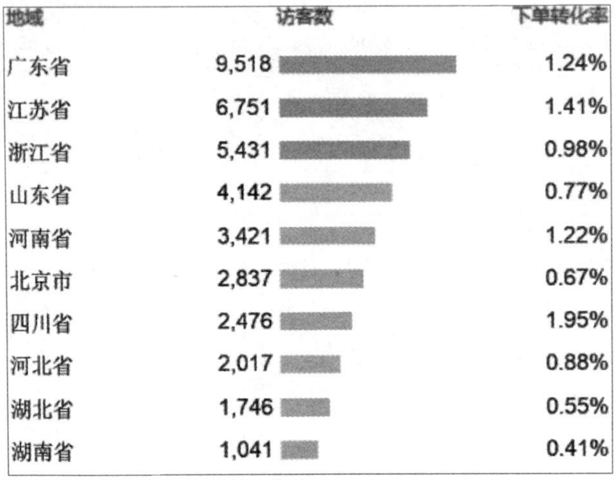

地域	访客数	下单转化率
广东省	9,518	1.24%
江苏省	6,751	1.41%
浙江省	5,431	0.98%
山东省	4,142	0.77%
河南省	3,421	1.22%
北京市	2,837	0.67%
四川省	2,476	1.95%
河北省	2,017	0.88%
湖北省	1,746	0.55%
湖南省	1,041	0.41%

图 10-30　无线端访客地域分布

在"地域分布"模块中还有"下单买家数排行"功能，单击此页面查看店铺下单买家数地域排行榜，如图10-31所示，从图中可以清楚地看出店铺下单买家数在不同地域的排行榜。其中，广东省的下单买家数最多，其次是江苏省和浙江省，等等，同时还可以看到不同地区的下单转化率。

地域	下单买家数	下单转化率
广东省	118	1.24%
江苏省	95	1.41%
浙江省	53	0.98%
四川省	48	1.95%
河南省	42	1.22%
山东市	32	0.77%
北京省	19	0.67%
陕西省	18	1.13%
江西省	15	1.24%
湖南省	4	0.41%

图10-31　无线端下单买家地域分布

不同的卖家，有不同的经营策略。对于大卖家来说，自然会更看重流量的大小，而对于小卖家来说，就更看重流量的质量。

因此对于资金充足的大买家来说，可以更看重地域流量的分布。例如，从图10-30中可以看到店铺不同地区的流量分布，那么卖家就可以选择流量较大的这10个地区投放直通车，这些地区有广东省、江苏省、浙江省、山东省、河南省、北京市、四川省、河北省、湖北省、湖南省。并且观察数据可知，四川省的流量虽然不如广东、江苏等省份多，但是下单转化率却高达1.95%。那么卖家就可以思考，四川地区的转化率如此高，是不是在四川地区加大投入直通车引流力度，可以带来更多的转化呢？

对于资金不那么充足的卖家，可以再结合店铺下单买家数地域排行榜来分析直通车的投放地区，选择无论是流量还是下单量都榜上有名的地域，如结合图10-30和图10-31中的数据，这些地域有广东省、江苏省、浙江省、四川省、河南省、山东省、北京省、湖南省，共8个地区。

除此之外，对于下单转化率较低的地区如湖南省、湖北省，卖家在投放直通车后要格外关注，如果这些地区的转化率一直不行，那么卖家可以考虑更换地区。毕竟直通车广告有点击没有转化，就会让卖家单纯地付费，而没有收入。

直通车广告的投放，并不是选择出流量大的地区投放后就万无一失了。卖家在投放直通车广告后，要随时关注地域数据的变化，对于效果好的地区，要加大投放力度。对于效果不理想的地区，要及时更换。卖家往往需要在地域直通车的投放上试行多次，总结经验，最终才找到属于自己店铺商品的投放地域。

10.2.3 无线端店铺访客分析

经营无线端网店，卖家要有全局观，要着眼于每一件商品，既要知道店铺整体的访客情况，又要知道不同商品的访客情况。

1. 无线端店铺全店访客分析

卖家可以在生意参谋中查看到不同时段无线端访客的总体情况，图10-32所示的是某卖家店铺的实时访客数据。从图中卖家可以知道店铺整体的访客数大小，这些访客浏览量大小，访客来访后产生了多少支付金额、多少支付子订单数，访客中又有多少支付的买家。

仅仅是知道店铺的访客情况还不够，还需要与前一日数据进行对比，尤其关注与前一日差距较大的数据。在图10-32中，访客数与前一日数据相差不大，按常理，相同数量的访客应该产生相同的行为数据，但是浏览量、支付金额都相差较大。浏览量与详情页有关，卖家应去分析是否有店铺商品修改了关键词和首图，可能正是这一修改导致了浏览量的减少。而支付金额与客单价相关，卖家需要分析商品的关联营销是否进行了调整，客服客单价是否下降，及时发现问题并进行改进，是保证无线端良好运营的方法。

将店铺访客数与行业数据相对比，可以知道自己的店铺在同行业的什么水平，从图10-32中此店铺的访客排名来看，行业平均有112 814人，店铺的访客不及行业平均的一半，还需继续努力。

图10-32 店铺在行业中的水平

对于全店的访客数据，卖家还需要知道无线端店铺的访客是从哪里来的，从而调整无线端引流策略。图10-33所示的是某店铺的无线端的"流量概况"数据，数据反映，此店铺无线端的流量首先来自于"手淘搜索"，并且下单转化率在提高，说明店铺商品在无线端的关键词精度在提高，需要保持这个趋势。使用同样的分析方法，卖家可以得知无线端不同渠道的引流大小和流量转化效果，从而决定是否增加渠道的引流力度。

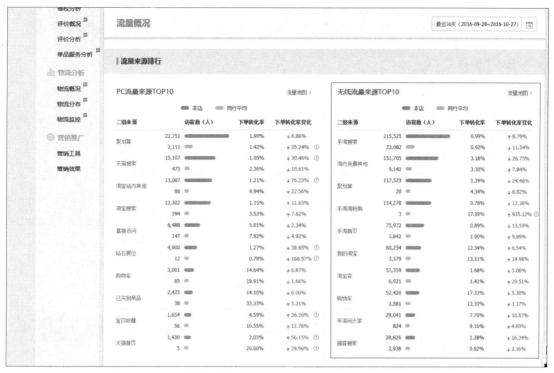

图 10-33　无线端流量渠道分布

2. 无线端店铺商品访客分析

店铺整体的访客呈健康状态并不代表店铺中每一款商品的访客都呈健康状态，卖家只有分析好不同商品的访客，优化可优化之处，才能提高无线端店铺的访客健康度。

卖家可以在生意参谋"实时榜单"中分析不同商品的访客数、转化率，以及访客带来的支付金额。通过分析商品访客数可以知道店铺中哪些商品更适合放在无线端，或者是哪些商品在无线端进行的引流设置起到了最好的效果。分析不同商品的转化率，可以知道哪些商品在无线端的转化效果最好，而商品在无线端的转化效果与商品详情页有关。例如，同一款商品，在 PC 端中可以用多屏图来进行细节展示，展示图片上还可以配上说明文字。但是在无线端商品详情页就需要减少图片，并且选择细节最清楚、最有说服力的图片进行设置，并且图片中应尽量减少说明文字。分析不同商品的支付金额，可以判断此商品在无线端的营销活动效果，如"买三送一"这种提高客单价的营销方式是否见效，从而调整策略。

图 10-34 所示的是某店铺在无线端的商品访客榜单。排名第二的这款商品，转化率相对较高，但是流量却与排名第一的商品相差很大。既然这款商品转化率高，就应该为其引入更大的流量。卖家可以在排名第一的商品页面关联上这款商品，同时利用排名第一的商品引流渠道。

图 10-35 所示的是这家店铺无线端商品的支付金额榜单。可以看到排名第二的这款商品其访客数并没有进前三名，但是因为它的无线端支付转化率特别高，再加上售价及关联营销方式做得好，所以支付金额排名第二。

图 10-34　无线端商品访客排行

图 10-35　无线端商品支付金额排行

10.3　无线端行业潜力商品分析

无线端网店数据分析时,卖家要有针对性,是以访客为对象,还是以商品为对象,其分析方向和采用数据都不相同。访客可以说是店铺运营的基础,没有访客,不了解访客的个性,无线端店铺很难经营好。因此本小节就以访客为对象进行分析。

10.3.1 通过品牌分析选择无线端潜力商品

通过数据分析寻找无线端潜力的商品，能帮助较早地发现无线端潜力商品，提高布局，抢占无线市场。卖家首先需要关注无线端飙升的商品品牌。这是因为消费者在网店中购物，不能通过触摸等方式来判断商品的质量，因此对品牌依赖度很高，越是大品牌，在电商市场越占有优势。卖家可以在生意参谋中，查看无线端的"飙升品牌榜"，看是否有哪个新品牌商品在崛起，依靠品牌本身的营销推广来推动店铺商品的销售，无疑是比较省力又高效的方法。如图10-36所示，可以发现排名第一的这个品牌，不仅交易增长幅度大，且交易指数远高于其他品牌，支付商品数和支付件数也不错。这种潜力品牌就需要引起卖家重视。

图 10-36　商品的飙升品牌榜

仅仅查看到潜力品牌还不够，卖家还需要分析品牌下最受无线端消费者欢迎的商品。如图10-37所示，在生意参谋的"搜索人群画像"中输入商品关键词，找到无线端人群针对此品牌最喜欢的商品。关注排名靠前的品牌商品中偏好度排名前四的商品即可。

商品的品牌市场此起彼伏，有知名度越来越高的品牌，也有知名度下跌的品牌。商品的销售会随着品牌的市场需求波动。卖家通过这种分析方法，可以提前预知有潜力的品牌，从而找到无线端的潜力商品。

图 10-37　无线端搜索人群画像

10.3.2　微店潜力爆款商品选择

微店平台的潜力爆款商品选择，需要与口袋相结合。这是因为口袋购物与微店是同属一家公司的APP，只不过口袋购物面向的是买家人群，而微店面向的是卖家人群。因此，口袋购物中会显示买家热购商品类目，这些商品比较容易打造成爆款。

如图 10-38 所示，在口袋购物的"推荐"页面可以看到热推的商品。如图 10-39 所示，则是热推的商品类目，这些就是当下买家购买数量较多的热门类目。除了这两个地方，卖家还可以到口袋购物的"专题"中查看当下推荐的经典商品，如图 10-40 所示。

通过分析口袋购物中推荐的商品，不难发现这些商品的特点是：①小而美，且有品质。这说明现在追求品质的消费者越来越多，卖家寻找潜力爆款商品，也要找与此相关的商品。②体积小，便于运输，以家电为例，小型家电适合在微店中销售，大型家电就不适合，因为消费者购买大型家电会考虑运输方面的问题，从而选择在实体店中购买。同时也会考虑质量问题，从而选择在有保障的专业电商平台，如京东、天猫店铺进行购买。③复购率高，如零食、护肤品都是需要重复购买的。

通过口袋购物，卖家还能知道当下热卖的类目，如果找到了大类目，还不知道如何寻找小类目，可以到微店买家版中，查看"搜索"页面推荐的商品，如图 10-41 所示，这些就是当下热卖的更小类目的商品推荐，而且当下热卖的商品与女人、生活、男人、孩子有关。

图 10-38　口袋购物推荐商品

图 10-39　口袋购物推荐商品类型

图 10-40　专题推荐商品

图 10-41　商品类目

问：微店潜力爆款商品选款禁忌有哪些？

答：微店潜力爆款商品中有以下禁忌。

（1）不要选择已经被多位卖家打造成爆款的商品

微店卖家在选款时，商品的竞争度需要多加考虑。这是因为微店市场的流量没有淘宝这类电商平台丰富，流量的竞争显得更激烈。如果选择了一款已经被多位微店卖家打造成爆款的商品，新卖家将很难赢得流量和销量。

（2）不要选太过普通的商品

爆款商品无论是价格、款式、做工，还是面料等因素，一定要有一个与市场中的同类商品有差异的点，这个点是卖家依靠并用来打造成爆款的切入点。例如，男士T恤，卖家在寻找爆款商品时，就要找到与当下市场中热卖的T恤有差异的卖点，无论是"修身"特性，还是"印花"特性，都要有自己的一个特点，如此才不至于埋没在普通商品中。

（3）不要选陷入价格战的商品

选择爆款商品，不要选已经陷入价格战的商品，这种商品的利润很小，可能会让卖家亏本。卖家可以在微店中销量靠前的商品中查看最低价格是多少。例如，在手套商品中，销量排名靠前的这款商品售价仅为2.5元，利润空间很少。如果卖家选择这款商品打造成爆款，在价格上肯定是比不过的，还不如选择其他几款利润空间更大的商品。

本章小结

无线端电商市场的重要性越来越大，成为卖家不得不抢占的市场。过去无线端市场的竞争尚不激烈，卖家只需要优化一下首图和详情页就能抓住无线端流量和销量。但是现在已经不行了，卖家需要理解无线端市场的特点，从关键词、首图、访客、爆款等角度进行数据分析，才能在无线端市场占领一席之地。

附录　电子商务常见专业名词解释（内容见光盘）